NUEVA CRÍTICA HISPANOAMERICANA

Colección dirigida por
Alberto Julián Pérez
María Fernanda Pampín

ALBERTO JULIÁN PÉREZ

IMAGINACIÓN LITERARIA
Y
PENSAMIENTO PROPIO

Ensayos de Literatura Hispanoamericana

 CORREGIDOR

Alberto Julián Pérez
    Imaginación literaria y pensamiento propio : ensayos de
literatura hispanoamericana -
1a ed. - Buenos Aires : Corregidor, 2006.
    320 p. ; 20x14 cm. (Nueva crítica hispanoamericana; 14 / Alberto
Julián Pérez)

    ISBN 950-05-1636-5

    1. Crítica Literaria. I. Título
    CDD 809

Diseño de tapa:
Departamento de Arte sobre diseño de colección de
Moyano/Villanueva/Zárate Comunicación Visual

© Ediciones Corregidor, 2006
Rodríguez Peña 452 (C1020ADJ) Bs. As.
Web site: www.corregidor.com
e-mail: corregidor@corregidor.com
Hecho el depósito que marca la ley 11.723
ISBN-10: 950-05-1636-5
ISBN-13: 978-950-05-1636-5

Impreso en Buenos Aires - Argentina

A mi esposa Eleonora Horrocks

Reconocimiento:

L os ensayos críticos de este libro se originaron en artículos publicados previamente en antologías críticas y revistas especializadas que especifico a continuación, y han sido sujetos a revisiones más o menos extensas según los casos. "Una magnífica obsesión literaria: Borges y Sábato". M.R. Lojo, editora. Ernesto Sábato, *Sobre héroes y tumbas*. Colección Archivos, 2006; "Las transformaciones de la gauchesca en *Martín Fierro, Juan Moreira* y *Don Segundo Sombra*". Armando Capalbo, Ed. *Intergéneros culturales Literatura, artes y medios*. Buenos Aires: BMPress Editores, 2005: 200-6; "*Eisejuaz* y la gran historia americana". Juana A. Arancibia, Ed. *La mujer en la literatura del mundo hispánico*. Instituto Literario y Cultural Hispánico: Westminster, 2005: 239-49; "Paseo artístico y goce intelectual en "Divagación" de Rubén Darío." M. Payeres Grau, L.M. Fernández Ripoll, Edts. *Fin(es) de Siglo y Modernismo*. Palma: Universitat de les Illes Baleares, 2001. Vol. I: 221-9; "Jorge Luis Borges: el oficio del lector". Juana A. Arancibia, Ed. *Jorge Luis Borges Nuevas Lecturas*. Instituto Literario y Cultural Hispánico: Westminster, 2001:31-52; "El postcolonialismo y la inmadurez de los pensadores hispanoamericanos". Alfonso de Toro, Fernando de Toro Eds. *El debate de la postcolonialidad en Latinoamérica*. Vervuert-Iberoamericana: Frankfurt am Main, 1999:199-213; "Sarmiento comparatista". *Literatura: espacio de contactos culturales. IV Jornadas Internacionales de Literatura Comparada*. Comunicarte: Tucumán, 1999. Vol. III: 1357-1370; "Sarmiento y la democracia norteamericana". *Historia 97* (Marzo 2005):4-34; "Rubén Darío: su lírica de la vida y la esperanza". *Insula* 699 (Marzo 2005): 20-22; "Borges en la década del sesenta". *Río de la Plata* 26-27 (2004): 411-19; "El país del *Facundo*". *Alba de América* 43-44 (2004): 277-88; "Rodolfo Kusch y lo americano". *Mitológicas* No. 18 (2003): 59-66; "Borges en la década del sesenta". *Alba de América* 41-42 (2003): 305-316; "Manuel Gálvez en la Argentina del Centenario". *Historia* 92 (Diciembre 2003): 83-93; "Tino Villanueva escribe en español". *Alba de América.* 39-40 (2002): 369-385; "Jorge Luis Borges: el oficio del lector". *Revista de Literaturas Modernas* No. 29 (1999): 249-271; "Erotismo y rebelión: la poética de Silvia Tomasa Rivera". *Revista de Literatura Mexicana contemporánea* No. 10 (1999):85-89; "El sentido del placer en la poesía de Julio Herrera y Reissig." *Códice* 1 (Primer semestre 1999): 9-18; "Jorge Luis Borges: una poética de la lectura." *Insula* 631-632 (Julio-Agosto 1999): 27-30; "Paseo artístico y goce intelectual en "Divagación" de Rubén Darío." *Alba de América* 33-34 (1999): 103-114; "José Emilio Pacheco: una poética para el fin de siglo." *Revista de Literatura Mexicana Contemporánea* No. 7 (1998): 39-51; "La educación de Borges." *Alba de América* No. 30-31 (1998): 85-96; "El arte narrativo de Angeles Mastretta en *Arráncame la vida*." *Texto crítico* No. 4-5 (1997): 7-15; "La tensión espacio-temporal en el Facundo." *Alba de América* No. 28-29 (1997): 83-92.

PRÓLOGO

En este libro reúno una serie de ensayos críticos que analizan varios textos de ensayo y otros de ficción. Estudio a ensayistas como Domingo F. Sarmiento, José Carlos Mariátegui, Ernesto Sábato, Rodolfo Kusch, Carlos Monsiváis, que han contribuido, con su lucidez y su riqueza conceptual, a hacernos pensar y entender a Latinoamérica, y a comprendernos a nosotros mismos como latinoamericanos.

Analizo las obras de varios poetas y narradores, entre ellos Rubén Darío, Julio Herrera y Reissig, Jorge Luis Borges, José Emilio Pacheco, Angeles Mastretta y Sara Gallardo; tengo en cuenta tanto el aspecto formal de las obras como el mundo ficcional que ofrecen al lector, y considero el aporte que estos escritores hacen a la literatura en su papel de intelectuales, además de artistas.

Doy a los ensayistas su lugar como pensadores, y trato de explicar cómo han contribuido con su interpretación de nuestro mundo americano a crear un imaginario propio que no puede ser disociado de la literatura concebida y escrita en estas tierras.

Nuestro pensamiento e imaginación literaria se canalizan en Hispanoamérica en variantes discursivas mediante las cuales los escritores realizan una búsqueda ininterrumpida del sentido de la vida y la razón de ser de nuestra identidad y nuestra historia. Mis estudios sobre poesía y narrativa toman en cuenta el aporte de nuestros ensayistas y destacan los aspectos éticos y filosóficos en las obras de ficción. Es ésta una aproximación crítica a la que denomino "crítica de la liberación", en la que trato de alcanzar una síntesis entre la crítica literaria y el ensayo de interpretación cultural.

¿Por qué crítica de la liberación? Porque libertad y justicia han faltado y faltan en nuestras tierras, por ella han luchado nuestros pensadores y escritores con la pluma, la espada y la palabra, y creo que es justo que los lectores contribuyamos con una lectura comprometida al mismo proceso.

La crítica literaria es un género ancilar e ilustrado, y podemos enorgullecernos los hispanoamericanos de ser buenos lectores. Poseemos una manera peculiar, nuestra, de leer, y un amor singular por los libros. El comentarlos y enseñarlos es una parte inalienable de nuestra vocación por la cultura.

Nuestro continente colonizado, liberado y vuelto a colonizar, hace indispensable la lucha por la libertad, que en nosotros es pasión. Perseguimos una libertad trascendente que nos permita posesionarnos de nuestro destino y en esa búsqueda los libros han sido nuestros aliados fieles.

Las condiciones de extrañeza que sintió el europeo en América, y la opresión que sintió el nativo ante el desplazamiento de su cultura, crearon en este continente condiciones particulares de otredad y extrañamiento que se han difundido en nuestra peculiar manera de vernos y entendernos, de lo que damos evidencia en nuestra literatura y nuestro pensamiento. La palabra ha sido un instrumento favorito de lucha en nuestra búsqueda de verdad, de justicia y de libertad. Nuestros escritores han sido luego nuestros políticos, nuestros periodistas se han proyectado como pensadores, nuestros maestros se han destacado como poetas. Los hispanoamericanos hemos asumido la singularidad de nuestro destino y de nuestra historia. Los críticos participamos o podemos participar a nuestra manera en esa lucha por la liberación.

¿Cómo enfrento este desafío, y de qué manera trato que mi crítica contribuya a esa búsqueda de libertad e independencia? Primero: trato de mantener una actitud abierta en la selección del corpus de lecturas, incluyo escritores canónicos y no canónicos, y cuestiono la división genérica tradicional europea: leo a Sarmiento, pero también a Kusch; a Borges pero también a Monsiváis; la poesía y la narrativa, y también el ensayo. La frontera entre pensamiento y ficción se desdibuja en América Latina, como también se diluye el límite entre escritura y acción. Segundo: leo a nuestros escritores hispanoamericanos teniendo en cuenta el pensamiento crítico internacional pero también dándole su lugar al pensamiento latinoamericano: tomo en cuenta a Foucault y a Martí; a Deleuze y a Borges; a Said y a Monsiváis; a Derrida y a Fannon; a Bahba y a da Cunha. Tercero: trato de llegar a mi propia interpretación y síntesis. Si bien discuto textos caros a nuestra vida cultural, los leo desde el presente en que vivo, y mi drama histórico y punto de vista rigen mis observaciones. Me pongo en pie de igualdad como lector crítico frente a los otros lectores (no frente a los autores). Legitimizo nuestro derecho de aprender y dialogar con los maestros de nuestra lengua. Represento aquí a la sociedad civil interactuando con el legado cultural de nuestros padres y hermanos ilustrados en la formación y consolidación de ese espacio discursivo que llamamos nuestra literatura. Lo hago convencido de que pensar en libertad contribuye a descolonizar nuestra vida intelectual, y los críticos, como lectores enseñando a otros lectores, podemos contribuir en ese proceso.

ALBERTO JULIÁN PÉREZ

Buenos Aires, 25 de enero del 2006

Pensamiento propio

El país del Facundo

En *Facundo Civilización y barbarie*, 1845, Domingo Faustino Sarmiento (1810-1888) presentó un inteligente y moderno estudio interpretativo global y comprensivo de su nación: su territorio, su gente, su historia, su situación política. Publicado en el diario chileno *El Progreso*, apareció en la sección de folletines desde el 2 de mayo hasta el 5 de junio de 1845 en veinticinco entregas (Yahni 18). Un mes después fue publicado como libro con dos capítulos finales adicionales. La obra así compuesta consta de tres partes. La primera parte del libro está formada por cuatro capítulos que describen el territorio nacional, su gente, su cultura y la historia independiente de su patria. Estos primeros capítulos resultaron sumamente influyentes en el posterior desarrollo de la literatura y la cultura argentina. La segunda parte es la biografía del caudillo "bárbaro" Facundo Quiroga, que Sarmiento transforma en un estudio de la barbarie, y la tercera el programa político liberal con el que se indentificaban Sarmiento y sus compañeros de la Generación del 37, entre ellos Mitre, Echeverría, López y Mármol. Al año siguiente, en 1846, Esteban Echeverría, exiliado en la Banda Oriental del Uruguay, publicará en Montevideo su *Ojeada retrospectiva sobre el movimiento intelectual en el Plata desde el año 37.* Y en 1852 Juan Bautista Alberdi da a conocer en Chile sus *Bases y puntos de partida para la organización política de la República Argentina,* donde estudia la situación política de su país y ofrece un modelo constitucional que, al caer el tirano Rosas, influirá profundamente en la concepción política y redacción de la constitución argentina de 1853. Sarmiento, Echeverría y Alberdi contribuyeron con sus escritos al estudio de la problemática argentina de su hora y plantearon un programa consistente de desarrollo liberal para la nación.

El *Facundo* propuso una tesis amplia de interpretación, de base sociológica, del hombre americano. Sarmiento dividió el desarrollo social nacional en dos etapas, "civilización" y "barbarie". El hombre, según su visión, evolucionaba de lo más simple a lo más complejo. En su estadio más simple el hombre era un ser "salvaje" y en su estadio más complejo debía alcanzar el estado de "civilización". La "barbarie" era un estadio intermedio de desarrollo, desde el cual el hombre podía retroceder al salvajismo o progresar a la civilización. Los representantes de la barbarie en Argentina eran los gauchos y los caudillos. En el territorio nacional había seres "salvajes": los indígenas que habitaban y dominaban el extenso territorio sur del país, pero Sarmiento, desde su perspectiva, no los consideraba integrantes legítimos de la nación.

La Argentina estaba en una situación de crisis. Era un país desequilibrado. La mayor parte de sus habitantes vivían diseminados en una gran extensión de territorio muy poco poblado y constituían una sociedad rural. Sarmiento demuestra, en los primeros capítulos del libro, cómo emerge un tipo humano único, resultado de la naturaleza del país, su gran extensión, sus características geográficas (la Argentina era una gran cuenca orográfica que desembocaba en el estuario del Plata). Este tipo humano era un paisano adaptado a la vida inhóspita y difícil de las llanuras y los montes: el gaucho. La soledad del territorio, la falta de población, hacía imposible, consideraba Sarmiento, la vida civilizada. En su concepto, civilización equivalía a vida urbana moderna, y barbarie, a vida rural primitiva. Solamente la vida urbana moderna, tal como se daba en Europa Occidental y en Norteamérica, podía ser foco de la civilización. Gracias a la concentración urbana el ser humano podía acceder a una educación común popular, democrática y relacionarse con los otros hombres, formarse sus propias ideas y tomar decisiones políticas responsables, como miembro de la *civis*.

Para Sarmiento el ser civilizado debía ser un ciudadano educado, vivir en sociedad, y luchar por sus ideales, tal como él mismo lo hacía en su propia vida. Partiendo de estas ideas, hace en el *Facundo* el diagnóstico de los males argentinos. Para fomentar este tipo de hombre, educado en las modernas disciplinas del saber europeo: las ciencias, las humanidades, las artes, la literatura, la historia, había que crear la sociedad liberal, que en ese momento, con el tirano Rosas en el poder, no existía. Con Rosas, el sector liberal, que había alcanzado el poder en Argentina durante el gobierno unitario de Bernardino Rivadavia, el primer presidente, sufría un acoso constante. El tirano había hecho votar al pueblo en plesbicito, exigiéndole se le concedieran poderes especiales: la suma del poder público, que equivalía a un renunciamiento de los derechos políticos de la ciudadanía en favor del gobernador y su elevación a la tiranía absoluta, a la concentración de todos los poderes del Estado en sus manos, eliminando la división de poderes y la contención de unos poderes por otros. Había desaparecido la salvaguardia de la democracia representativa, el pueblo había abandonado sus derechos en manos de un demagogo (*Facundo* 312).

Sarmiento analiza las causas profundas del fracaso liberal: entiende que Facundo, Rosas y el caudillismo no eran causas creadoras sino consecuencia de la desintegración social argentina que los había precedido y hacía imposible una organización política democrática y liberal. El gaucho era el ser semisocializado, emergente de las condiciones anómalas, atípicas, de la sociedad nacional. La evolución social e histórica argentina, eventualmente, conduciría a la superación de la barbarie y de su producto humano, el gaucho. Si Sarmiento es terminante al considerar al gaucho como producto de la sociedad bárbara, no por eso deja de reconocer en el gaucho múltiples cualidades, que serían más positivas una vez que éste se civilizara, es decir evolucionara, transformándose en el hombre civilizado moderno. José Hernández, varios años después, también defenderá las ideas liberales, en la segunda parte de *El gaucho Martín Fierro,* 1879, cuando le hace decir a su narrador que el gaucho debe tener familia, trabajo, educación y derechos, y someterse a la ley del estado liberal (*Martín Fierro* 350). Los "hijos" de Fierro, como lo comprobamos en *Don Segundo Sombra*, ya no son gauchos: son peones, trabajadores rurales en una sociedad rica y liberal. En *Facundo* esta transformación aún estaba por hacerse.

Las cualidades más positivas del gaucho, cree Sarmiento, son la inteligencia natural que demuestra en el ejercicio excelente de los trabajos rurales, la gran fe en su propio valor, que le permitió destacarse y triunfar en las guerras de independencia, su privilegiada sensibilidad, su carácter imaginativo y poético (*Facundo* 63-93). El gaucho, ese germen del argentino del futuro, es en todo sentido un ser extraordinario. La sociedad y los malos gobernantes, con su egoísmo, conspiran contra él. Su personalidad, sin embargo, también muestra aspectos negativos. Como ser bárbaro es un individuo cruel, cambiante, que pasa de la indiferencia a la ira, y en lugar de reflexionar se deja llevar por sus instintos. Sigue ciegamente a sus jefes, sin pensar. Es víctima de los caudillos. Estos, a su vez, son los jefes bárbaros bestiales y egoístas que gobiernan al grupo. Ponen sus cualidades bárbaras al servicio de sus propios intereses. Son destructivos para la patria. Es imposible constituir una sociedad moderna con individuos bárbaros.

Para Sarmiento una sociedad en desarrollo tiene que aspirar a tener instituciones sólidas y modernas. El individuo aislado no contribuye a la formación social, es una fuerza disolvente. En el caso del gaucho, su aislamiento no era total. La pulpería, el almacén de campo, proveía las condiciones para formar una base social de agrupación (*Facundo* 95-105). Igualmente, las prácticas religiosas, aunque informales, creaban una configuración espiritual especial en el hombre argentino. Las condiciones irregulares de la vida llevaban a la constitución de una sociedad semicivilizada, bárbara. El gaucho participaba de la vida cultural y política de su mundo rural bárbaro. Pero el ser nacional argentino debía evolucionar hacia el estado de civilización. Para lograr esto las instituciones embrionarias: educativas, religiosas, políticas, debían transformarse en instituciones funcionales y eficientes, representativas de los intereses del estado liberal. Hacía falta educar al ciudadano del futuro, crear prácticas religiosas racionales, fundar partidos políticos democráticos y liberales. El territorio argentino, desgraciadamente, estaba en esos momentos escasamente poblado. El ser argentino no podía progresar solo, aislado. Era necesario poblar el territorio, formar núcleos sociales civilizados y extenderlos a lo largo de todo el país.

Si bien Sarmiento defendió las ideas liberales, no perteneció a la primera generación liberal que había liderado Bernardino Rivadavia, hasta su renuncia a la Presidencia de la nación en 1827 (Shumway 81-111). Apoyando las ideas de los jóvenes intelectuales de la Asociación de Mayo, Sarmiento critica indirectamente la nación unitaria del Presidente liberal Rivadavia y los unitarios que continuaron su partido, liderado en esos momentos por Florencio Varela, el jefe de la Comisión Argentina de Montevideo (*Facundo* 343-7). Sarmiento creía en un liberalismo no tan dogmático y doctrinario como había sido el primer liberalismo, el nuevo liberalismo debía responder a las circunstancias históricas concretas del país. Mantuvo una posición más relativista y abierta que la que habían sostenido Moreno, Monteagudo y Rivadavia, que defendían un liberalismo doctrinario y "puro": Sarmiento consideraba necesario nacionalizar el liberalismo. Así, las formulaciones políticas debían surgir del análisis de la realidad nacional. El *Facundo* es un ejercicio de observación crítica de la Argentina y de planificación de una política futura adaptada a las necesidades del país real.

Sarmiento esboza un método de observación que resulta novedoso en Argentina: la historia biográfica. A través de la biografía del proto-caudillo Facundo Quiroga Sarmiento trata de entender los mecanismos del poder tiránico en la Argentina (*Facundo* 48). Facundo es un eslabón histórico de un proceso que no se ha interrumpido, por cuanto su modo de dominio político se continúa en Rosas, el caudillo que emergió como el triunfador en la lucha de poder interregional y logró concentrar los hilos del poder en sus manos, constituyéndose de hecho en un gobernante omnímodo, en un país que no estaba regido por una constitución. Rosas demuestra una gran habilidad para centrar el poder político en su persona y dirigir el Estado. Sarmiento es un agudo observador, en la tercera parte del libro, de ese fenómeno político singular llamado Rosas. Según Sarmiento, la mayor contribución política de Rosas a la República era la unificación del poder nacional bajo su mando, resolviendo de hecho las tensiones regionales que amenazaban la integridad del territorio, particularmente entre Buenos Aires, la ciudad puerto y las provincias del interior (*Facundo* 356). Gracias a esa evolución ocurrida durante el mandato de Rosas, la

República estaba en condiciones de tener un gobierno unificado y, sobre todo, de darse una constitución nacional que no siguiera el mismo destino que las anteriores, que fueron rechazadas por las provincias.

Sarmiento, como intelectual y político, creía en el poder de observación del estadista: su aproximación era más práctica que doctrinaria. Defendía los principios liberales, sobre todo la necesidad de educar al pueblo para tener una nación digna y libre. Era el Estado el que debía fundar escuelas y proveer la educación gratuita y obligatoria de los ciudadanos. También era el Estado el que debía proyectar una política de desarrollo nacional a largo plazo: la política práctica y oportunista de Rosas no era suficiente para desarrollar el país, al que mantenía en el atraso. Argentina era un país "medieval", manejado como una estancia de ganados por un caudillo populista, abusivo e inescrupuloso (*Facundo* 323). Si Rosas había logrado con éxito unificar el país había sido a expensas de las libertades de los ciudadanos, y después de ejercer el terror de estado por largo tiempo, y mantener a Argentina en pie de guerra constante. El gobierno liberal debía restituir esas libertades civiles a los argentinos, sancionar una constitución nacional, una ley máxima común que estableciera el pacto de existencia del país en forma definitiva.

Sarmiento explica claramente que, si bien el poder de los caudillos tuvo algunos aspectos positivos, éstos fueron un mal para el país. Lo desgarraron en guerras civiles destructivas. Su idea del país futuro era muy distinta a la que habían sostenido los caudillos. Compartía sus ideas acerca del estado liberal con la generación de jóvenes intelectuales de la Asociación de Mayo, que procuraban esbozar un proyecto nacional desde el exilio en Chile y la Banda Oriental del Uruguay. La interpretación liberal de estos jóvenes tenía sus puntos débiles; eran en su mayoría estudiantes y periodistas, nutridos de lecturas europeas y norteamericanas, idealistas que aún no se habían enfrentado con la realidad del gobierno. Creían que sólo ciertos ciudadanos debían tener derechos políticos, desconfiaban del sufragio universal y defendían el voto restringido, diferenciándose de los caudillos populistas. Rosas había practicado el sufragio universal y autorizado plebiscitos populares, en los que votaban propietarios y no propietarios, independientemente de su etnia. Cortejaba el apoyo político de los negros y las mujeres y hacía tratos con los indios. Sarmiento restringía la participación política: sólo deberían votar las personas educadas en los valores de la democracia liberal. Era un criterio elitista y antipopulista, que excluía sectores mayoritarios de la población.

Sarmiento desconfiaba de los elementos populares que componían la República: odiaba a los caudillos y a sus gauchos, que políticamente los apoyaban y los defendían militarmente. Idealizaba el poder de la mente y del intelecto para controlar racionalmente el futuro político del Estado. Su utopía política era voluntarista y racionalista. Creía en la voluntad de acción de las minorías ilustradas. Estas minorías debían ejercer el liderazgo político en la sociedad liberal futura.

Sarmiento ayudó a través del *Facundo* a enunciar el proyecto de un estado liberal exitoso, contribuyendo a su creación política. También propuso un método crítico efectivo para entender la sociedad propia. En lo estrictamente cultural esbozó la teoría de un ser nacional original y con cualidades propias: el gaucho. La sociedad *sui generis* en que vivía había producido este ser único, que estaba mucho más cercano a la naturaleza que el hombre civilizado. Siguiendo en esto a de Tocqueville, había aprendido a observar la sociedad desde afuera, buscando un cierto grado de objetividad: él no era un gaucho, ni sentía simpatía por el gaucho, sin embargo logra explicarlo en sus aspectos sociales positivos y negativos. En este sentido, y como lo sostendrá años después José Ingenieros, contribuye a crear y establecer la sociología argentina (Ingenieros 279).

Sarmiento pudo ver la historia y explicarla como resultado del enfrentamiento de fuerzas vivas, dinámicas. Sus actores políticos: los caudillos y los unitarios, interpretan la lucha trágica por la supervivencia del más apto en un medio hostil y peligroso. En su historia no prevalece el más justo, sino el más fuerte. Su ética respeta el egoísmo individual. Este egoísmo individual no es enteramente negativo, excepto cuando el poder del egoísta es excesivo y se transforma en un tirano injusto y violento. Ese mismo egoísmo, como lo vería pocos años después en EE.UU. durante sus viajes, hacía posible tener municipalidades y gobiernos comunales responsables y progresistas. La sociedad mercantil tenía que depender del egoísmo creativo y la libertad individual de sus integrantes. Pero tenía que ser un egoísmo responsable y los miembros de la comunidad participar de la organización social. Sarmiento era un individualista, como lo serían luego muchos de los héroes de la historia y la literatura argentina, como Bartolomé Mitre y José Hernández. El estado burgués necesita de la voluntad y la libertad individual para realizar su potencial.

Si bien Sarmiento no escribió obras de literatura de ficción, sino ensayos, biografías, memorias y artículos periodísticos, fue un agudo y temprano observador de los fenómenos literarios. Aunque el *Facundo* no analiza en detalle la producción literaria e intelectual en el Plata, como lo haría poco después el libro de Echeverría *Ojeada retrospectiva…*, presenta una manera original de observar y plantear el fenómeno literario. Para Sarmiento la literatura no es producción exclusiva de la cultura letrada. Atento a los fenómenos de los pueblos, y consciente del grado de analfabetismo que sufría el pueblo argentino, no por eso le niega su capacidad literaria. Sarmiento registra el fenómeno de la poesía no sólo en su aspecto culto sino en el popular: declara que el pueblo argentino tiene sus cantores propios y que el gaucho gusta de cantar (81). Es más, el gaucho cantor tiene tanta popularidad entre los paisanos, que es reconocido y apreciado como tal (91).

Sarmiento reconoce el valor de la literatura nacional culta, como la poesía neoclásica de Juan Cruz Varela y la poesía romántica de Esteban Echeverría. Cree que la obra de Varela poco agrega al "caudal de nociones europeas"; Echeverría, en cambio, en "La cautiva", ha logrado inspirarse en la naturaleza americana. Sarmiento considera que la naturaleza americana tiene que ser motivo de inspiración poética para el escritor nacional. Cita el caso del novelista norteamericano Fennimore Cooper, en cuyas obras *El último de los Mohicanos* y *La pradera*, la naturaleza tiene un papel protagónico (77). Sarmiento reconoce la individualidad de la experiencia americana, su originalidad histórica. América es un mundo nuevo y distinto, y ha producido un nuevo tipo de hombre y una nueva cultura, y es este fenómeno singular el que registra su literatura. Entre todos los géneros literarios, valora singularmente la poesía, y en su opinión "el pueblo argentino es poeta por carácter, por naturaleza (78)". La naturaleza grandiosa, la enormidad del paisaje lo inspira. Sarmiento concibe así la literatura (como también la religión y la política) como un fenómeno social que genera una práctica institucional. La literatura es parte integral del fenómeno de la cultura en general.

La educación oficia en su visión como el canal que logrará transferir la cultura de lo individual a lo social, que institucionalizará el saber y lo volverá útil para el pueblo y para la patria. El poder de producción cultural radica en la esencia del hombre y del pueblo: hay literatura (culta) del hombre letrado, y poesía campesina del pueblo pastor. Sarmiento vincula esta poesía campesina, que registra sucesos de la campaña, con la labor del bardo medieval, cronista de su tiempo. Explica aquí un hecho singular: la polaridad de la vida argentina, que tiene una campaña bárbara y núcleos urbanos civilizados, es resultado de una sociedad que vive en dos tiempos: "En la República Argentina se ven a un tiempo dos civilizaciones distintas en un mismo suelo: una naciente, que sin conocimiento de lo que tiene sobre su cabeza está remedando los esfuerzos ingenuos y populares de la Edad Media; otra que sin cuidarse de lo que tiene a sus pies, intenta realizar los últimos resultados de la civilización europea: el siglo XIX y el XII viven juntos; el uno dentro de las ciudades, el otro en las campañas (91)".

Sarmiento concibe la sociedad moderna como una sociedad inclusiva y abierta, que se proyecta orgánicamente hacia el futuro. El deber del gobernante es conducir un proceso racional y ordenado de gobierno. El estado debe crecer según un plan racional a ser implementado por sus elites educadas en beneficio de toda la población. Ese estado, para Sarmiento, como para Alberdi y Echeverría, no es una entidad aislada. Modernizarse es insertarse en el mundo y en la historia. De acuerdo a su criterio las sociedades líderes son las europeas, pero, y tal como lo comprobaría personalmente en sus viajes, Estados Unidos es el mejor ejemplo de desarrollo modernizador para las sociedades latinoamericanas, por cuanto el proceso estadounidense guarda mayores semejanzas con el de las repúblicas latinoamericanas que el proceso de las sociedades europeas (*Viajes* 443-609). Frente a una Europa contradictoria, que restauraba las monarquías, las repúblicas americanas se mostraron ávidas defensoras de las democracias y sus libertades.

Para un liberal como Sarmiento lo esencial era devolver al pueblo las libertades conculcadas por las dictaduras de los caudillos. Una vez devueltas estas libertades, la sociedad argentina se proyectaría hacia el futuro, después de superar ese escollo que era la sanción de una ley fundamental que constituyera definitivamente al país como un estado común. Esa unidad, en la práctica, era un hecho y, paradójicamente, el caudillismo había ayudado a unificar el territorio de la nación (*Facundo* 367-73). La barbarie había contribuido a la futura civilización, porque formaba parte del proceso histórico evolutivo de los pueblos. Proceso que marcaba la historia argentina con el carácter de su cultura: el mundo del gaucho.

Sarmiento registra el fenómeno del gaucho y le da pleno valor en la cultura nacional. Pero la sociedad argentina, dinámica, histórica, inevitablemente debía marchar hacia un futuro de desarrollo. Las fuerzas económicas formarían una nación moderna, similar a las que poblaban el continente europeo y a la que ya emergía con fuerza y singularidad en los Estados Unidos de Norteamérica. Si bien la campaña tuvo un peso constitutivo en la vida nacional, la sociedad del futuro sería una sociedad urbana. El gaucho, de enorme peso histórico, sería socialmente sería superado por el progreso. Quedaría como un representante de la nación primitiva y bárbara. El argentino del futuro sería un individuo civilizado, urbano, educado, trabajador.

Este sueño, en 1845, cuando escribió el *Facundo*, parecía muy lejano. Pocos años después, él mismo y sus compañeros de generación lo llevarían a la práctica. Entonces comprenderían también que el paraíso liberal tenía sus limitaciones. La imagen del mundo nacional que más influencia tendría en la formación de la cultura argentina no sería la que Sarmiento político difundiera a través de sus discursos durante su presidencia, sino el mundo presentado en su libro periodístico: el *Facundo*. Durante sus años de exilio chileno fue productiva e incansable la pluma de Sarmiento; a *Facundo* le siguieron *Viajes, Recuerdos de provincia, Argirópolis, Campaña en el Ejército Grande*. Son los libros que aseguraron su gloria como escritor. Entre éstos fue *Facundo*, escrito a los treinta y cuatro años de edad, su obra maestra, matriz polémica de una cultura que se vio a sí misma como resultado de una ingente lucha vital histórica, en la que el ser nacional argentino buscaba producirse para tener un destino propio en la historia de las naciones.

Bibliografía citada

Alberdi, Juan Bautista. *Bases y puntos de partida para la organización política de la República Argentina.* Buenos Aires: Editorial Plus Ultra, 1991.

Echeverría, Esteban. *Ojeada retrospectiva sobre el movimiento intelectual en el Plata desde el año 37. Obras Completas.* Buenos Aires: Antonio Zamora. Edición de Juan María Gutiérrez. 57-97, 1951.

Ingenieros, José. *Sociología argentina.* Buenos Aires: Hyspamérica, 1988.

Hernández, José. *Martín Fierro.* Buenos Aires: REI. Edición de Luis Sáenz de Medrano, 1988.

Sarmiento, Domingo Faustino. *Facundo Civilización y barbarie.* Madrid: Cátedra. Edición de Roberto Yahni, 1990.

——————. *Viajes.* Buenos Aires: Editorial de Belgrano, 1981.

Shumway, Nicolas. *The Invention of Argentina.* Berkeley: University of California Press, 1991.

Yahni, Roberto. "Introducción". *Facundo...* 11-32.

Sarmiento y la democracia norteamericana

En 1847 el periodista y educador argentino Domingo Faustino Sarmiento (1811-1888) recorrió durante dos meses y medio Estados Unidos y Canadá. Venía de realizar un largo itinerario latinoamericano, europeo y africano, que lo había llevado a visitar la sitiada ciudad de Montevideo, Río de Janeiro, varias ciudades europeas: Ruan, París, Madrid, Roma, Florencia, Venecia, Milán, Zurich, Munich, Berlín, La Haya, Bruselas, Londres, entre otras, y Argel, en la costa africana. Sarmiento, que había publicado *Facundo.* *Civilización y barbarie* en 1845, y era una figura polémica en Chile, donde vivía como exiliado político, fue enviado en viaje de investigación por el gobierno de este país para estudiar los sistemas educativos y los procesos de asentamiento de colonias en Europa y Estados Unidos. Como resultado de este viaje de estudio de más de dos años de duración, publicará en 1849 *De la educación popular.* Durante su travesía, además, escribió una serie de cartas-ensayos sobre sus experiencias dirigidas a amigos y conocidos, como Vicente F. López, Miguel Piñero, Victorino Lastarria, Manuel Montt, Juan M. Gutiérrez; se publicaron en la prensa periódica, y Sarmiento las recogió en libro, en 1849, 1851, con el título *Viajes en Europa, África y América.*

Sus comentarios sobre el viaje por Estados Unidos y Canadá, al fin de su extensa gira, nos muestran a un periodista experimentado en el arte de observar una sociedad y explicar su cultura. Sarmiento prestó singular atención al funcionamiento de sus instituciones, describió el sistema de educación, la vida política y social, las prácticas religiosas, su desarrollo económico y comercial, el carácter y las costumbres de su gente, los hechos históricos más destacados. Era un investigador dedicado, y recogía abundante información de los sitios que visitaba.

Durante su gira europea demostró una excelente comprensión de la cultura de los países que recorría. Ya a partir de 1838 había leído en la biblioteca de su amigo Quiroga Rosas, en San Juan, obras de Schlegel, Guizot, Tocqueville, Cousin, Leroux y muchos otros autores contemporáneos, como lo declarara en su *Recuerdos de provincia* (285). William Katra indica que Sarmiento pasó muchos meses visitando Francia, cuya lengua leía y hablaba, pero solo estuvo algo más de dos meses en Estados Unidos y Canadá, países que abarcaban un territorio mayor, y cuya lengua, el inglés, no dominaba (Katra 854-5). Podía leerlo pero no comprendía bien el lenguaje hablado, lo cual limitaba su habilidad natural para observar esas sociedades. Fueron fundamentales para esta etapa de su viaje sus lecturas sobre Estados Unidos. Katra indica, entre los libros leídos, además de *De la démocratie en Amérique*, 1835 y 1840, de Alexis de Tocqueville, la obra *Notions of the Americans*, 1828, de su admirado novelista norteamericano James Fenimore Cooper; ambos, Tocqueville y Cooper, eran autores favoritos de Sarmiento desde hacía muchos años (Katra 854-5). Complementaba a éstos la obra del historiador George Bancroft, *History of the United States*, que Sarmiento cita varias veces en su carta. Además de estas fuentes, recoge en su viaje diferentes documentos sobre la vida política y la educación en diversos estados que visita, particularmente Massachussetts, donde conoce al gran educador Horace Mann, e inicia con él una sincera amistad.

Sarmiento vivía con pasión su misión como periodista y educador. Se sentía defensor legítimo de los intereses populares y buscaba convencer al público lector de lo acertado de sus ideas liberales. Se había creado un espacio propio en la prensa de su tiempo, en un momento histórico en que el periodismo se había erigido en un órgano importante de poder en la vida política de esas sociedades emergentes de la lucha anticolonial. Su periodismo incisivo y polémico se formó en la lucha contra la tiranía rosista en Argentina. Con sus denuncias de los atropellos del tirano, Sarmiento inspiró a una generación de jóvenes liberales con aspiraciones políticas. En los artículos que componen el *Facundo*, publicados originalmente en el diario chileno *El Progreso* en 1845, Sarmiento explica el rosismo desde una perspectiva de análisis múltiple: sociológica, política y económica, y estudia el caudillismo como un fenómeno social peculiar en su patria. Cuando lo publica como libro agrega dos artículos nuevos, donde analiza la situación política contemporánea y el proyecto de los jóvenes liberales de su generación, que se identificaban con el ideario político de la Asociación de Mayo (Pérez 105-49). Era su objetivo superar el antagonismo y las luchas entre unitarios y federales, que habían dividido y desangrado al país por varias décadas.

Entre el nutrido grupo de talentosos intelectuales que atacaban a Rosas desde el exilio en Chile y Uruguay, estaban, además de Sarmiento, Juan Bautista Alberdi, Vicente Fidel López, Juan María Gutiérrez y Florencio Varela. Este último era el periodista más reconocido en Europa y el jefe de la oposición argentina en Montevideo, donde dirigía el influyente periódico antirrosista *El Comercio del Plata*. El tirano procuró acallar el periodismo disidente, tanto en Montevideo como en Santiago y Valparaíso, y envió en 1845 a su ministro Baldomero García a Chile para protestar contra el asilo dado a Sarmiento (Yahni 24). El sanjuanino era en esos momentos director de *El Progreso*. La misión que le encomienda el gobierno chileno en Europa y Estados Unidos lo aleja del teatro del diarismo de ese país por más de dos años, protegiéndolo de la ira de Rosas. En 1848 caería asesinado en Montevideo Florencio Varela, el director de *El Comercio del Plata*.

Durante su viaje para estudiar los métodos de educación primaria implementados en Europa y Estados Unidos, Sarmiento escribió una serie de cartas dirigidas a distintos amigos, que fueron publicadas en la prensa. Estas cartas, luego recogidas en *Viajes,* eran una manera de mantener una presencia periódica en la discusión pública y de seguir gravitando como intelectual en la vida de Chile y de su país. Sarmiento consideraba al periodismo un auténtico cuarto poder, capaz de denunciar y contener los excesos y desmanes del poder político. Porque se formó durante los años críticos de lucha contra la tiranía rosista su prosa tiene una fuerza persuasiva única. Sarmiento creía en la eficacia de la prensa para combatir las injusticias y alentar y estimular al pueblo. Sentía que el tirano mantenía a su país en el atraso y la barbarie, y le negaba a los liberales el derecho de dirigir al país en democracia y de abrirlo a la influencia de las ideas políticas nuevas.

Concibe su misión periodística, educativa y política, como una unidad indisoluble. Las tres facetas de su personalidad se forjan al calor de la lucha política contra la dictadura, mientras se esfuerza por educarse y educar. Sarmiento no pudo acceder a una educación superior y, conciente del papel de la tiranía en la destrucción del sistema escolar en su país, aspiraba a restaurar la república liberal en su patria. Dado el estado de postración de las instituciones durante la tiranía, en que Rosas había dejado los poderes republicanos reducidos a un papel formal, al servicio de sus propios intereses personales y partidarios, la labor de su generación a la caída del tirano sería titánica, para reconstruir el país y tratar de elevarlo en el marco de las naciones. Argentina debía crecer según su potencial y de acuerdo a las ideas de la democracia republicana. Sarmiento no sólo buscaba ser portavoz de los intereses del pueblo, su defensor, sino que además aspiraba a ocupar funciones públicas de gobierno. Su viaje tenía una función formativa, era un aprendizaje de la política y la cultura de otros pueblos. Sarmiento trataba de explicarse y de explicar lo que veía y de entender sus instituciones y el por qué de su fracaso o su éxito. Este objetivo, consustancial al tipo de periodismo que hacía y a la persona que era, había alcanzado un gran hito en *Facundo*, con una mirada desde su exilio chileno a la historia de su propio país, y continúa durante su viaje extendiendo su análisis a otros países.

De la misma manera que en el *Facundo* Sarmiento había analizado a su patria, y estudiado y desmitificado la figura del caudillo riojano Facundo Quiroga, denunciando su barbarie y el papel nefasto que había tenido para las instituciones, en su viaje por Europa y Estados Unidos buscó analizar la política y la cultura desde una perspectiva independiente e hispanoamericana, revolucionaria. Sarmiento creía que en el continente americano se daban condiciones especiales de desarrollo y que representaba una nueva etapa de la cultura mundial. América tenía un destino propio, separado del mundo europeo, donde las viejas instituciones monárquicas restauradas y la cultura aristocrática ejercían un peso deformante, que amenazaba las transformaciones sociales obtenidas como resultado de las luchas políticas de la revolución francesa. El espíritu revolucionario había retrocedido en Francia durante la monarquía de Luis Felipe, pero en Norteamérica, sintió Sarmiento, se estaba desarrollando una democracia nueva y vigorosa (Botana 285-93). Era una experiencia distinta, original, fiel a la naturaleza y a las necesidades del territorio y a la historia de su civilización, y por lo tanto profundamente nacional.

Al comienzo de su carta-ensayo Sarmiento le confiesa a Valentín Alsina, el destinatario, con quien más adelante compartiría una importante etapa de su vida política, el sentimiento de admiración y sorpresa que lo acompañaba al dejar Estados Unidos. Experimenta, viajero romántico al fin, una emoción sublime: la de haber presenciado algo sin precedentes en la historia del mundo, una civilización nueva. Dice Sarmiento: "Los Estados Unidos son una cosa sin modelo anterior, una especie de disparate que choca a la primera vista, y frustra la expectación pugnando contra las ideas recibidas, y no obstante este disparate inconcebible es grande y noble, sublime a veces, regular siempre... No es aquel cuerpo social un ser deforme, monstruo de las especies conocidas, sino como un animal nuevo producido por la creación política... (443-4)." Para explicar y describir esa "cosa sin modelo anterior", Sarmiento procederá de manera semejante a como hiciera en el *Facundo* para explicar a Argentina, país cuya originalidad demostró también: primero estudiará el territorio, luego la gente y su manera de asociarse.

Sarmiento deja en claro que lo que está viendo es la materialización de una república posible con la que siempre había soñado (para su país) y que no había encontrado en Europa, sumida en una profunda crisis, que estallaría en la revolución de 1848. Así que el artículo poco a poco se va transformando en una indagación (no declarada) y en un aprendizaje del viajero que comunica a sus lectores cuáles son las condiciones necesarias para crear esa república posible. Si en el *Facundo* Sarmiento tenía en mente en sus primeros capítulos, al describir la geografía y vida social exótica de su país, a un lector chileno o europeo, cuando habla en *Viajes* de la vida social norteamericana está pensando sobre todo en lectores argentinos, que necesitan saber lo que es la verdadera democracia, y cómo la libertad es posible allí. Estados Unidos, país que había liderado la rebelión anticolonial, y se había organizado de acuerdo a las ideas de la democracia liberal, era un ejemplo estimulante para los argentinos que sufrían la opresión y la tiranía de Rosas y tendrían que organizar la república cuando cayera el tirano. Argentina en esos momentos no contaba siquiera con una constitución nacional que garantizara la unión formal de todos sus habitantes. Era un país que escapaba a la anarquía mediante la mano de hierro del tirano que, limitando el ejercicio de la libertad, impedía la secesión o desintegración nacional, lo cual el mismo Sarmiento reconoció en el *Facundo* (372).

La república ideal, para Sarmiento, tenía que contar con un territorio excepcional en que la naturaleza ayudara a alumbrar la creación política del estado, para que hubiera compatibilidad entre el suelo y el tipo de gobierno que se quería implementar. El vasto territorio de Estados Unidos hacía posible organizar un régimen federal de gobierno. Al hablar de Argentina en su *Facundo* Sarmiento había observado cómo la naturaleza del territorio, siendo tan pródiga, hacía difícil implementar un régimen federal de asociación, por cuanto su geografía: sus llanuras, sus ríos, confluían en el estuario del Río de la Plata, donde estaba Buenos Aires (*Facundo* 60). El territorio se centralizaba en la ciudad-puerto, dándole a esta provincia un poder excepcional. Dada la posición estratégica de Buenos Aires, Sarmiento previó, profética y correctamente, que independientemente del régimen político que adoptara Argentina el país siempre sería unitario y Buenos Aires controlaría la economía y la política nacional. También centralizaría la cultura.

Los grandes centros de la civilización moderna estaban en Europa, y Sarmiento iba a ser testigo del desarrollo pujante de una civilización nueva y original en los Estados Unidos. Si las civilizaciones europeas habían sido producto de los ricos acontecimientos de su historia a lo largo de cientos de años, la civilización que se levantaba en Estados Unidos resultaba de la aplicación de las nuevas teorías políticas a la vida social y económica de un país que estaba haciéndose en esos momentos. Y Sarmiento iba a testimoniar con euforia cómo lo veía crecer, y se pregunta cómo lo logran los norteamericanos y por qué pueden hacerlo, mientras otros pueblos no han encontrado aún su camino. Comprendió que la democracia y las ideas y teorías republicanas estaban operando un milagro en Norteamérica que él esperaba se repitiera en su patria.

Es notable la simpatía con que Sarmiento observaba ese modelo democrático. Se sentía espiritualmente afín a ese pueblo tosco, independiente, osado y mal comprendido aún por los europeos. Sarmiento era hijo de su propio esfuerzo, había nacido en un hogar pobre, aunque de linaje colonial, se había educado y formado al calor de la lucha diaria del periodismo, su única escuela superior. Era también hijo de la revolución de Mayo y de la pasión que la lucha por la libertad había encendido en esa primera generación de jóvenes argentinos, que se sentían herederos de un país en el que aún no podían participar como ciudadanos, porque el tirano les había escamoteado la libertad de acción, los derechos políticos y las instituciones imprescindibles para construir una república moderna. Sarmiento era un provinciano rudo, de personalidad fogosa, no un joven atildado y fino como podían ser los porteños o los elegantes de las capitales europeas. No hace falta más que ver su fotografía y leer las descripciones de su persona para observar en él al hombre combativo, orgulloso de sus logros. Se creó, como periodista y político, una personalidad pública contundente. Ese "alter ego" tenía mucho de héroe romántico, de ser prometeico, de luchador incansable. Sarmiento se impuso a sí mismo ese héroe de las libertades republicanas como un deber moral y mantuvo a lo largo de su vida sus ideales, pagando un alto precio por esa fidelidad a sus principios. Esos ideales lo obligaban a poner la verdad y los intereses del pueblo por encima de todo, y ser representante de las más elevadas virtudes republicanas. Por eso su desilusión ante el estado de postración de las masas campesinas de su patria, a las que sentía tan lejos de su misión histórica (*Viajes* 472; *Facundo* 63-74). El pueblo norteamericano era un pueblo rudo, que superaba los obstáculos naturales del territorio y luchaba por establecer su civilización. En esa contienda con la naturaleza se forjó el carácter del pueblo norteamericano, como también el del pueblo argentino, y su representante humano, el gaucho.

Si bien no debemos minimizar la influencia que las lecturas de Tocqueville, Cooper y Bancroft tienen que haber tenido sobre las ideas que se formó de Estados Unidos, Sarmiento hablaba a un públi-

co muy diferente que el de esos autores, y tenía sus propios intereses
al visitar el país. Era fiel a su carrera periodística, y al espacio que su
nombre iba ganando entre sus lectores, como investigador de la verdad. Sus intuiciones sociológicas son brillantes, pero Sarmiento no era
sociólogo ni politólogo de profesión: se informaba como corresponde
para hablar al lector de la prensa, que necesitaba ser educado con los
artículos de fondo del enviado especial. Escribía para un público
amplio, al que buscaba convencer, e inculcar el respeto por la civilización, la democracia y las libertades republicanas en que él mismo
creía. Era un periodista "de raza" y un observador increíblemente
sagaz y perceptivo del mundo contemporáneo. Mostraba un increíble
"oficio": no era un novelista frustrado que se refugiaba en el periodismo, ni un escritor que quisiera escribir otra cosa que artículos,
investigaciones y notas. Como periodista, y sintiéndose totalmente
cómodo con sus géneros, le daba a su expresión tal originalidad, que
su prosa única, por efecto de su riqueza, persuasión y claridad docente, se transformó en un modelo literario excepcional. Y ésta, claro, no
es prosa sin contenido, porque Sarmiento supo buscar temas apasio-
nantes y originales que investigar, precediendo en sus estudios, como
ocurrió con el *Facundo*, a historiadores y sociólogos.

Sarmiento advirtió a Valentín Alsina, el destinatario de su carta-
ensayo, que su descripción de los Estados Unidos no sería ordenada.
Sus lectores reconocemos que el desorden y la improvisación en sus
descripciones forman parte de la frescura, el encanto y la fuerza persuasiva de su prosa. Sarmiento invita a Alsina a un juego: le pregunta
y se pregunta cómo tendría que ser el territorio de un país ideal para
que en él fuera posible una gran democracia moderna. Debería tener
un gran territorio, con ríos navegables, con reservas carboníferas para
construir una gran industria, poseer un excelente sistema de comunicaciones y "caminos de hierro", como en ese entonces se llamaba a los
ferrocarriles. Además, agrega con malicia, debería tener como vecinos
países débiles que le permitieran conquistar sus territorios, como por
ejemplo México y Cuba (recordemos que en esos momentos Estados
Unidos y México estaban involucrados en una guerra, a la que
Sarmiento solo alude brevemente, y que culminaría con la desmem-
bración del territorio mexicano; Cuba, ocupada por el decaído poder

español, era una gran tentación para el gigante americano de vocación expansionista). Estados Unidos reunía las condiciones necesarias para ser ese país ideal, donde podía establecerse una gran república democrática. Sarmiento describe el prodigioso sistema de ríos y lagos de que lo proveyó la naturaleza: el río Mississipi y el cordón lacustre del norte, todo vertebrado por medio de canales. Este sistema de comunicaciones, ayudado por la mano del hombre, hacía de la nueva república una promesa realizada. Estados Unidos era un caso único y extraordinario. Sarmiento despliega ante el lector su territorio como un milagro de la naturaleza y de la industria humana. Una república titánica, ciclópea. Esta república es como un organismo vivo que crece y se desarrolla. En su alegoría de la república perfecta Sarmiento ve a la naturaleza como aliada de la historia. La historia acompaña el desarrollo orgánico. El resultado es un país único, con un potencial desconocido.

Considera que la marcha de la historia hacia la civilización y el progreso es irrefrenable, aunque puede conocer interrupciones, como en el caso de Argentina, debido a la tiranía. El destino impulsa a Estados Unidos a un desarrollo rápido. Observa con optimismo el empuje empresarial de la burguesía norteamericana. Piensa que esa energía expansiva es irreprimible y, si bien moralmente censurable, ya que conducía al imperialismo, la entiende como una parte ineludible de las leyes del desarrollo económico. La expansión imperial de Estados Unidos, temible para las repúblicas hispanoamericanas, extendería, paradójicamente, su democracia mercantil y las libertades que ésta genera al resto del continente. Dice Sarmiento: "Yo no quiero hacer cómplice a la Providencia de todas las usurpaciones norteamericanas, ni de su mal ejemplo, que en un período más o menos remoto puede atraerle, unirle políticamente o anexarle, como ellos llaman, el Canadá, Méjico, etc. Entonces, la unión de hombres libres principiará en el Polo Norte, para venir a terminar por falta de tierra en el istmo de Panamá (*Viajes* 449)."

Sarmiento describe a los inmigrantes que se diseminan por todo el territorio y forman una Babel de lenguas venidas de todo el mundo; de esta manera, dice "...reuniéndose, mezclándose entre sí esas avenidas de fragmentos de sociedades antiguas, se forma la nueva, la más joven y osada república del mundo (450)." Este elemento humano es esencial porque contribuye a la riqueza pública. Luego de concluir la descripción de lo que llama "el aspecto general del país", progresa hacia el estudio de aspectos nucleares de su sociedad, que considera significativos y germinales. Al describir a la Argentina, en el *Facundo*, había explicado que las ciudades eran poco más que aldeas, e incidían marginalmente en la sociabilidad de un país rural (*Facundo* 95-105). El núcleo de socialización estaba en la pulpería de campaña, que era a donde iban los gauchos a enterarse de lo que pasaba en la región y, de ser posible, en el país, y donde se forjaban lazos solidarios de dependencia entre los pobladores: la pulpería era el germen de la vida social y de la educación política del gaucho, naturalmente deformada y bárbara.

En el caso norteamericano, Sarmiento encuentra que la aldea es el núcleo sano y generativo que permite la expansión de su sociedad. El rancho del gaucho argentino estaba aislado en la campaña y desprovisto de las comodidades básicas de la vida moderna; en el campo no había escuelas ni iglesias (recordemos que la educación del gaucho se reducía al aprendizaje del trato bárbaro con los animales y la naturaleza). La aldea norteamericana, en cambio, posee escuelas, iglesia, una población industriosa y trabajadora, vestida según las exigencias de la vida urbana, que cuida de su casa, de sus utensilios de trabajo, y que se envanece de las comodidades que disfruta. Está conectada con el mundo, tiene un servicio regular de correo, uno o más periódicos y sus habitantes ejercen con celo sus derechos políticos de participación en el gobierno local y nacional. Está sometida a la ley racional y juiciosa, sus autoridades no son arbitrarias y sus habitantes poseen una capacidad enorme de trabajo y amor por la riqueza, que los lleva a intentar grandes empresas comerciales e industriales. La religión contribuye a la buena convivencia, y establece las reglas pluralistas de tolerancia mutua de credos religiosos e ideas políticas. La aldea es el modelo de la civilización norteamericana, según Sarmiento, y crea una relación igualitaria entre las personas, consecuencia de la expansión de las libertades, hecha posible por la república democrática (*Viajes* 452-4).

Luego de describir la vida en las aldeas, Sarmiento pasa a discutir lo que él considera la característica esencial de la vida norteamericana: su movilidad. La libertad de movimiento es constitutiva de su civilización y sus habitantes constantemente viajan y se desplazan, utilizando los medios de transporte más modernos disponibles, como el tren y el barco a vapor, que cubren largos itinerarios a precios reducidos y son extraordinariamente confortables y rápidos para la época. La democracia ha transformado las costumbres, y la mujer disfruta de una libertad excepcional de movimiento en la sociedad norteamericana: las jóvenes norteamericanas podían salir y viajar solas mientras eran solteras, salir con sus novios, y sus familias aceptaban su independencia. Una vez que se casaban hacían una vida estricta y se dedicaban a la familia. Esta "manía" de viajar y la igualdad establecida por las libertades políticas formaban un hábito uniforme de vida, que se notaba tanto en el campo como en las ciudades. No había un contraste tan marcado entre campo y ciudad como Sarmiento había notado en Argentina, en que el campo era el espacio de la barbarie y las ciudades el germen de la civilización.

En Estados Unidos la civilización había alcanzado al campo tanto como a las ciudades. Los cambios de hábitos de vida habían creado nuevos símbolos sociales: los hoteles, por ejemplo (la hotelería no estaba tan desarrollada en Europa en esa época), se habían transformado en monumentos públicos, tan significativos o más que las iglesias. Mientras que la práctica tolerante del protestantismo había atraído al país un elevado número de religiones y sectas, que levantaban en general templos discretos, modestos, si se los comparaba con las fastuosas iglesias católicas, el culto al progreso y el amor a los viajes de placer y negocios, había requerido la construcción de grandes hoteles, con una arquitectura lujosa muchas veces, que era sólo igualada en Europa por los palacios y los edificios públicos. El hotel era el templo simbólico al progreso y a la nueva vida republicana. Sarmiento describe el Hotel San Carlos, en los alrededores de Nueva Orleans, cuya arquitectura le trae a su memoria la cúpula de San Pedro en Roma. Exclama: "He aquí el pueblo rey que se construye palacios para reposar la cabeza una noche bajo sus bóvedas; he aquí el culto tributado al hombre, en cuanto hombre, y los prodigios del arte emple-

ados, prodigados para glorificar a las masas populares (463)."
También los bancos erigen edificios fabulosos, y la estatuaria difundida honra a los héroes de la patria. Este pueblo tiene vida, disfruta,
goza y ríe, porque siente que la civilización está a su servicio. Es un
pueblo práctico, y el ejercicio de la libertad demuestra su originalidad,
que muchos le han reprochado.

Sarmiento indica que el norteamericano usa el tiempo con morosi-
dad, porque en un país dedicado a crear riquezas, el tiempo vale
mucho. Reconoce cierto mal gusto en las costumbres de la población,
que cree un resultado indirecto de la democratización, al llevar los
beneficios económicos, que en Europa sólo disfrutan las elites ricas,
al hombre común. Testimonia, por ejemplo, que a los norteamericanos
les gusta poner los pies en la silla y encima de la mesa, en cualquier
lugar en que se encuentren, aún en un hotel lujoso, lo cual consideran
normal. Afirma nuestro autor: "En los Estados Unidos la civilización
se ejerce sobre una masa tan grande, que la depuración se hace lentamente, reaccionando la influencia de la masa grosera sobre el individuo, y forzándole a adoptar los hábitos de la mayoría, y creando al fin
una especie de gusto nacional que se convierte en orgullo y en preocupación. Los europeos se burlan de estos hábitos de rudeza, más aparente que real, y los yanquis, por espíritu de contradicción, se obstinan
en ellos, y pretenden ponerlos bajo la égida de la libertad y el espíritu
americano (470)." Sin defender estas conductas considera que el norteamericano es "...el único pueblo culto que existe en la tierra, el último resultado obtenido de la civilización moderna (470)." Era sorprendente la cantidad de periódicos que se publicaban, y el dinero
empleado en la educación. Esto marcaba un gran contraste con la
Europa de la que acababa de regresar en su viaje, donde aún predo-
minaban los intereses y los hábitos aristocráticos de vida, y se hacía
caso omiso a las necesidades públicas. Dice Sarmiento: "En los
Estados Unidos todo hombre, por cuanto es hombre, está habilitado
para tener juicio y voluntad en los negocios políticos, y los tiene, en
efecto. En cambio, la Francia tiene un rey, cuatrocientos mil soldados,
fortificaciones de París que han costado dos mil millones de francos,
y un pueblo que se muere de hambre (471)." Los vicios de carácter
que se atribuían a los "yanquis", que él no consideraba tales, eran

resultado de la tolerancia indispensable y el respeto necesario para vivir en democracia, dándole a cada uno la oportunidad de expresarse según sus deseos y necesidades. El mérito mayor norteamericano era haber extendido el bienestar a todas las capas de la sociedad, algo que Europa no había logrado.

Los Estados Unidos eran un pueblo síntesis, si bien, cree Sarmiento, aún no los habían comprendido bien. El ciudadano americano estaba libre de la necesidad y la pobreza que amenazaba a los individuos de otros países. Era el hombre "...con hogar, o con la certidumbre de tenerlo; el hombre fuera del alcance de la garra del hambre y la desesperación...el hombre en fin dueño de sí mismo, y elevado su espíritu por la educación y el sentimiento de dignidad (473)." No era de extrañarse que en otros países no los comprendieran, ya que representaban una nueva etapa de la humanidad en su búsqueda de perfeccionamiento y libertad. Descarta el papel de la raza en el progreso americano, su éxito se debía a la energía individual y al espíritu de empresa que mostraban. Eran más liberales que los europeos, no arrastraban prejuicios aristocráticos y desarrollaban su sociedad dentro de modos muchos más libres que los de Europa. El empleo del ferrocarril era un buen ejemplo. En Europa los ferrocarriles servían a un reducido grupo de la población, los pasajes eran caros y discriminaban a los pasajeros en varias categorías según el costo del boleto. En Estados Unidos, en cambio, los ferrocarriles, un novísimo medio de transporte en esos momentos, servían a una población más amplia, eran útiles al desarrollo del país y los pasajes tenían un precio módico. En su manera de organizar el transporte los norteamericanos muestran su determinación y "...usan de su libertad y de su derecho a moverse (476)". Este espíritu plebeyo iba haciendo de Estados Unidos una gran nación, un país del futuro. Eran extraordinariamente inventivos, y aún perfeccionaban los inventos europeos.

El país había adoptado un régimen de propiedad de la tierra que estimulaba el espíritu de los pioneros y ayudaba a que se abrieran nuevas fronteras. El estado facilitaba la adquisición de la propiedad. Sarmiento censura a las autoridades peninsulares que no fueron capaces de crear un sistema equitativo de repartición de tierras durante la época colonial en Hispanoamérica. Las tierras se repartieron entre los principales conquistadores, y los subordinados tuvieron que conformarse y trabajar a su servicio. Les faltó el estímulo que da la propiedad privada. Gracias a la buena educación económica el yanqui adquiría propiedades y esto contribuía al desarrollo nacional. Ocupaba la tierra "...en nombre del rey del mundo, que es el trabajo y la voluntad (481)." Trabajo y voluntad eran las grandes virtudes del nuevo orden burgués que Sarmiento defendía.

El norteamericano era un creador natural de ciudades, y cada ciudad nueva se transformaba en una Babel de muchas culturas y lenguas. Sarmiento se lamenta de que hubiera desaparecido entre los argentinos de su época el espíritu pionero, sin el cual sería imposible poblar el país desierto. Describe a continuación el modo utilizado por los norteamericanos para poblar el recientemente abierto territorio de Oregón. Tal como había hecho en el capítulo primero del *Facundo* al hablar de la travesía de las carretas por el desierto, presenta la marcha a Oregón como una travesía heroica a campo abierto, en que se ponía a prueba la fortaleza del habitante de ese suelo. Entre ellos iba el trampero Mr. Meek ("meek" en inglés significa "paciente"), que era el baqueano y "piloto" de la tropa de carretas. En el camino encontraron indios que les robaron ganado y los pioneros, lejos de intimidarse, los atacaron hasta que los indios les pidieron la paz. Les dejaron saber que los blancos no representaban una amenaza para ellos, puesto que eran agricultores. Durante el viaje celebraron elecciones y respetaban todas las libertades democráticas. Finalmente llegaron a destino después de haber cruzado casi dos mil millas de territorio. ¿Por qué hacían todos esos esfuerzos? Porque se sacrificaban al "interés nacional". Conformaban un nuevo tipo de ser humano, no buscaban conquistas con fines egoístas como los hombres arrojados del pasado, eran altruistas, estaban pensando en el futuro de su nación.

El yanqui sabía que él mismo probablemente no vería los frutos de su sacrificio, pero lo verían los hijos. Al llegar al lugar deseado se daban sus leyes, que aseguraban la libertad de prensa, la propiedad de la tierra, el derecho a la educación pública, el derecho a portar armas, la división de poderes, la ley de tierras para limitar la propiedad y combatir el latifundio. Todos los principios del liberalismo que no habían podido sostenerse en Argentina se daban con "naturalidad" en esa gente tosca e inculta, que llevaba en germen "...ciertos principios constitutivos de la asociación (492)". De ese germen de sociedad saldría el estado o provincia, que luego se asociaría a la nación, ya que estos pioneros iban a ocupar territorios que aún no habían sido declarados estados. ¿Qué era lo que impulsaba al Yanqui a hacer todo esto? Según Sarmiento era su condición moral excepcional. Los norteños, los yanquis habían desarrollado un "sentimiento político" especial (a diferencia de los sureños, que aún mantenían la práctica de la esclavitud en su territorio). Durante su viaje a Europa había visto ignorancia, pobreza, degradación y nada de eso estaba presente entre los yanquis, que sólo podían ser comparados por su originalidad con los romanos antiguos (496).

Sarmiento critica repetidamente a las monarquías europeas que había observado de cerca en su viaje, en la época que precedió a la crisis europea de 1848. Las considera retrógradas; dice: "...en las monarquías europeas se han reunido la decrepitud, las revoluciones, la pobreza, la ignorancia, la barbarie y la degradación del mayor número (498)". Frente a esas sociedades degradadas Estados Unidos muestra "...un pueblo avezado a las prácticas de la libertad, del trabajo y de la asociación (499)." Son éstos los valores que hacen que progrese Estados Unidos, mientras Europa decae. Sarmiento se manifiesta a favor de la república y en contra de las monarquías, que le parecen una verdadera aberración.

Señala que si los Estados Unidos cometen algún error o exceso, no se debe acusar al país, sino a ciertos individuos. En Estados Unidos ocurría algo curioso: el estado nacional era virtuoso, mientras el vicio vencía a algunos de sus habitantes. Muchos norteamericanos eran avaros y esto, considera, era consecuencia de la igualdad. Sarmiento explica esta paradoja: "La avaricia es hija legítima de la igualdad, como el fraude viene ¡cosa extraña al parecer! de la libertad misma. Es la especie humana que se muestra allí, sin disfraz ninguno, tal como ella es, en el período de civilización que ha alcanzado, y tal como se mostrará aún durante algunos siglos más, mientras no se termine la profunda revolución que se está obrando en los destinos humanos, cuya delantera llevan los Estados Unidos (500)." Estaba consciente de que las nuevas formas de producción cambiarían rápidamente la vida social y de trabajo en todo el mundo, porque ya había visto ese cambio en Estados Unidos, que lideraba la transformación. Era la primera vez en la historia de la humanidad que las masas podían acceder al bienestar y a la riqueza, todas las sociedades precedentes habían sido sociedades de elites, en que el rico daba limosna al pobre. El capital había transformado la sociedad norteamericana, y las masas se habían lanzado a acumularlo, para lograr el bienestar. Sarmiento muestra gran fe en las virtudes del nuevo orden capitalista representado por Estados Unidos: era un capitalismo americano, distinto al europeo, más justo según su criterio. La sociedad daba máximo valor al individuo, al punto que el crédito monetario no descansaba sobre la garantía mobiliaria sino sobre "la existencia del individuo", sobre su habilidad para trabajar y ganar dinero (502).

Sarmiento sostiene la idea de que los Estados Unidos tenían una "geografía moral". Mediante esta idea tratará de explicar cómo las costumbres contribuían a crear un pueblo único. Busca en la historia el origen de esta diferencia, adoptando el punto de vista de Tocqueville: la pasión religiosa de los peregrinos que colonizaron el nuevo mundo tuvo un hondo impacto en la sociedad norteamericana (Katra 870-77). Se trataba de una sociedad profundamente religiosa, donde los ciudadanos leían con regularidad la *Biblia*. El derecho de expresar libremente los sentimientos religiosos había llevado a la creación de numerosas religiones y sectas, entre ellas la recientemente fundada religión mormona, que proponía la idea de un santo norteamericano como guía. Sarmiento señala cómo las distintas religiones prosperan en ese ambiente de libertad, que se parece al caos. Estas iglesias eran resultado del igualitarismo democrático, y tenían un resultado benéfico sobre la vida social, ya que contribuían a la socialización de los individuos. Las iglesias actuaban como instituciones intermediarias que ayudaban a las familias a resolver sus problemas económicos y de trabajo. Si bien muchas mantenían una actitud sectaria, se toleraban entre sí. Además impulsaban la filantropía, profundamente arraigada en el pueblo norteamericano. El norteamericano consideraba al dinero un medio para satisfacer sus necesidades espirituales, contribuyendo al bienestar de otros; el afán de riquezas no entraba en conflicto con el sentimiento de caridad cristiana. Los estudios bíblicos protestantes, además, ayudaban a extender el hábito de la lectura en la población.

Sarmiento entiende que las religiones que primero arribaron a Norteamérica ayudaron más que las otras a crear un sustrato moral. Tuvieron un gran peso en la formación de la personalidad adquisitiva de los ciudadanos de la costa Este, muchos de los cuales emigraron luego a otras partes del territorio. Dice Sarmiento: "Estos emigrantes del Norte disciplinan las poblaciones nuevas, les inyectan su espíritu en los *meetings* que presiden y provocan... Las grandes empresas de colonización y ferrocarriles, los bancos y las sociedades, ellos las inician y las llevan a cabo. Así es que la barbarie producida por el aislamiento de los bosques, y la relajación de las prácticas republicanas, introducidas por los emigrantes, encuentran en los descendientes de los puritanos y peregrinos un dique y un astringente (512)".

Los centro cultos de la costa Este y de Nueva Inglaterra lideraron moralmente la colonización del interior, según Sarmiento, e infundieron su espíritu libertario y tolerante al resto del país. El interior, de acuerdo a esta concepción, no sucumbió a la barbarie. Comparados a aquellos pioneros norteamericanos del Este, muchos de los inmigrantes europeos llegados recientemente, que provenían de sectores sociales muy pobres, eran bárbaros; dice: "La inmigración europea es allí un elemento de barbarie, ¡quién lo creyera! El europeo, irlandés y alemán, francés o español... sale de las clases menesterosas de Europa, ignorante de ordinario, y siempre no avezado a las prácticas republicanas de la tierra. ¿Cómo hacer que el inmigrante comprenda de un golpe aquel complicado mecanismo de instituciones municipales, provinciales y nacionales... (506)?" Este campesino europeo, criado bajo las prácticas políticas distorsionadas de las monarquías restauradas que Sarmiento había observado y analizado, no estaba en condiciones de entender la vida política norteamericana. Este es un punto fundamental para Sarmiento porque, en su concepto, la rica vida política norteamericana debía su éxito a la práctica del voto: tenían vigente un sistema de elecciones dinámico y moderno que aseguraba la continuidad política, sin interrupciones autoritarias.

El país estaba dividido en dos partidos principales y los ciudadanos mostraban gran pasión por participar en todo tipo de elecciones de representantes, de nivel municipal, estatal y nacional. Sarmiento dice que el interés en observar cómo procedía la colonización de los territorios desiertos, y cómo funcionaba el sistema electoral eran razones importantes que lo habían llevado a visitar Norteamérica (519). En su concepto, gran parte de los problemas políticos de Sudamérica derivaban de la política de colonización errada que había llevado a cabo España. Dado que no pudo presenciar elecciones durante su breve periodo de viaje, transcribe las opiniones de un viajero inglés, Combe, que había ido a Estados Unidos a estudiar el sistema electoral unos años antes que él: Combe comprobó que el sistema electoral funcionaba a la perfección, que los habitantes participaban activamente y, a pesar de la agresividad de las campañas electorales, el voto era secreto y se votaba en paz, porque respetaban la opinión de todos, o sea, la sociedad era auténticamente pluralista.

Las masas imprimían su sensibilidad a la sociedad norteamericana, los individuos se sometían a su presión y trataban de adaptarse a sus intereses. El resultado era el bienestar general, la prosperidad extendida y el goce de todas las libertades de la democracia liberal. Esto, a su vez, modificaba sustancialmente la sicología y la moral del pueblo, y la daba una energía creativa única. Los europeos, considera Sarmiento, y también los sudamericanos, no habían entendido el espíritu de esta democracia popular porque se rendían a la sensibilidad de las elites y las culturas aristocráticas europeas, y despreciaban al pueblo. En Estados Unidos la cultura, la educación, la prensa, estaban al servicio de la democracia de masas, que buscaba extender a la máxima cantidad posible de personas los beneficios de la libertad capitalista. Habían creado una república igualitaria, que gozaba de una libertad como ninguna otra sociedad la había tenido antes. Además, era una sociedad que amaba el trabajo y la riqueza, y toda esa abundancia de bienes sólo podía tenerse en una sociedad que respetara esos ideales.

Sarmiento coincide aquí con otros liberales argentinos, como Alberdi, en dar prioridad a la formación de la riqueza en la constitución de la república (*Bases* 128). El sanjuanino admiraba el espíritu de empresa de la sociedad norteamericana. Llevado por esta admiración menciona escasamente sus "pecados", como la esclavitud, y la política expansionista contra el estado mexicano, con quien Estados Unidos estaba en guerra en esos momentos. Sarmiento creía en el derecho "natural" de los países fuertes y modernos de extender sus fronteras, lo cual, si bien lesionaba la soberanía de otros estados, extendía muchas ventajas culturales y políticas de las repúblicas liberales burguesas a los nuevos territorios. No veía el expansionismo imperial como un crimen grave, en una época en que los imperios europeos se estaban lanzando a la conquista de África y de Asia. La República Argentina tenía una cuestión pendiente con los territorios ocupados por las tribus Ranqueles en el Sur del país, y los liberales como Sarmiento aspiraban a extender las fronteras de la "civilización" a la Patagonia y terminar con las invasiones de indios que atacaban poblados y estancias. Sarmiento había criticado a Rosas en *Facundo* por haber usado éste la cuestión de la frontera indígena y la Expedición al Desierto con fines de autopromoción política, y sin tener verdadero interés en expulsar a los indígenas de sus territorios (*Facundo* 286-88).

Llama la atención en esta carta-artículo la toma de conciencia de Sarmiento del modo de ser americano, al que considera algo único. Descubre una identidad continental, y no justifica el antagonismo de muchos escritores hacia Estados Unidos, como tampoco justifica la idealización incondicional y acrítica de lo europeo. Sarmiento veía pobreza, barbarie y opresión en Europa, y veía libertad y civilización en Estados Unidos. Su posición era polémica en su época, dada la simpatía incondicional de muchos escritores e intelectuales argentinos hacia Europa, particularmente Francia, y lo sigue siendo hoy, dada la historia de antinorteamericanismo militante de distintos sectores cultos de los países hispanoamericanos. Estados Unidos, en las décadas siguientes a la publicación de *Viajes*, se transformó en un poder económico y militar cada vez más amenazante, y puso en práctica una política intervencionista en Hispanoamérica que afectó el desarrollo político del área.[1]

---

[1]   Hacia fines del siglo XIX, luego de la guerra Española-Norteamericana, la concepción crítica de Rodó en *Ariel*, 1900, y de otros intelectuales "arielistas", que señalaron las carencias "espirituales" de Estados Unidos, país domi-

La llegada al poder en Argentina del sector de los emigrados liberales, luego de la caída del tirano Rosas, expuso contradicciones y limitaciones en la política liberal que defendían. El pensamiento liberal y su política se volvieron hegemónicos durante los gobiernos de Mitre, Sarmiento y Avellaneda, pero el progresismo y la modernización a ultranza que profesaban marginaron a grupos sociales populares, que se sintieron victimizados por el progreso liberal y el régimen de propiedad establecido. El general Roca lanzó en 1879 su exitosa campaña de conquista de las tierras del sur de Argentina, en poder de los indígenas, y elegido a la presidencia en 1880, mantuvo una política progresista y pacificadora, consagrándose como administrador eficiente y político conciliador. Durante su primera presidencia (1880-86) modernizó el país, y dio gran poder a la oligarquía terrateniente. La rápida expansión económica creó insatisfacción entre los elementos sociales marginados (los gauchos) y formó una base urbana constituida por grupos inmigrantes proletarios y peones desplazados del campo a las ciudades, que enfrentaron duras condiciones de vida y de trabajo (Zimmermann 41-60).

En Estados Unidos Sarmiento vio en 1847 un país trabajador y dinámico, cuyo modo de vida era más digno de imitar que el de las monarquías constitucionales europeas. Se sintió afín al espíritu decidido aunque tosco de los yanquis, siendo él mismo un hombre rudo, hijo de sus obras, autodidacto. Entendió que había en esa nueva República algo único, que buscó de comunicar a sus lectores. Estados Unidos era una gran democracia, la colonización avanzaba rápidamente, poblando los desiertos, los inmigrantes llegaban de Europa a montones, introducían todos los nuevos adelantos técnicos en las comunicaciones y los viajes, trabajaban mucho, eran tolerantes, ricos, "civilizados". Esa era la palabra clave para definirlos. No

---

nado por intereses materialistas, creó una ruptura profunda entre la visión de la raza sajona y la "latina", que continuaría a lo largo de todo el siglo XX (Rodó 1-59). Para Rodó la raza "latina" representaba mejor el legado cultural y espiritual greco-romano que Estados Unidos. Este último país se volvió, en la opinión de muchos intelectuales latinoamericanos, una potencia "neo-imperial" que sometía a toda el área latinoamericana a sus propios intereses e influencias.

eran una vieja cultura perfecta, sino una joven civilización a través de la cual la humanidad llegaba a una nueva altura. Su sueño era importar ese progreso a su propia patria. Como político, contribuiría más tarde a traer al país a maestras norteamericanas y a científicos para implantar la "civilización" en la Argentina. Los estudios de educación que realizó en esta época lo llevaron a reconocer la originalidad del sistema educativo norteamericano (Pellicer 944-50). Sarmiento soñaba con un país vital, práctico, rico, que nunca se materializaría plenamente. Sus aspiraciones satisfacían los deseos e ideales de un sector liberal que transformó y modernizó la Argentina en la segunda mitad del siglo XIX.

Bibliografía citada

Alberdi, Juan Bautista. *Bases y puntos de partida para la organización política de la República Argentina.* Buenos Aires: Editorial Plus Ultra, 1991.

Botana, Natalio. *La tradición republicana. Alberdi, Sarmiento y las ideas políticas de su tiempo.* Buenos Aires: Editorial Sudamericana. Segunda edición revisada y actualizada, 1997.

Katra, William. "Sarmiento en los Estados Unidos". D.F. Sarmiento, *Viajes por Europa, África y América 1845-1847 y Diario de gastos...* 853-911.

Pellicer, Jaime. "Los Estados Unidos en Sarmiento". D.F. Sarmiento, *Viajes por Europa, África y América 1845-1847 y Diario de gastos...* 853-911.

Pérez, Alberto Julián. *Los dilemas políticos de la cultura letrada Argentina Siglo XIX.* Buenos Aires: Corregidor, 2002.

Rodó, José E. *Ariel Liberalismo y Jacobinismo.* México: Editorial Porrúa. 5ta. Edición. Estudio preliminar de Raimundo Lazo, 1979.

Sarmiento, Domingo F. *Facundo. Civilización y barbarie.* Madrid: Ediciones Cátedra. Edición de Roberto Yahni, 1990.

——————. *Recuerdos de provincia.* Madrid: Anaya y Mario Muchnik. Edición de María Caballero Wanguermert, 1992.

——————. *Viajes por Europa, África y América 1845-1847 y Diario de gastos.* Buenos Aires: Colección Archivos. Edición crítica de Javier Fernández, 1993.

—————. *Viajes*. Buenos Aires: Editorial de Belgrano, 1981. Las citas textuales en mi ensayo están tomadas de esta edición, que sigue la primera edición de 1849, y actualiza la grafía.

Verdevoye, Paul. *Literatura argentina e idiosincrasia*. Buenos Aires: Ediciones Corregidor, 2002.

Yahni, Roberto. "Introducción". *Facundo. Civilización y barbarie...* 11-32.

Zimmermann, Eduardo. *Los liberales reformistas. La cuestión social en la Argentina 1890-1916*. Buenos Aires: Editorial Sudamericana/ Universidad de San Andrés, 1995.

Manuel Gálvez en la Argentina del Centenario:
El diario de Gabriel Quiroga

El diario de Gabriel Quiroga Opiniones sobre la vida argentina de Manuel Gálvez (1882-1962), publicado en vísperas del primer Centenario de la Revolución de Mayo, en 1910, ubicó al joven escritor y novelista en ciernes, que ya se había dado a conocer como poeta con sus libros modernistas *El enigma interior*, 1907 y *El sendero de humildad,* 1909, como una voz crítica polémica y disidente en relación al ambiente celebratorio que caracterizó ese momento histórico en Argentina (Gálvez, *Recuerdos de la vida literaria* 358-9).

Dados los grandes progresos económicos y materiales del país en rápido desarrollo, el lugar de privilegio que había logrado ocupar en el concierto de las naciones americanas como granero del mundo, y cuyas ingentes riquezas atraían a numerosos inmigrantes de Europa, amparados por una Constitución generosa que facilitaba la rápida adaptación al medio, era de esperar que las plumas más cotizadas de la hora hicieran llegar sus obras para sumarse a los festejos (Gramuglio, "Estudio preliminar" 24-27). El gran poeta del Modernismo Rubén Darío publica un poemario dedicado a la Argentina, *Canto a la Argentina*; Leopoldo Lugones, el máximo innovador de la poesía nacional, escribe para su patria las *Odas seculares*; los grandes ensayistas de la hora: Joaquín V. González y Ricardo Rojas publican sendos libros: *El juicio del siglo* y *Blasón de plata*.

Si bien González y Rojas son optimistas ante el futuro de la patria homenajeada, muestran alarma ante la disparidad que observan entre el desarrollo material y moral de su sociedad. González, nacido en 1863, era un prestigioso ensayista, autor de *La tradición nacional*,

1888, y *Mis montañas*, 1893, además de reconocida figura política; Rojas, contemporáneo de Gálvez, había publicado los ensayos *El país de la selva* en 1907 y *La restauración nacionalista* en 1909 (Devoto 56-60). Lugones, Rojas y Gálvez habrían de tener en los años siguientes una rica carrera como defensores del ideario nacionalista, que en estos momentos de la historia del país estaba definiendo sus propuestas (Devoto 46-50).

Lugones continuará desarrollando su obra como poeta, ensayista y narrador; Rojas será el maestro de las futuras generaciones que estudien la historia literaria argentina; Gálvez el "fundador" tardío de la novela realista nacional (Desinano 4-7). *El diario de Gabriel Quiroga* es la primera obra narrativa que publica Gálvez. Recorre en ella un camino intermedio entre la novela y el ensayo: crea un personaje de ficción, Gabriel Quiroga, que escribe durante varios años un diario de su vida. En este diario va a verter opiniones muy críticas sobre el estado en que se encontraba su patria. Si bien el personaje es un alter ego de Gálvez y el escritor compartía en gran medida sus ideas, no podemos adjudicarle una total coincidencia ideológica: el personaje resulta muy radical, y en sus afirmaciones y juicios seguramente va más allá que lo que el mismo Gálvez hubiera aceptado y defendido como ideas y propuestas suyas en esos momentos (Szmetan 123-4). Podemos considerar que el escritor inventa este alter ego para poder equivocarse, o para hacerle decir al personaje lo que él mismo no se hubiera animado a decir. Quiroga manifiesta un desencanto extremo ante su sociedad y su siglo, y no tiene demasiados motivos para felicitar a su patria en momentos de su Centenario.

El libro hace un análisis del estado de su sociedad contemporánea, y mantiene una polémica y un diálogo con los grandes pensadores del pasado argentino, aquellos que el personaje estima responsables por el actual momento de desarrollo nacional: Domingo F. Sarmiento, Bartolomé Mitre y Juan B. Alberdi. Los grandes prohombres liberales, promotores del desarrollo económico y la inmigración, son los responsables de los bienes y los males del presente. Como joven escritor y crítico Gálvez está más interesado en censurar que en aprobar. El libro, subtitulado *Opiniones sobre la vida argentina*, está dedicado a Sarmiento y Mitre, "...aquellos dos espíritus románticos y buenos, que fueron el ornamento de nuestra historia, que expresaron el alma de la patria vieja..." (Gálvez, *El diario de Gabriel Quiroga* 59). Si bien los reivindica en su dedicatoria, los ataca en el libro al censurar las ideas liberales. El otro gran pensador liberal, Alberdi, el autor de *Bases y puntos de partida para la organización política de la República Argentina*, 1852, e inspirador de la Constitución nacional de 1853, será el más vilipendiado, por cuanto Gálvez no siempre estará de acuerdo con la legitimidad de esa Constitución que en la práctica ha demostrado ser demasiado generosa y responsable por la situación social de esos momentos que Gálvez desaprueba: el creciente cosmopolitismo de su patria, la invasión del contingente inmigratorio, que provoca, según su interpretación, una situación de desnacionalización y pérdida del sentido de los valores argentinos. Mitre y Sarmiento, ambos pasados presidentes de la República, además de grandes escritores, autor el uno de *Facundo*, 1845, ensayo seminal para el desarrollo de la cultura argentina, y el otro de *Historia de Belgrano y de la Independencia Argentina*, 1877, e *Historia de San Martín y de la emancipación sudamericana*, 1887, trabajos fundadores de la historiografía nacional, son representantes de una interpretación política que ha llevado al país a un estado crítico. El general Mitre, cuya beligerancia militar resulta del gusto de Gálvez, pasa a un segundo plano en la discusión; Sarmiento, en cambio, educador y anti-rosista, es junto con Alberdi una figura central a la que "Quiroga" ataca constantemente. Si a Alberdi "Quiroga" lo caracterizará como a un pensador equivocado, que no entendía lo americano ni la situación étnica en América, de un europeísmo ajeno al sentir de la patria, a Sarmiento lo considerará un "unitario" que en realidad era "federal", un individuo que condenó a la barbarie en nombre de la civilización, pero que él mismo era un bárbaro. Además, la obra de Sarmiento, particularmente el *Facundo*, vertebra el pensamiento de Gálvez, como un ensayo ineludible a la hora de interpretar a su nación.

La interpretación de "Quiroga" marca una separación considerable entre los ideales de los jóvenes intelectuales argentinos de su hora y los ideales políticos de los liberales de la Generación del 37, y muestra que en conceptos del personaje la solución desarrollista puesta en práctica por los liberales había creado la situación contemporánea de decadencia moral en Argentina. La polémica entre unitarios y federales, que Sarmiento discute dramáticamente en *Facundo*, y la cuestión del caudillismo tienen un tratamiento especial en las páginas del *Diario*, así como también la cuestión inmigratoria. Según el joven personaje Quiroga la cuestión entre unitarios y federales seguía vertebrando la vida política nacional; caracteriza a los unitarios como europeístas que no han entendido a América, y a los federales como patriotas mal comprendidos que eran en realidad auténticos americanos (131-2). Quiroga, y aquí hay que darle crédito a Gálvez, que ya no puede escudarse en la máscara de su personaje "pensador", procede a rescatar del oprobio al denigrado caudillismo y a la figura de Juan Manuel de Rosas, manifestándose en abierto desacuerdo no sólo con la política liberal sino también con la interpretación liberal de la historia nacional, cuyo artífice era precisamente su admirado general Bartolomé Mitre (136).

Para Quiroga la interpretación liberal de la historia había fallado en un punto principal: no había entendido el papel que las razas tenían en América para la conformación de la nacionalidad. En esta crítica al liberalismo desde una perspectiva biologicista y "positivista", Gálvez se manifiesta un pensador contemporáneo, aunque sus conclusiones nos resulten hoy bastante escandalosas. Según él los liberales no habían previsto las consecuencias étnicas que la inmigración traería a la Argentina, lo cual derivaría en la pérdida de la antigua raza criolla y la desnacionalización (129-30). Quiroga habla desde la perspectiva de un ciudadano que ve la nacionalidad amenazada por el influjo inmigratorio. El más ciego de los liberales para él había sido Alberdi, obsesionado como estaba con el desarrollo de las fuerzas materiales y la economía. En el momento del Centenario la economía argentina poseía una pujanza extraordinaria, el país se había modernizado y enriquecido en unas pocas décadas, pero el materialismo resultante estaba destruyendo la base espiritual y moral de la nación. Ese materialismo era impulsado en gran parte por el afán de lucro de los inmigrantes, radicados en Buenos Aires y las provincias del litoral. Aquí Gálvez procederá a reinterpretar la polémica instaurada por el *Facundo* de Sarmiento entre el papel de Buenos Aires y las provincias del interior en la vida de la nación, así como la relación de la cultura argentina con España y Norteamérica (Sarmiento 167-84). Para Gálvez, Sarmiento se había extraviado en su norteamericanismo, puesto que Estados Unidos era un país materialista.

Buenos Aires, que Sarmiento consideraba el espacio privilegiado de la vida y la cultura nacional moderna, es para Gálvez un centro cosmopolita que amenaza la nacionalidad; el interior, en cambio, que para Sarmiento era el reducto de la barbarie, para Gálvez es la salvación de la nacionalidad, el resguardo de las tradiciones y los antiguos valores patriarcales. Cuando tiene que caracterizar el cambio de la sensibilidad social contemporánea en relación a la cuestión nacional, Gálvez dice que prefiere hablar de "tradicionalismo" en lugar de "nacionalismo" (200). España, para Sarmiento sinónimo de atraso histórico y barbarie, para Gálvez es el país que ha logrado resguardar sus tradiciones y su vida espiritual. La religión católica resulta ahora un baluarte espiritual que se opone al materialismo contemporáneo y puede servir para recuperar la vida espiritual tradicional. Pero comparte con Sarmiento muchas opiniones, particularmente su desprecio por Córdoba, a la que considera la ciudad menos argentina. Sobre todo admira en Sarmiento su vehemencia y su capacidad de cambio: Sarmiento modifica sus posiciones y es siempre contradictorio, y esto para Gálvez denota un espíritu moderno, afín a la personalidad modernista finisecular que creía en la constante evolución de los mejores, y en la necesidad de sostener un código de valores flexible que permitiera a éstos sobresalir, aún a costa de los demás sectores de la sociedad. Gálvez siente desprecio hacia los mediocres y rechaza el materialismo contemporáneo.

Pero el personaje Quiroga va más allá de censurar el pasado: su interés es encontrar remedios para su sociedad. Es un personaje que tiene una evolución a lo largo del libro, desde el momento en que el escritor Gálvez lo introduce al lector. En una extensa introducción Gálvez presenta la historia del personaje: es un "amigo" de él, estudiante de abogacía que dejó la carrera en el segundo año cuando no pudo aprobar Derecho Comercial (a diferencia de Gálvez que terminó la carrera de abogacía con una tesis sobre la trata de blancas). El personaje es una versión espiritualizada del autor, puesto que no se pudo adaptar a la sociedad materialista, y sólo escribió un libro: el diario.

Gálvez, en cambio, se adaptaría a las condiciones de trabajo de la sociedad materialista burguesa, se había recibido de abogado y pronto sería reconocido como un exitoso escritor de novelas. Al final de la introducción aclara, jugando con su personaje, que su nombre en realidad no es Gabriel Quiroga. Gálvez reconoce en su personaje una evolución: luego de visitar todas las ideologías de moda y de desengañarse con todas (es sucesivamente tolstoiano, socialista, anarquista, nietzschista, neomístico y católico) el personaje "neurasténico" decide viajar por Europa y allí, acuciado por la nostalgia, sufre una conversión: "ve" por primera vez a su patria, y al regresar visita las provincias y descubre que en ellas se alberga la verdadera nacionalidad (74-5).

Gabriel se argentiniza y adquiere el sentido de la historia nacional. Gálvez aclara que el personaje no quería publicar el diario, y que a diferencia de muchos escritores contemporáneos (modernistas, como Lugones) no creía en el estilo, ni se proponía ser escritor. Gálvez agrega que él ha "corregido" el original, suprimido encabezamientos y solamente da al lector la síntesis de las ideas, quitando detalles. *El Diario...* testimonia tres años de la vida del personaje, a partir de 1907, y termina el 25 de mayo de 1910, fecha del Centenario. Es el diario de un joven "moderno" que ha cambiado, abandonando su cosmopolitismo y haciéndose patriota. Critica la ideología liberal sostenida en la Constitución alberdiana, censura a la sociedad contemporánea y trata de detectar las "enfermedades" morales de su tiempo y proponer soluciones (136-7. Su objetivo es decir "la verdad" sobre el estado de su patria, desnudarla y mostrarle sus errores.

En el comienzo del diario el personaje habla a los argentinos (es una lección a los jóvenes, como el *Ariel* de Rodó, pero la lección no la da el maestro viejo sino el joven sabio desengañado, a sus iguales) sobre las exigencias de la "hora actual", que requiere que recobren la vida espiritual abandonada. Debido al materialismo se han perdido los ideales nacionales del pasado (85). Quiroga critica la moral del hombre contemporáneo, juzgando sus debilidades. ¿Cuáles son estas debilidades? Los argentinos, cree, carecen de patriotismo porque forman parte de un pueblo "superficial y secundario", incapaz de vivir el alma nacional. Para él este alma hay que rastrearla en las escasas tradiciones que conservan (88). Aquellos que viven en Buenos Aires, "imitación burda" de ciudades europeas, muestran "...la falta de conceptos serios sobre la vida, un rastacuerismo de opereta, la incapacidad para el ensueño, el vicio de la improvisación, una guaranguería irritante, el más completo desamor por las ideas... (93)".

Dada la gravedad del mal moral debido a la invasión extranjera, recomienda, contradiciendo el consejo alberdiano, "argentinizar" (Alberdi 89-119). Si para Alberdi gobernar era poblar, en la hora actual, dice, gobernar es argentinizar. Con el afán material de progreso, se ha perdido el espíritu nacional. Defiende el catolicismo contra "las religiones extranjeras" que han penetrado en la nación (98). Resulta extrema su visión de la guerra: en su concepto la guerra puede salvar a la nación de su decadencia espiritual. Recomienda incitar a una guerra con el Brasil (que seguramente perderán), para que los jóvenes recuperen el amor a la patria. Entre otros beneficios, la guerra "...convertiría en argentinos a los extranjeros y el espíritu cosmopolita quedaría destruido bajo la vasta conmoción patriótica. La guerra paralizaría por largos años la excesiva inmigración que nos desnacionaliza... La guerra sacaría a flor de tierra el espíritu poético de la raza (102)."

El personaje ve la guerra como una competencia caballeresca, que exalta el entusiasmo de las masas y estimula el espíritu popular. La ve como una solución, en que los beneficios excederían a los daños. Esa contienda no amenazaría a la sociedad civil, aparentemente cree que sus consecuencias se limitarían al "campo de batalla". Quiroga rescata la tradición "espiritual" española, católica, militarista, individualista, por encima de la personalidad burguesa, materialista y adquisitiva. Propone también crearse "ideales superiores" y tener un ideal práctico, como por ejemplo el imperialismo. Hay que hacer soñar al alma popular en "útiles grandezas imperialistas" (104).

Aplaude al Estado nacional que provee empleos públicos a intelectuales y artistas, ya que los extranjeros se estaban apoderando de la riqueza, y los argentinos merecían que el Estado los favoreciera. Su opinión de los escritores argentinos es más que negativa: los considera "abominables". Defiende a Sarmiento y a Hernández, pero considera ridículos y falsos a Echeverría, Andrade, Mármol y Cané (108).

Según Quiroga, el argentino es arribista y superficial, y carece del espíritu democrático que solo está reservado a los seres superiores (122). Es un pueblo de comerciantes sin valores espirituales y morales, que desconoce el propio país. En su opinión los argentinos no saben reconocer lo americano, que sí existe, o existía cuando la raza española estaba mezclada a la americana. Aquí renueva su ataque a Alberdi, sin duda el más grave del libro contra una figura histórica reverenciada en esos momentos y hoy en su patria; dice:

> No es extraño que Alberdi negase la realidad de una América personal, sin carácter indígena. Era un espíritu europeo y tenía toda la pedantería y toda la ingenuidad del perfecto unitario. Pensador mediocre, carecía del sentido de la realidad y de todo método empírico. Era un retórico; no sentía el espíritu de la patria e incapaz de comprender el alma americana, la negaba. Su literatura de pacotilla y su filosofía de editorial encontraron admiradores que, para desgracia del país, pusieron en práctica sus imprudentes ideas (130).

En su concepto, fue el unitarismo, el deseo exagerado de Rivadavia de imitar a los europeos, desdeñando lo americano, lo que provocó la barbarie (131). Rosas había sido la respuesta americana a esa desamericanización y había ayudado a la evolución de su sociedad; en consecuencia: "Rosas fue el gobernante que necesitaban las circunstancias; fue el resultado lógico del ambiente moral y político que lo rodeaba" (136).

Quiroga excepcionalmente le da la razón a Alberdi. Cuando habla de la división del territorio nacional en zonas o áreas geográfico-políticas, prefiere la división de Alberdi en litoral e interior, a la que había hecho Sarmiento entre ciudad y campo, y afirma que es en el interior montañoso donde se guarda el espíritu tradicional, mientras el litoral llano se ha rendido a la influencia extranjera (137). La situación de Buenos Aires en relación a su provincia se repite en otras ciudades del litoral, como el caso de Santa Fe y Rosario, en que Santa Fe representa el espíritu tradicional, y Rosario el materialismo cosmopolita y el culto a la riqueza.

Gálvez insiste en que el elemento étnico sigue actuando en la sociedad argentina, y habla del indio y del mulato y como éstos han influido en el carácter nacional y en la política, que está llena de "indios" y "mulatos" (142). El personaje inicia una gira por las provincias del interior: La Rioja, Catamarca, Salta, Jujuy, en la que no deja de alabar el espíritu tradicional vivo en éstas. Su desprecio por Córdoba, sin embargo, es total, ya que, según él, carece de "patriotismo" y es hostil hacia su misma nación; es una "España" teológica y conceptista, académica, jesuita, en el corazón del territorio nacional; su cultura es anticuada y su localismo destructivo, combate contra todo progreso e innovación (152-6).

Quiroga se lamenta de las limitaciones de la literatura argentina y cree que el periodismo (en lo que no podría estar más en desacuerdo con Sarmiento) es fuente de corrupción literaria, una influencia deformante en el panorama literario de su tiempo. Al analizar la literatura actual el personaje reconoce dos tendencias literarias: la europea y la criolla (178). En esos momentos se está gestando otra generación (la del joven Gálvez) que introduce los procedimientos "simples y naturales" del simbolismo; los jóvenes empiezan a escribir "...literatura nacional bajo formas cultas y literarias, y entienden por literatura nacional no sólo aquello que toma por asunto el campo y el gaucho sino también la provincia, el suburbio, la clase media, la ciudad y... todas las expresiones de la vida argentina y de la conciencia nacional" (178). Si acaso estos escritores, dice, no alcanzan a hacer una obra definitiva (aquí Gálvez está hablando de sí mismo, y de sus dudas con respecto a su obra en gestación) prepararán "el camino para los escritores del porvenir".

El inmigrante y el extranjero, en su concepto, no sólo son peligrosos para la nación por su resistencia a argentinizarse, sino por las ideas que introducen, entre ellas el socialismo y el anarquismo, a las que juzga nocivas para la patria. Debido a esa presencia foránea se ha desarrollado una literatura de inmigrantes y una "literatura mulata" (180). El inmigrante se refugia en el periodismo, en la literatura dramática y en la crítica de teatro. Quiroga cree que su patria es una nación lujuriosa, y por eso el idealismo argentino es falso (183). El argentino, para él, no se identifica con el gaucho Martín Fierro ni con Santos

Vega, el payador, hombres buenos: se identifica con el gaucho bravucón Juan Moreira (197).

Gálvez concluye el diario felicitando a los estudiantes por el reciente incendio de las prensas anarquistas, mientras cantaban el himno patrio, ya que eso demostraba "la energía nacional" (201). Esas violencias ayudarían a combatir el materialismo. Pide a los lectores que por sobre todo amen a la patria. Propone una definición de lo que entiende es el "nacionalismo", que "...significa ante todo un amor serio y humano hacia la raza y hacia la patria" (200).

La posición de Gálvez, introducida indirectamente a través del recurso del personaje ficticio, está mostrando una grave ruptura ideológica en la Argentina del Centenario. Un sector de la juventud se radicaliza censurando la herencia liberal de la Generación del 37, y los logros de la generación positivista del 80. En su concepto el paraíso liberal ha degenerado en una sociedad materialista, cosmopolita, sin espíritu nacional. Se ha perdido el sentido de la patria. Al mirar hacia el pasado siglo censura la política desarrollista a ultranza y el economicismo de inspiración alberdiana. Si antes hacía falta poblar, en esos momentos la población extranjera hacía indispensable argentinizar. Frente a este sector nacionalista, representado por el personaje, se perfila el grupo de escritores "cosmopolitas", y el de los escritores e intelectuales socialistas y anarquistas. Presenta así el desarrollo de una derecha nacional, que revalora el pasado a partir de la crítica a la política liberal triunfante e idealiza la figura del caudillo patriota Juan Manuel de Rosas.

La politización nacionalista de un sector de la clase media continuará desarrollándose durante el siglo XX que empezaba, con múltiples matices y derivaciones. En el Centenario el nacionalismo se establece como una posición política moderna, y como la contracara del socialismo y del anarquismo, que idealizan al proletariado y buscan crear una sociedad internacional e igualitaria. El nacionalismo de Gabriel Quiroga es un nacionalismo agresivo, que confía en el militarismo y condena al inmigrante. El complejo de inferioridad del provinciano se transforma en resentimiento contra Buenos Aires y el inmigrante, a quienes acusa de todos los problemas nacionales. El nacionalista escapa a sus problemas buscando culpables, y encuentra la solución ideal a la crisis de su patria en la santidad y en la guerra, que ayudarán a salvar el espíritu de la "raza". En sus largos años de carrera literaria Manuel Gálvez, que preferirá la narrativa al ensayo y la poesía, seguirá desarrollando estos temas: novelas de personajes de la clase media provincial, novelas de temas históricos nacionales, biografías de caudillos, de políticos que admira y hasta de santos crio-llos (Gramuglio, "Novela y nación en el proyecto literario de Manuel Gálvez" 145-72).

Un sector de la nueva clase media argentina recibe las transforma-ciones del país como una amenaza y toma su postura en la lucha social (Rock 37-50). Al hacerlo definen a un tipo nuevo de intelectual y escritor, que Gálvez proyecta y analiza en *El Diario de Gabriel Quiroga*. Sus *Opiniones sobre la vida argentina* son ciertamente crue-les, y muestran con pesimismo un mundo por venir, que se definiría por el conflicto y la lucha de ideales encontrados para conformar una nacionalidad elusiva, que pasará por sucesivas etapas de enfrenta-miento a lo largo del siglo XX.

Bibliografía citada

Alberdi, Juan Bautista. *Bases y puntos de partida para la organización política de la República Argentina*. Buenos Aires: Editorial Plus Ultra, 1991.

Desinano, Norma. *La novelística de Manuel Gálvez*. Santa Fe: Universidad Nacional del Litoral, 1965.

Devoto, Fernando J. *Nacionalismo, fascismo y tradicionalismo en la Argentina moderna Una historia*. Buenos Aires: Siglo XXI Editores, 2002.

Gálvez, Manuel. *El diario de Gabriel Quiroga Opiniones sobre la vida argentina*. Buenos Aires: Taurus. Estudio preliminar de María Teresa Gramuglio, 2001.

—————. *Recuerdos de la vida literaria (1900-1910) Amigos y maes-tros de mi juventud*. Buenos Aires: Editorial Kraft, 1944.

Gramuglio, María Teresa. "Estudio preliminar". *El diario de Gabriel Quiroga*… 9-52.

——————. "Novela y nación en el proyecto literario de Manuel Gálvez". *Historia crítica de la literatura argentina El imperio realista*. Buenos Aires: Emecé Editores. Tomo 6: 145-176, 2002.

Rock, David. *Authoritarian Argentina. Tha Nationalist Movement, Its History and Its Impact*. Berkeley: University of California Press, 1993.

Sarmiento, Domingo F. *Facundo Civilización y barbarie*. Madrid: Cátedra. Edición de Roberto Yahni, 1990.

Szmetan, Ricardo. *"El diario de Gabriel Quiroga (Opiniones sobre la vida argentina)." Mundi* 10 (agosto 1992): 122-38.

Mariátegui, Vallejo y la literatura peruana

En sus *Siete ensayos de interpretación de la realidad peruana*, 1928, José Carlos Mariátegui (1895-1930) analiza la cultura del Perú desde diversas perspectivas. Si bien parte de un método interpretativo relativamente rígido –materialista, economicista, historicista, lógico-dialéctico– su obra tiene toda la amplitud crítica y profundidad existencial que le da su posición privilegiada de observador y partícipe de los procesos políticos y sociales de la vida peruana. Mariátegui tiene la pasión y el interés del cronista político, testigo privilegiado de la vida contemporánea, y posee la entereza moral del militante socialista, que ansía la liberación de su sociedad.

Consideraba que en la sociedad peruana, la religión, el sistema de educación, la literatura, el problema de la tierra y del indio, debían ser vistos de una manera integrada, formando parte de una totalidad, y el analista no debía separar estos aspectos, sino buscar sus interdependencias, para poder entender la unidad de la vida. Puesto que de acuerdo a su interpretación marxista, las relaciones económicas determinaban los procesos sociales, trató de mantener un criterio integrado de análisis. Intelectual independiente, autodidacto y muy intuitivo, volcó en *Siete ensayos...* sus extensas lecturas y meditaciones sobre el destino de su patria, en una obra que marca un hito en la literatura ensayística de nuestro continente.

Mariátegui presenta en su largo capítulo "El proceso de la literatura" una visión original de la literatura peruana. Aclara que su crítica no trata de ser "imparcial o agnóstica" (206). Dice: "Declaro sin escrúpulo, que traigo a la exégesis literaria todas mis pasiones e ideas políticas, aunque... debo agregar que la política en mí es filosofía y religión (207)". Y agrega que esto no significa "...que considere el fenómeno literario o artístico desde puntos de vista extraestéticos" sino que en la intimidad de su conciencia su concepción estética se aúna a sus concepciones morales, políticas y religiosas (207).

En su interpretación de la historia del Perú, Mariátegui observa que es un país dividido, fracturado, un país compuesto de dos realidades que no habían podido conciliarse: el mundo blanco y mestizo de la costa, y su centro Lima, y el mundo indígena de la sierra peruana. Esta separación, considera, es un elemento constitutivo de la conciencia nacional y del hombre peruano. Para él, la nación peruana no había logrado superar esa división y unificarse, lo cual era un objetivo que había que conseguir en el futuro. Dice: "El Perú costeño, heredero de España y de la conquista, domina desde Lima al Perú serrano: pero no es demográfica y espiritualmente asaz fuerte para absorberlo. La unidad peruana está por hacer... no hay aquí que resolver una pluralidad de tradiciones locales y regionales sino una dualidad de raza, de lengua y de sentimiento, nacida de la invasión y conquista del Perú autóctono por una raza extranjera que no ha conseguido fusionarse con la raza indígena, ni eliminarla, ni absorberla (185-6)".

Mariátegui se pregunta si el Perú contemporáneo puede ser considerado una "nación", y su literatura una literatura nacional. Advierte sobre el carácter político de la concepción nacional, nacida del anhelo de las naciones europeas de obtener el reconocimiento de la individualidad de su cultura, lo cual acabó por romper la unidad de Europa. Los nacionalismos americanos son resultado de este proceso iniciado en Europa durante el Renacimiento (209). Si bien Perú buscaba afirmar su carácter de nación, Mariátegui encuentra problemático y poco "concreto" el concepto de nación (210). Igualmente problemático es, a su juicio, el concepto de literatura nacional. La insuficiencia del concepto se hace evidente cuando se trata de aplicar al caso peruano, dado el dualismo de su cultura. "El dualismo quechua-español del Perú, no resuelto aún –dice–, hace de la literatura nacional un caso de excepción que no es posible estudiar con el método válido para las literaturas orgánicamente nacionales, nacidas y crecidas sin la intervención de una conquista (211)". Debido a esto consideraba a la literatura del Perú una literatura "colonial", española. El carácter colonial de esta literatura se había extendido más allá de la época históricamente colonial, hasta el presente republicano. Mariátegui habla del "colonialismo supérstite"; dice: "Nuestra literatura no cesa de ser española en la fecha de la fundación de la República. Sigue siéndolo por muchos años... En todo caso, si no española, hay que llamarla por luengos años literatura colonial (213)".

Dado este carácter excepcional de la literatura peruana, Mariátegui afirma que los esquemas literarios entonces en boga en la crítica literaria no eran adecuados para entender correctamente la literatura del Perú. Rechaza la posibilidad de organizar la historia literaria en movimientos literarios: clasicismo, romanticismo, modernismo; o según sus épocas, en período medieval y moderno. También rechaza la clasificación marxista de literatura feudal, burguesa y aristocrática (213). Propone, en cambio, distinguir en la literatura peruana tres períodos: el colonial, el cosmopolita y el nacional. "Durante el primer período –dice– un pueblo... no es sino una colonia, una dependencia de otro. Durante el segundo período, asimila simultáneamente elementos de diversas culturas extranjeras. En el tercero, alcanzan una expresión bien modulada su propia personalidad y su propio sentimiento (213)." Reconocer el primer período, el colonial, dice Mariátegui, no ofrece ningún problema. Aclara, con perspicacia, que el vasallaje a España fue más allá de lo material, y se continúa en la "...subordinación a los residuos espirituales y materiales de la Colonia (214)."

Para Mariátegui, entonces, Perú no es capaz, durante el siglo XIX, ya instaurada la República, de crear una literatura nacional. La literatura del Perú independiente sigue siendo, en esencia, colonial. Esta situación se mantendría hasta prácticamente el momento contemporáneo: será la generación "colónida", que se agrupó alrededor de la revista de ese nombre en 1916, la que logre cambiar el rumbo de la literatura peruana. ¿Cómo lo hace? Lo logra, cree él, releyendo la literatura de la República, y buscando en ésta un pensamiento nuevo, liberado de españolismo. Encuentra este pensamiento liberado en las obras de Manuel González Prada y de Eguren, que se transforman en los maestros de la nueva generación. González Prada, particularmente, es para Mariátegui el primero que reconoce que el Perú no podrá ser una nación mientras no estén representados en ella los indios de la sierra y su cultura (228). González Prada había denunciado el colonialismo y abierto la literatura peruana a otras influencias benéficas, particularmente la francesa. Es un precursor "de la transición del período colonial al período cosmopolita (227)". Pudo también entender la relación entre literatura y política, mostrando que la literatura no era "independiente" de las demás categorías de la historia (230).

Una de las más graves limitaciones de los escritores peruanos, dice Mariátegui, era su inhabilidad para "sentirse vinculado al pueblo (216)". La literatura peruana era una literatura desarraigada, de emigrados, que no supieron vincularse al Perú indígena, el pueblo peruano. Solamente unos pocos escritores excepcionales habían logrado acercarse al espíritu de éste. Entre ellos, Melgar, en sus "Yaravíes", pudo traducir el alma indígena, supo hablar en el lenguaje del pueblo (238). Logró así trascender el centralismo de la literatura peruana, que se había presentado siempre como un fenómeno limeño. "Por culpa de esta hegemonía absoluta de Lima –dice Mariátegui– no ha podido nuestra literatura nutrirse de savia indígena. Lima ha sido la capital española primero. Ha sido la capital criolla después. Y su literatura ha tenido esta marca (238)". El otro escritor, para él, que supo entender el espíritu popular fue Ricardo Palma. Aquí mantiene Mariátegui una posición polémica con Riva Agüero, apólogo de la Colonia, que se sentía "...íntimamente descontento del espíritu irreverente y heterodoxo de Palma (220)". No duda del sentido popular de la literatura de Palma, que ridiculizó en sus *Tradiciones* al clero católico, y supo interpretar al medio pelo, derrumbando "el prestigio del virreinato y el de la aristocracia (221)". El humor satírico de Palma traducía el descontento del "demos criollo". "Palma –dice Mariátegui– traduce el criollismo, el mestizaje, la mesocracia de Lima republicana que... es igualmente la misma que, en nuestro tiempo, revisa su propia tradición, reniega su abolengo colonial, condena y critica su centralismo, sostiene las reivindicaciones del indio y tiende sus dos manos a los rebeldes de provincia (226)".

Si Palma y González Prada marcan un nuevo camino a la literatura peruana, están aquellos que tratan de desviarla hacia una posición colonial y conservadora. Además de Riva Agüero, que para Mariátegui se caracteriza por "un conservatismo positivista, por un tradicionalismo oportunista", también José Santos Chocano pertenece al periodo colonial, porque su literatura, considera nuestro crítico, tenía sus orígenes en España, y no supo entender lo indígena (251). Su poesía era grandilocuente y el arte indígena era sobrio. Dice Mariátegui: "El arte indio es la antítesis, la contradicción del arte de Chocano. El indio esquematiza, estiliza las cosas con un sintetismo y un primitivismo hieráticos (243)". Considera que el "egoísmo romántico" de Chocano es el mismo que el de Díaz Mirón "de quien tiene también el acento arrogante y soberbio (244)". Chocano es individualista, ama las jerarquías y la fuerza, desdeña la libertad.

Finalmente se acerca Mariátegui a su presente, y al grupo de escritores capaz de reivindicar a la literatura peruana de su conservatismo. El movimiento "Colónida", liderado por Valdelomar, presenta la insurrección "...contra el academicismo y sus oligarquías, su énfasis retórico, su gusto conservador, su pedantería dieciochesca y su melancolía mediocre y ojerosa (253)". Los colónidas "sacudieron la literatura nacional", denunciándola "como una vulgar rapsodia de la más mediocre literatura española (254)". Proponen nuevos rumbos. Tuvieron sin embargo una limitación muy importante para Mariátegui: negar e ignorar la política. Esto cambió más tarde, bajo la influencia de Unamuno y de otros escritores de la revista *España*. Pasada la época de la revista *Colónida*, estos escritores se reagruparon en *Nuestra época*. En esta revista se encontrarían como colaboradores Valdelomar, César Vallejo y el mismo Mariátegui (256).

Valdelomar había aportado a la literatura peruana, enferma de colonialismo, la influencia europea. Introduce en la literatura peruana "elementos de cosmopolitismo" y se siente atraído también por el criollismo y el incaísmo. Busca sus temas en lo cotidiano y lo humilde. Si bien Mariátegui no ve a Valdelomar como el poeta esperado para introducir la literatura en su época nacional, debido a su "decadentismo", es un representante digno del período cosmopolita y moderno y preanuncia la literatura nacional, que va a inaugurar Vallejo.

También el grupo de la revista *Contemporáneos* y particularmente José María Eguren forman parte de este momento cosmopolita de la literatura del Perú (263). Eguren representa en la historia de la poesía "la poesía pura", liberada de carga retórica. Introduce en la poesía lo maravilloso y el exotismo, aunque no comprende ni conoce al pueblo, e ignora al indio. "Es demasiado occidental y extranjero espiritualmente para asimilar el orientalismo indígena", dice Mariátegui (274). Quedan así abiertas las puertas para que llegue a la literatura peruana un poeta que supere las limitaciones del cosmopolitismo de Eguren, un poeta que sepa interpretar lo indio, el espíritu indígena. Ese papel, para Mariátegui, lo ocupará César Vallejo. Vallejo, nacido y criado en la sierra peruana, es el primer poeta capaz de representar a la nación con sus dos mundos: el mundo indio y el mundo mestizo. Dice Mariátegui, refiriéndose a *Los heraldos negros*: "Vallejo es el poeta de una estirpe, de una raza. En Vallejo se encuentra, por primera vez en nuestra literatura, sentimiento indígena virginalmente expresado (280)". Lo compara a Melgar, el autor de los yaravíes, explicando que Vallejo, a diferencia de aquél, "logra en su poesía un estilo nuevo", con una técnica y un lenguaje nuevos. En Vallejo el sentimiento indígena "es empresa metafísica", y dice que con él "principia acaso la poesía peruana", peruana en el sentido de indígena. *Los heraldos negros* era considerado un libro simbolista, y este simbolismo había permitido acercar la poesía a la interpretación del espíritu indígena, ya que "...el indio, por animista y por bucólico, tiende a expresarse en símbolos e imágenes antropomórficas o campesinas (281)".

Lo que caracteriza al indigenismo de Vallejo es su autenticidad. Mariátegui comprende que Vallejo trasciende el localismo, se siente americano. Dice: "...lo característico en su arte es la nota india. Hay en Vallejo un americanismo genuino y esencial; no un americanismo descriptivo o localista. Vallejo no recurre al folklore. La palabra quechua, el giro vernáculo no se injertan artificialmente en su lenguaje; son en él producto espontáneo, célula propia, elemento orgánico... Su autoctonismo no es deliberado... El sentimiento indígena obra en su arte quizá sin que él lo sepa ni lo quiera (281-2)". ¿Cuáles serían las características de este sentimiento indígena, ni costumbrista ni colorista, en su poesía? Primero, la *nostalgia*. Dice Mariátegui que Vallejo "tiene la ternura de la evocación (282)". Esta evocación es siempre subjetiva. "Su nostalgia –dice– es una protesta sentimental o una protesta metafísica. Nostalgia de exilio; nostalgia de ausencia (282)". A esto se agregaría el *pesimismo*. Este pesimismo "no es un concepto sino un sentimiento". Se presenta lleno de ternura y caridad. Dice que "su pena no es personal", es la tristeza de todos los hombres y la tristeza de Dios. Y cita el poema "Dios", en que Vallejo describe a un Dios enamorado de su creación y doblegado por la pena: "Siento a Dios que camina/ tan en mí, con la tarde y con el mar./ Con él nos vamos juntos. Anochece./ Con él anochecemos. Orfandad... (Vallejo 79)". El poeta y Dios sufren la orfandad del mundo (Dios ya no es padre de la humanidad). Dios es un refugio, un consuelo, un amigo personal que acompaña al poeta, un hermano. Si ese Dios no puede consolar como padre, se "redime" por su amor a la creación y porque sufre con sus criaturas. Dice Vallejo: "Yo te consagro Dios, porque amas tanto;/ porque jamás sonríes; porque siempre/ debe dolerte mucho el corazón". Mariátegui siente la presencia del espíritu indígena en la poesía metafísica de Vallejo. El poeta es capaz de interpretar la humanidad. Con Vallejo, considera Mariátegui, nace una nueva sensibilidad, un arte rebelde (287). Destaca la austeridad de su forma, de su sencillez poética. Vallejo es un místico de la pobreza, lleva este sentimiento de abandono, de orfandad, de miseria a una nueva altura lírica.

Además de llamar la atención sobre la poesía de Vallejo, Mariátegui comenta la obra de la poeta Magda Portal. El gran pensador peruano cree que la humanidad marcha en busca de una liberación progresiva. La poesía de Vallejo incorporaba el sentimiento indígena en la literatura nacional; la de Magda Portal le da un papel a la mujer en las letras. Mariátegui, quien nada dice en *Siete ensayos*... sobre el papel de Clorinda Matto de Turner en las letras peruanas y en la literatura indigenista, concede a Magda Portal un lugar destacado en sus letras. Considera que con ella "le ha nacido al Perú su primera poetisa (294)". Y hace un inteligentísimo comentario sobre el lugar de la mujer en la poesía. Dice: "La poetisa es hasta cierto punto, en la historia de la civilización occidental, un fenómeno de nuestra época. Las épocas anteriores produjeron sólo poesía masculina. La de las mujeres también lo era, pues se contentaba con ser una variación de sus temas líricos o de sus motivos filosóficos. La poesía que no tenía el signo del varón, no tenía tampoco el de la mujer –virgen, hembra, madre–. Era una poesía asexual. En nuestra época, las mujeres ponen al fin en su poesía su propia carne y su propio espíritu. La poetisa es ahora aquella que crea una poesía femenina. Y desde que la poesía de la mujer se ha emancipado y diferenciado espiritualmente de la del hombre, las poetisas tienen una alta categoría en el elenco de todas las literaturas (294)". Menciona entre las participantes de este movimiento poético femenino a Gabriela Mistral, Juana de Ibarbourou, Delmira Agustini. De Magda Portal dice que "su piedad se emparienta... con la piedad de Vallejo (295)". ¿Por qué son importantes la obra de Portal y la obra de Vallejo? Según Mariátegui, cumplen un requisito indispensable del arte: su verdad. Superan la crisis contemporánea por su contenido confesional y testimonial.

Vemos que para Mariátegui el indigenismo va más allá de ser un movimiento o tendencia literaria. La cuestión indígena está indisolublemente unida a la cuestión de la nacionalidad peruana. En su artículo "El problema del indio" decía: "La nueva generación peruana siente y sabe que el progreso del Perú será ficticio o por lo menos no será peruano, mientras no constituya la obra y no signifique el bienestar de la masa peruana que en sus cuatro quintas partes es indígena y campesina. Este mismo movimiento se manifiesta en el arte y en la literatura nacionales en los cuales se nota una creciente revaloración de las formas y los asuntos autóctonos... Los propios indios empiezan a dar señales de una nueva conciencia... La corriente indigenista presiona ya la acción oficial (44)". Aclara luego que el problema indígena no se presenta sólo en la literatura, sino también en la política, la economía y la sociología. En la literatura de su época reconoce que aún no se ha producido una obra maestra indigenista. En el Perú, explica, el criollismo había fracasado. A diferencia de otros países, como Argentina, en que la literatura gauchesca criolla se había transformado en emblema de la nacionalidad, en Perú no había prosperado, porque "el Criollo no representa todavía la nacionalidad (301)". Para Mariátegui el Perú era aún una nacionalidad en formación, en que los elementos raciales ni siquiera habían alcanzado un grado elemental de fusión.

El indigenismo en Perú tiene el sentido de "reivindicación de lo autóctono". Explica, con gran perspicacia, que el indigenismo no es "naturalista o costumbrista", sino lírico. La literatura peruana había superado para él su período colonialista, y estaba en su período cosmopolita. Para llegar al período nacional pleno hacía falta una incorporación mayor del indio a la literatura. Vallejo constituye el primer paso significativo de la poesía indigenista. "La obra maestra –dice– no florece sino en un terreno largamente abonado por una anónima u oscura multitud de obras mediocres. El artista genial no es ordinariamente un principio sino una conclusión (300)".

Podríamos pensar que Mariátegui, de haber vivido, hubiera saludado a José María Arguedas como el gran autor indigenista. *Los ríos profundos*, 1954, es una novela lírica, en que Arguedas traduce para el mundo de la costa limeña la sensibilidad de la sierra peruana. Vemos en ese libro, en el mundo quechua hablante de la sierra, cómo el indio y el mestizo viven consubstanciados con la naturaleza y el paisaje, que quedan plasmados en su música y en su poesía. Arguedas además va un paso más allá: traduce poesía quechua y escribe poesía en quechua. O sea, efectúa él mismo el tránsito de la literatura indigenista a la literatura indígena. Como mestizo inmerso en el mundo indígena, se expresa mejor en quechua, la lengua que él abrazara como materna. Mariátegui había advertido sobre el carácter mestizo de la literatura indigenista; dijo: "La literatura indigenista no puede darnos una versión rigurosamente verista del indio. Tiene que idealizarlo y estilizarlo. Tampoco puede darnos su propia ánima. Es todavía una literatura de mestizos. Por eso se llama indigenista y no indígena. Una literatura indígena, si debe venir, vendrá a su tiempo. Cuando los propios indios estén en grado de producirla (306)".

Arguedas idealiza al indígena y estiliza el mundo quechua de la sierra; recordemos sus maravillosas descripciones del muro inca de Cuzco y sus explicaciones sobre el valor poético y cultural del Zumbayllu (*Los ríos profundos* 143-4 y 235-41). En la chichería de doña Felipa el personaje protagónico escucha huaynos de la sierra y goza de la música y la poesía quechua (373-92). La trayectoria vital (y agonía existencial) de Arguedas, parece tener líneas de dirección contrarias a las de Vallejo. Arguedas es el mestizo que se sumerge cada vez más en el mundo indio, asimila su sensibilidad, su pensamiento. Si bien deja la sierra de joven y se va a Lima, dedica su vida y su literatura, como antropólogo, a investigar el mundo quechua.

Vallejo había salido también de su mundo serrano para ir a Trujillo y de allí a Lima. Su literatura se modernizó con su trayectoria: abandonó el simbolismo de *Los heraldos negros*, para lanzarse a la aventura experimental y vanguardista de *Trilce*. De los dos libros que había publicado Vallejo cuando Mariátegui escribe sus *Siete ensayos...*, el que más ampliamente comenta el ensayista es *Los heraldos negros*. *Trilce* debió haber tenido para Mariátegui dificultades de lectura. La osada imagen vanguardista obstaculizaba la comprensión del referente poético. Cuando Mariátegui escribió sus *Siete ensayos...* Vallejo ya vivía en París. La trayectoria espiritual de Vallejo fue una trayectoria cosmopolita: de la sierra a la costa, y de Lima a París. Claro que a Mariátegui le hubiera gustado leer la poesía póstuma de Vallejo, recogida en *Poemas humanos*. Allí Vallejo recuperó el referente poético figurativo y su entorno social, en aquellos poemas que trataban de acomodarse a los objetivos políticos del realismo socialista. Su vocación humanística se compadecía del que sufría: del obrero, del pobre, del soldado que luchaba en la guerra civil española. Si la trayectoria de Vallejo fue cosmopolita e internacional, la de Arguedas en cambio fue nacional. Se había instaurado la etapa nacional de la literatura peruana que presagiaba Mariátegui.

La literatura peruana se hizo nacional a medida que sus escritores se acercaron al indio, a medida que el indio, la parte negada de la nacionalidad peruana, se integró espiritualmente a la nación. Tanto Mariátegui, como Vallejo y Arguedas, terminaron compartiendo, en su idealización de los oprimidos, la fe socialista. Creyeron sinceramente que el socialismo era capaz de redimir al hombre. Arguedas curiosamente empezó a escribir narrativa indigenista luego de haber leído, con admiración, *El tungsteno*, 1931, de Vallejo, novela socialista de temática indigenista (González Vigil 61-4). También lo impactó la propuesta socialista de Mariátegui y su opinión de que la poesía de Vallejo expresaba la sensibilidad del hombre andino. Podemos pensar que Arguedas lleva a una conclusión literaria feliz la propuesta filosófica de Mariátegui, y la propuesta artística de Vallejo, al tratar de rehacer la narrativa occidental desde la perspectiva de sus raíces andinas. De alguna manera es el hijo espiritual de ambos.

Arguedas, sin embargo, se suicidó en 1967. Podemos pensar si en su trayectoria vital no encontramos la confesión de una imposibilidad o un fracaso. ¿Hasta qué punto la visión lírica del mundo indígena andino de Arguedas muestra a Perú como una nación? ¿No es más vale la confesión de un trauma histórico, social, y económico, aún por resolver?

El pensamiento de Mariátegui nos ayuda a entender el carácter de la literatura peruana desde una perspectiva distinta: como socialista y actor del proceso de cambio y lucha de su sociedad, fue un testigo privilegiado de su época. Ver la literatura peruana desde el aporte de sus pensadores enriquece nuestra comprensión del fenómeno. El pensamiento de Mariátegui fue poco formal, pero rico en intuiciones y observaciones, pensamiento propio, pensamiento nuestro, que aún espera su oportunidad de tener un papel activo en la interpretación de nuestra cultura. Integremos los aportes de los ensayistas latinoamericanos a la comprensión de nuestros procesos culturales y sociales. Esta tarea, aún por concretarse, enriquecerá nuestra comprensión eurocéntrica histórica del fenómeno americano con el aporte intelectual indispensable de los pensadores de América.

Bibliografía citada

Arguedas, José María. *Los ríos profundos*. Madrid: Ediciones Cátedra. Edición de Ricardo González Vigil, 2000.
González Vigil, Ricardo. "Introducción". *Los ríos profundos…* 9-133.
Mariátegui, José Carlos. *Siete ensayos de interpretación de la realidad peruana*. México: Ediciones Era, 1979.
Vallejo, César. *Obra poética completa*. Bogotá: Editorial La Oveja Negra, 1980.

La educación de Borges

No hace mucho tiempo, una amiga mía puertorriqueña, que enseña Literatura Hispanoamericana en una Universidad en Nueva York, me dijo que para ella Borges había tenido más vocación de investigador erudito, de "scholar", que de escritor de ficciones. Yo le recordé que Borges había sido un catedrático de Literatura Norteamericana e Inglesa en la Universidad de Buenos Aires –aún cuando no contaba con títulos universitarios habilitantes y tenía cincuenta y seis años al empezar a enseñar– y escribió numerosos estudios literarios (sus tres primeros libros de ensayos, *Evaristo Carriego*, los estudios dedicados al *Martín Fierro* y a Lugones, su *Antiguas literaturas germánicas*, etc.). Para mi amiga, las carencias que aún conserva en muchos aspectos el mundo universitario argentino –donde la formación académica rigurosa y la investigación especializada original la logran muy pocos, y el sistema no favorece, por sus limitaciones económicas y organizativas, la concentración total y la dedicación exclusiva al estudio– habrían ayudado, paradójicamente, a transformar a un estudioso compulsivo (que dedicara los últimos años de su vida a un proyecto casi imposible de culminar con éxito en Buenos Aires en un tiempo prudencial: el aprendizaje de la lengua anglosajona antigua) en un escritor de ficciones. En un país con una Universidad desarrollada al nivel de las universidades norteamericanas y europeas, argumentó mi amiga, alguien como Borges, que amaba estudiar más que escribir –se reconocía más como "lector" que como "escritor"– hubiera sido absorbido por la vida del académico, del investigador recluido –y a Borges le gustaba recluirse– en el espacio universitario y, probablemente, no se hubiera interesado en escribir ficciones.

Sin embargo, pensé en ese momento, y aún ahora pienso, que si a Borges no lo sedujo en su juventud el mundo universitario, tuvo que haber habido otros motivos personales más profundos, además de los prácticos y materiales. Él, que yo sepa, no habló explícitamente sobre ello. Borges parece haber tenido una relación conflictiva con la educación formal. La literatura argentina cuenta con buenos escritores, como Domingo F. Sarmiento, José Hernández, Roberto Arlt, que no pasaron por las aulas de la universidad porque no tuvieron la oportunidad, dadas las circunstancias de su vida y el estado de la educación en el país en esos momentos, de acceder a una educación superior. Pero el caso de Borges fue distinto. Su padre, que era abogado, no contaba con una gran fortuna personal y tenía problemas de salud que limitaban su capacidad para trabajar, pero apoyó el deseo de Georgie de dedicarse a las letras, de ser escritor y no hacer estudios superiores convencionales.

Nos dice Borges en su "Ensayo autobiográfico" que su padre decidió ir a vivir por algún tiempo a Europa con la familia cuando supo que progresivamente perdería la vista: quería disfrutar del viejo continente antes que eso sucediese ("An Autobiographical Essay" 213). Formado en la época de la generación positivista de José Ingenieros, su padre desconfiaba de la educación que un niño era capaz de adquirir en una escuela pública y no lo mandó a la escuela hasta que no tuvo diez años de edad. Borges se educó en la casa y se manifestó desde niño como un lector ávido, idiosincrático. Declaró que no recordaba ningún momento de su vida en que no fuera capaz de leer; Vásquez cree que aprendió a leer probablemente a los tres años de edad, en inglés primero y en español después (Vásquez 31). Sabemos que la abuela inglesa paterna vivió por muchos años con la familia y Borges aprendió a hablar inglés y español a un tiempo, era perfectamente bilingüe. Se educó junto a su hermana Norah, con la familia y con institutrices, asistió a escuelas públicas desde los diez a los treces años y entonces fue a Europa con la familia. Desgraciadamente, poco después comenzó la Gran Guerra Europea. La familia tuvo que permanecer en Suiza. Allí Borges tuvo la buena fortuna de asistir por cuatro años a una escuela suiza internacional excelente, donde cursó su bachillerato. Las clases se conducían en francés y latín. Además, por su cuenta, aprendió alemán. Borges ya para entonces era un escritor en ciernes. Escribía ficción y traducía desde los nueve años. Su bautismo literario lo hizo en Madrid a los veinte años, cuando conoció a "verdaderos" escritores como Cansinos Assens y publicó sus primeros poemas en revistas ultraístas españolas ("An Autobiographical Essay" 221-2).

En 1923 la familia regresó a Buenos Aires y Borges publicó su primer libro de poemas, *Fervor de Buenos Aires*. La Universidad en Buenos Aires pasaba por un atractivo período: Ricardo Rojas era Decano y preparaba la creación del Instituto de Filología que dirigiría Amado Alonso. Pedro Henríquez Ureña llegaría al país en 1924. Los estudios literarios a fines del siglo XIX habían alcanzado un desarrollo notable, con los adelantos de la filología alemana y la estilística, además de la historia literaria. Sin embargo, Borges no consideró que necesitaba pasar por las aulas de la universidad para estudiar esas cosas. Podemos pensar que era arrogancia juvenil considerar que la estética, la filología y la estilística podían aprenderse sin recurrir a maestros universitarios. El estudio independiente, sin la formación académica adecuada, corría el riesgo de transformarse en un saber incompleto y superficial. Sin embargo, con Borges, ése no fue el caso: ya en su primer libro de ensayos, *Inquisiciones*, 1925, demostró que tenía una excelente formación crítica.

Sus ensayos no son las interpretaciones impresionistas que podríamos esperar de un poeta joven sin formación académica: son ensayos eruditos que demuestran que leía la crítica académica –en español, inglés, francés y alemán– con pasión e interés. No solamente tenía conocimiento de las escuelas críticas de moda en su tiempo –la filología, la estilística de Spitzer, la estética crociana– sino también de las disciplinas consideradas en ese momento "superadas" u obsoletas, como la retórica y la poética, además de conocimientos no específicamente literarios, como la gramática, la teoría lingüística y la lingüística comparada. Esto no significa que poseyera un saber "completo" y actualizado de estas disciplinas, pero sí que tenía información sobre las mismas, y aún mejor, que estaba iniciado en la meditación de los problemas que plantean esas disciplinas, es decir, que era un "estudiante" autodidacto de las mismas. Más difundida es su afición hacia la filosofía y sus estudios de metafísica y sus lecturas sobre teología e historia de las religiones. En filosofía, tanto como en crítica y teoría literaria, Borges procedió de una manera individualista, idiosincrática y heterodoxa. Si bien estudió temas contemporáneos, como filosofía del lenguaje y lógica simbólica, también meditó sobre problemas metafísicos tradicionales, aún aquellos considerados "pasados de moda" para la tarea filosófica contemporánea, de lo que se burla irónicamente en la introducción de su ensayo "Nueva refutación del tiempo", en que dice que su refutación es "...el débil artificio de un argentino extraviado en la metafísica." (*Obras completas* 757).

Podemos cuestionarnos cuál era el conocimiento real y "profundo" de Borges en estas disciplinas, dada la limitación de las bibliotecas universitarias de Buenos Aires en esa época y el alto costo de los libros. Él hace referencias a la "ilimitada biblioteca de libros ingleses" de su padre, pero tenemos que suponer que ese carácter "ilimitado" era más bien un eufemismo admirativo del hombre Borges que una afirmación de vastedad para tomar al pie de la letra (*Obras completas* 101). La biblioteca del joven Borges ciertamente no se parecería a las que podían acceder estudiantes en Nueva York o París en esa época; sabemos que consultaba diccionarios enciclopédicos, especialmente la Enciclopedia Británica, para cubrir vacíos culturales y obtener información de la que no se disponía de otra manera (Rodríguez Monegal 89). Pero Borges no era un lector acomplejado y mucho menos un lector modesto: se asignó el derecho de crear su propio método de lectura, que él denominó "hedonista". Consistía básicamente en leer lo que deseaba, dirigirse a todo aquello a que lo llevaba su apetito intelectual, independientemente de la "actualidad" del tema. Lo mismo leía sobre lógica simbólica, un tema aventurado para un estudiante autodidacto, que libros de teología. Tiene un tono irónico el nombre que diera a su primer libro de ensayos publicado, *Inquisiciones* (recordemos que Borges había escrito y destruido un libro anterior de ensayos, de título provocativo, *Los naipes del tahur*), puesto que el espíritu de libre cuestionamiento de obras e ideas que mantiene en sus ensayos es totalmente opuesto al que había sostenido históricamente la Inquisición, el tribunal represor de la iglesia, censor de las conciencias. Lo que sí prevalece en el libro es un tono polémico y algo fanfarrón que, creo, disgustó luego a Borges y lo hizo sentir culpable, al punto de quitar los tres primeros libros de ensayos de su bibliografía e impedir su reedición.

Lo que llama la atención en la actitud de Borges hacia la investigación y el estudio, que él tomó muy seriamente a lo largo de toda su vida, es su desconfianza hacia un aprendizaje autocondescendiente, crédulo, como suele ser el aprendizaje bastante pasivo de la universidad, donde el estudiante acepta autoridades intelectuales y voceros supuestamente legítimos de las modas académicas reinantes. No creía en verdades preestablecidas, sino en que él, como investigador, tenía que buscar su verdad y de alguna manera ir "más allá", lograr algún tipo de síntesis personal. Estaba muy lejos de proceder como el intelectual "colonizado" que muchas veces se lo acusó de ser (Fló 9-13). Era un intelectual que desconfiaba de propios y ajenos y se reservaba el derecho de criticar a los críticos, es decir, de elevar la crítica a un "segundo grado", que es lo que lo hizo famoso entre lectores intelectuales franceses como Foucault. Su habilidad de observar y criticar a los observadores y a los críticos creó esa visión distanciada, esa mirada irónica, esa extraordinaria habilidad de observación –desde un criterio latinoamericano descentrado y dinámico, y no meramente marginal– de una cultura europea pretendidamente universal, que todo lo legitimaba con sus ideologías, pero que tenía, en su ceguera lógica, ribetes cómicos, porque todo saber autosuficiente, es, como diría Kusch, una prueba del miedo a conocer, y de que no se quiere descubrir nada, más allá de lo que uno está preparado a encontrar (Kusch 20-1). Recordemos cómo los personajes de Borges en sus "ficciones" siempre se encuentran con otra "cosa", con la verdad inesperada, inquietante, desestabilizadora, que les demuestra la inviabilidad de su saber y sus expectativas, y les abre la gran puerta metafísica hacia el ser.

Borges creyó en su intuición para formular sintéticamente juicios relevantes sobre complejos problemas literarios y filosóficos. Esa habilidad de Borges contribuyó a conformar su propio tipo de pensamiento sobre la cultura, lo que le da su dimensión de "pensador" latinoamericano. Sus constantes reflexiones sobre la metáfora, por ejemplo, lo llevaron a formular su tesis, hoy muy comentada, de que las figuras del lenguaje pueden incidir no solamente en la escritura de la historia sino en la estructura misma del pensamiento histórico. "Quizá la historia universal es la historia de unas cuantas metáforas –dice en su ensayo "La esfera de Pascal"– Bosquejar un capítulo de esa historia es el fin de esta nota." (*Obras completas* 636). Sobre el estilo aparentemente desorganizado de la escritura de Miguel de Unamuno, explica que su culto a la libertad y la anarquía y su "desdén de la retórica" crearon una nueva retórica "de ritmo atropellado y discursivo", que aparenta descuido para demostrar la libertad de que hace gala su autor (*Inquisiciones* 100). Pero va aún más allá de la mera observación lingüística, tratando de prefigurar la base "estructural" del pensamiento de Unamuno, que identifica con una figura lógica y que anticipa lo que sería durante la década del sesenta un lugar común del pensamiento estructuralista francés. Dice Borges: "Lo propio puede asentarse acerca de la configuración hegeliana del espíritu de Unamuno. Ese su hegelianismo cimental empújale a detenerse en la unidad de clase que junta dos conceptos contrarios y es la causa de cuantas paradojas ha urdido. La religiosidad del ateísmo, la sinrazón de la lógica y el esperanzamiento de quien se juzga desesperado, son otros tantos ejemplos de la traza espiritual que informa sus obras" (*Inquisiciones* 100). En el pensamiento original de Unamuno subyace una antítesis lógica, una especie de oximoron, que el autor parece explotar repetidamente para su provecho. Notamos como en estas observaciones Borges insiste en la preeminencia del lenguaje sobre el pensamiento, lo cual no significa que negara al pensamiento su esfera de autonomía. Borges tempranamente indica el sentido arbitrario del signo lingüístico y su incidencia en el mundo de la literatura y las ideas, que muchas veces creemos del entero dominio voluntario del yo autoral.

La interpretación de Borges sobre el papel del lenguaje, que tiene un notable grado de originalidad filosófica, está íntimamente asociado a su experiencia con el Ultraísmo y el papel que la metáfora tuvo para las literaturas de vanguardia en la década del veinte. Como joven escritor ultraísta Borges pensó que la metáfora era "inagotable" y capaz de crear siempre nuevas combinaciones y de sorprender y admirar a los lectores. Entre los diversos artículos de *Inquisiciones*, su libro de 1926, dedicado al estudio de la poesía, dos de ellos en particular: "Después de las imágenes" y "Examen de metáforas", tratan de la cuestión técnica de la imagen y la metáfora y celebran su poder generativo. Borges, en ese entonces, ya era el celebrado poeta ultraísta de *Fervor de Buenos Aires*, que había cantado a la ciudad de una manera inédita, con versos íntimos y melancólicos, en que la metáfora adoptaba una forma nueva, llena de libertad y gracia. El tratamiento de la metáfora era la base de su primer estilo poético. Los estudios de *Inquisiciones,* en que celebra la metáfora, acompañan entonces su práctica como poeta.

Pero a pesar del éxito, Borges, inquisidor de sí mismo, pocos años después cambia radicalmente su posición con respecto a la metáfora. En "Otra vez la metáfora", de *El idioma de los argentinos,* 1928, afirma: "La más lisonjeada equivocación de nuestra poesía es la de suponer que la invención de ocurrencias y de metáforas es tarea fundamental del poeta y que por ellas debe medirse su valimiento. Desde luego confieso mi culpabilidad en la difusión de ese error... Ayer he manejado los argumentos que la privilegian...; hoy quiero manifestar su inseguridad, su alma de *tal vez* y *quién sabe.*" (49) Más tarde pensó que su concepto de metáfora se había basado en el error de creer que las imágenes eran infinitamente renovables, y que había, por lo tanto, que buscar la novedad para sorprender al lector. Esa búsqueda de novedad, dictaminó, no tenía nada que ver con la literatura, estaba equivocada y demostraba la profunda ignorancia de los jóvenes escritores. Ya los modernistas –Lugones, Herrera y Reissig–, antes que ellos, habían agotado todas las combinaciones posibles de metáforas. Si la metáfora tenía algún valor, éste no podía ser su simple novedad: el valor de la metáfora radicaba en su habilidad para evocar los problemas fundamentales de la existencia: el paso del tiempo, la fragilidad de la identidad personal, que habían estado siempre en el centro de la reflexión metafísica (Sorrentino 11).

La metafísica era la fuente legítima fundamental de todo pensamiento y la literatura no podía, en rigor, diferenciarse de la filosofía. Para Borges, el hombre es un animal metafísico. El pensamiento conceptual no estaba en sí separado ni alejado de los sentimientos; el pensamiento metafísico para él estaba lleno de pasión. El problema central radicaba en vivir uno, a través de sí, las grandes emociones metafísicas, independientemente de su discutida conveniencia o "modernidad". Por eso su admiración hacia Blas Pascal y Miguel de Unamuno, dado que estos pensadores vivieron sus perplejidades metafísicas de manera apasionada e íntima, como el hecho central de sus vidas. Por eso también el valor que le asignara a su confesión de "Sentirse en muerte": él sintió la eternidad en el paisaje de los suburbios de Buenos Aires y su visión lo dejó extático.

En *El tamaño de mi esperanza*, 1926, anuncia, en el ensayo que le da título al libro, su deseo de crear una literatura local, "criolla", pero de un "criollismo" que "sea conversador del mundo y del yo, de Dios y de la muerte." (10) La metafísica era la clave para vincular a la literatura argentina con la gran literatura universal. Esto no implicaba que los escritores argentinos se tuvieran que transformar en "creyentes" de la metafísica; él mismo se consideraba un escéptico, pero ser escéptico para Borges no era "negar" el mundo sino afirmarlo en su totalidad, creer que "todo es posible". En los ensayos que escribió durante su juventud, desarrolló un estilo que alternaba términos abstractos y conceptuales con expresiones coloquiales. En su ensayo autobiográfico dice que estaba tratando de imitar a escritores barrocos españoles como Quevedo y Saavedra Fajardo ("An Autobiographical Essay" 231). Sus expresiones combinaban el uso de metáforas sutiles con coloquialismos "criollos", y el color local con una actitud intelectual agresiva y arrogante. De Sarmiento, por ejemplo, dice en *El tamaño de mi esperanza*: "Sarmiento (norteamericanizado indio bravo, gran odiador y desentendedor de lo criollo) nos europeizó con su fe de hombre recién venido a la cultura y que espera milagros de ella." (6) A pesar de la irreverencia de la afirmación uno no puede dejar de notar el acierto innegable del comentario. Borges exhibe ya un aspecto sarcástico y burlón que siempre estará presente, con distintos grados, en sus escritos.

Borges demostró que poseía un nivel profundo de conocimiento y comprensión de los textos que comentaba y explicaba en sus ensayos. Pasados sus treinta años, y especialmente a partir de *Discusión*, 1932, su estilo en prosa se volvió lacónico. Notamos en este libro una gran maduración intelectual en los tópicos que discute: teología, metafísica, poesía, la lectura, el oficio del escritor. Son las meditaciones de un escritor que ya está en posesión de una voz propia. Sus comentarios van más allá de lo que esperamos de un investigador y crítico erudito. Muestran un grado de reflexión y comprensión profunda y original. Borges es un "pensador" de peso. En "La supersticiosa ética del lector", fechado en 1930, defiende la validez y eficacia del estilo directo contra el estilo florido (que él mismo había practicado en años anteriores). Ha meditado, notamos, sobre el valor de la lectura en la formación del estilo personal y cómo el estilo puede jugarle una mala pasada al escritor si encubre sus emociones. Dice: "La condición indigente de nuestras letras... han producido una superstición del estilo... Los que adolecen de esa superstición entienden por estilo no la eficacia o ineficacia de una página, sino las habilidades aparentes del escritor: sus comparaciones, su acústica, los episodios de su puntuación y su sintaxis. Son indiferentes a la propia convicción o propia emoción: buscan tecniquerías... no se fijan en la eficacia del mecanismo, sino en la disposición de sus partes. Subordinan la emoción a la ética... Se ha generado tanto esa inhibición que ya no van quedando lectores, en el sentido ingenuo de la palabra, sino que todos son críticos potenciales." (*Obras completas* 202). Exhibiendo su escepticismo concluye el ensayo haciendo un comentario sobre sus propias quejas y negaciones, en una meditación que se ha transformado en el corazón de su pensamiento estético, donde presagia el fin, la muerte de la literatura: "Releo estas negaciones y pienso: ignoro si la música sabe desesperar de la música y si el mármol del mármol, pero la literatura es un arte que sabe profetizar aquel tiempo en que habrá enmudecido, y encarnizarse con la propia virtud y enamorarse de su propia disolución y cortejar su fin." (*Obras completas* 205). En este ensayo el escritor autodidacto ha dejado de ser simplemente un estudioso aplicado de literatura y filosofía: es un escritor y pensador original, que combina en su literatura el aprendizaje y el placer estético, que colocaría en el centro de la problemática de ese género especial qué él iba a crear, mezcla de ensayo y de narración, que denominara sus "cuentos".

La educación de Borges, dijimos, fue una educación idiosincrática, autodidacta, ecléctica. Borges jamás se plegó a los modelos, ni en educación ni en literatura. Se hizo solo y defendió por encima de todo su libertad de aprender lo que deseaba por sí mismo, su libertad de crear *su* literatura, una literatura que era suya en él, siguiendo la lección que habían dejado Darío y los modernistas (Darío 96). Su educación, su saber, su literatura, no fueron convencionales ni domesticados. Como Sarmiento, como Martí, Borges creó sus propios modelos literarios, sus precursores. Su obsesión no fue la política, como en los otros, pero sí el destino, la vida de la literatura (¿la política de la literatura quizá?). Jamás aceptó ser un escritor actual: leyó lo que quiso y cuando quiso. En su edad avanzada dejó de leer literatura argentina y latinoamericana contemporánea y se dedicó al arduo estudio de la gramática y la lengua anglosajona, que vivió apasionadamente, como el estudio de una lengua y una literatura de los "orígenes", de lo que dejó testimonio (*Obras completas en colaboración* 861). No escribió novelas, ni ensayos convencionales. Creó su propio género: *su* cuento, *su* ensayo. Lejos de manifestar una admiración pasiva por las literaturas europeas, reflexionó e ironizó sobre ellas.

Borges, en este sentido, tuvo una magnífica educación latinoamericana. Como Sarmiento, como Martí, como Darío, fue su propio maestro. Se hizo a sí mismo con los retazos de otras culturas de los que se apropió con desconfianza. Fue un solitario y un desplazado que se ganó más de una vez el rechazo no sólo de las "multitudes" latinoamericanas sino también el de sus intelectuales adaptados a la vida moderna de la universidad, que habían aprendido a ser argentinos leyendo los manuales de ciencia política de Francia y encontraban que Borges era "extranjerizante" y "colonizado" (Rodríguez Monegal 423-4). Fue, por encima de todo, el creador de una manera crítica de leer la cultura europea *desde* Hispanoamérica, que difiere notablemente de la apropiación intertextual de los modernistas, quienes lo precedieron en el intento. Borges aprendió lo suficiente como para enseñar a aquellos que respetábamos como nuestros maestros. La cultura literaria argentina había alcanzado su mayoría de edad. Borges no fue a la universidad europeizante, se quedó en casa creando su propia cultura americana. Empezó por escoger anárquicamente, "hedonísticamente", como él decía, su propia biblioteca heterogénea (Rodríguez Monegal 70-8). Se enseñó a sí mismo, aprendiendo de nuestra literatura y de otras literaturas del mundo, y después les enseñó a los educados en otras literaturas, especialmente a los europeos, que fueron los primeros que lo consagraron como gran escritor. A nosotros tardó más en enseñarnos, tardamos más en aceptarlo, porque no estamos acostumbrados a aprender de nuestras propias experiencias. Poco a poco, felizmente, descubrimos una nueva manera de leer y de entendernos.

Bibliografía

Alazraki, Jaime. *La prosa narrativa de Jorge Luis Borges*. Madrid: Gredos, 3era. edición aumentada, 1983.

Blüher, Karl Alfred, "Posmodernidad e intertextualidad en la obra de Jorge Luis Borges." Karl Alfred Blüher/Alfonso de Toro, Eds. *Jorge Luis Borges Variaciones interpretativas sobre sus procedimientos literarios y bases epistemológicas*. Frankfurt am Main: Vervuert Verlag, 1992.

Borges, Jorge Luis. *El idioma de los argentinos*. Buenos Aires: Seix Barral, 1994.

——————. *El tamaño de mi esperanza*. Buenos Aires: Proa, 1926.

——————. *Inquisiciones*. Buenos Aires: Proa, 1925.

——————. *Obras completas 1923-1972*. Buenos Aires: Emecé, 1974.

——————. *Obras completas en colaboración*. Buenos Aires: Emecé, 1979.

Borges, Jorge Luis with Norman Thomas di Giovanni, "An Autobiographical Essay". Jorge Luis Borges. *The Aleph and Other Stories 1933-1969*. New York: E.P. Dutton, Edited and Translated by Norman Thomas di Giovanni in collaboration with the author, 1970.

Borges, Jorge Luis, Néstor Montenegro. *Diálogos*. Buenos Aires: Nemont, 1983.

Darío, Rubén. *Poesía selecta*. Madrid: Visor, Edición de Alberto Aceredo, 1996.

Kusch, Rodolfo. *Geocultura del hombre americano*. Buenos Aires: García Cambeiro, 1976.

Olea Franco, Rafael. *El otro Borges, el primer Borges*. Buenos Aires: El Colegio de México/Fondo de Cultura Económica, 1993.

Rodríguez Monegal, Emir. *Jorge Luis Borges A Literary Biography*. New York: Paragon House Publishers, 1988.

Sorrentino, Fernando. *Seven Conversations with Jorge Luis Borges*. Troy: The Whitston Publishing Company. Traducido por Clark M. Zlotchew, 1982.

Vázquez, María Esther. *Borges Esplendor y derrota*. Barcelona: Tusquets, 1996.

Una magnífica obsesión literaria:
Sábato frente a Borges

Jorge Luis Borges (1899-1986) fue el escritor argentino que más críticas y elogios recibió en la obra de Ernesto Sábato (1911-). Entre los extranjeros, Sábato estudió y comentó al dominicano Pedro Henríquez Ureña, también amigo de Borges, al filósofo francés Jean Paul Sartre, y a los novelistas Fedor Dostoievsky y Franz Kafka.[1] Sábato veía a Dostoievsky como alguien relativamente marginal al mundo de la cultura europea del siglo XIX, que idealizaba y asimilaba a los escritores franceses, mientras buscaba su propia identidad rusa (*El escritor y sus fantasmas* 27). Valoró a Franz Kafka como figura existencial y creador de magníficas pesadillas, y lo asoció a Borges en sus análisis.[2] Pedro Henríquez Ureña fue para Sábato una figura paternal: lo conoció en el Colegio Nacional de la Plata, donde fue su profesor de lengua y literatura.[3]

---

[1]   Ernesto Sábato, *Sartre contra Sartre*, 1968 y *Significado de Pedro Henríquez Ureña,* en E. Sábato, *Obras II Ensayos*, Buenos Aires, Losada, 1970: 909-35 y 803-27; E. Sábato, *Apologías y rechazos,* Madrid, Editorial Seix Barral, 1979: 53-77.

[2]   E. Sábato, "La novela rescate de la unidad primigenia", en *El escritor y sus fantasmas*, 257-264; E. Sábato, *Uno y el Universo*, Buenos Aires, Editorial Sudamericana, 1948, segunda edición, 24.

[3]   Escritor incomprendido y fiel a su destino, como Sábato. Ensayista vernáculo, cuya figura americana crece, a medida que pasa el tiempo, junto a las de otros pensadores de América, como Ángel Rama y Ezequiel Martínez Estrada. Mentor de Sábato, escritor novicio entonces, a quien introduce al grupo de la revista *Sur*; será quien lo lleve, casi casualmente, a la carrera literaria. Es curioso que Sábato haya sentido menos amistad hacia Martínez

Sartre alternó, como Sábato, entre el ensayo y la literatura de ficción, y terminó negando su propia creación novelística.[4] Sábato, si bien fue un escritor de apologías y rechazos, se mantuvo fiel a la novela, que forma, con el ensayo, en su obra, una unidad indisoluble.[5] Como Sartre, buscó proyectar su posición ética en su literatura, que fue adentrándose cada vez más en el mundo de la política. Fue desde su primer libro, *Uno y el Universo*, 1945, un escritor desconforme, que cuestionó a la ciencia, a la literatura y a su sociedad.

Jorge Luis Borges creció en un ambiente culto muy distinto al de Sábato.[6] Se formó en la biblioteca paterna, en un hogar bilingüe castellano-inglés; empezó a escribir y traducir desde niño y ya a los veintitrés años era considerado uno de los escritores más innovadores de

Estrada, destinado a ser uno de nuestros grandes ensayistas. Cuando lo conoció entabló una amistad con quien era en ese momento el poeta Ezequiel. Pero sus ensayos parecen haberle impactado menos. Quizá la ácida y conflictiva personalidad de ambos escritores haya sido un obstáculo para una relación más serena. María Angélica Correa, *Genio y figura de Ernesto Sábato*, Buenos Aires, EUDEBA, 1971: 34-5 y 65-76.

[4]   Además de Sartre, otro escritor existencialista francés que aparece repetidamente aludido en sus escritos es Albert Camus.

[5]   Sábato, como Borges, dan al ensayo (y a las ideas) un papel central en su narrativa. La novela latinoamericana tiene una vieja tradición "ensayística". Ya la primera gran novela argentina, *Amalia*, de José Mármol, 1851, mantenía largas explicaciones ensayísticas. Sábato tenía grandes modelos en el género, dentro y fuera de la lengua hispana (fuera de nuestra lengua, el novelista de ideas que más parece haberlo impactado es Dostoievsky, que supo presentar a sus personajes dominados por cuestiones morales y filosóficas). Borges, en cambio, contaba con pocos antecedentes (el más importante, el creador del cuento moderno, Edgar Allan Poe): uno de sus mayores aportes al género fue el transformar el cuento en vehículo de ideas filosóficas. Esto tiene que haber impresionado profundamente a Sábato. En el desarrollo de su novelística, da a las ideas un papel cada vez más central. En su última novela, *Abaddón, el Exterminador*, 1974, el personaje "Sábato" mantiene largas disquisiciones con otros y consigo mismo, sobre cuestiones literarias, filosófica y políticas.

[6]   Su padre, el abogado Guillermo Borges, conocía y amaba la literatura y escribió una novela, *El caudillo*, publicada en 1921. Destinó a su hijo al oficio de las letras (Rodríguez Monegal, *Jorge Luis Borges A Literary Biography,* New York, Paragon House Publishers, 1988: 79-87).

Buenos Aires.[7] Sábato no escapó a la gravitación de la obra borgeana.
En el otro extremo del espectro literario de su época, reconoció en
Roberto Arlt a un hermano de su literatura. Creyó que Arlt, en su intuitivo anarquismo, buscaba la liberación del hombre y su proyección
metafísica (*El escritor y sus fantasmas* 43).

En los diálogos que mantuvieron Borges y Sábato en 1975, y que
editó Orlando Barone, notamos que Sábato ha leído y meditado bien
la obra de Borges, mientras éste no conoce la literatura de Sábato y
parece no interesarle. Cuando le preguntan si lee literatura latinoamericana, Borges contesta que desde 1952 sólo lee la joven literatura de
los antiguos escandinavos y los anglosajones. Cuando le piden que dé
nombres de escritores latinoamericanos que admira, cita al escritor
uruguayo de novelas gauchescas, amigo suyo, Enrique Amorim, autor
de *El paisano Aguilar*, 1934, muerto en 1960 (Borges-Sábato,
Diálogos 108). Sábato le explica que Barone quería saber si conocía
a "alguno de los narradores latinoamericanos famosos de la actualidad" y Borges contesta que no. Sin embargo, no siempre mantuvo esa
distancia frente a la literatura nacional y a la hispanoamericana: sabemos que, en sus primeros libros de ensayos, estudió a sus compañeros
de generación, y a los escritores más representativos de Argentina,
entre ellos a los gauchescos, y a poetas relativamente menores, como
Evaristo Carriego.[8] En 1955 Borges publicó un libro sobre Leopoldo
Lugones, su "padre rechazado": sintió frente a éste un complejo de
culpa intelectual, cierta "ansiedad de influencia".

Sábato vive a Borges como una figura benéfica. Borges lo fascina.
¿Por qué? En parte, porque al conocerlo, el doctor en física Sábato era

---

[7]   Logró una esmerada formación literaria, en parte autodidacta. Asistió al
College Calvin, en Suiza, completando allí sus estudios secundarios, etapa de
su vida crucial para su desarrollo intelectual y estético (Rodríguez Monegal,
114-124).

[8]   Los tres primeros libros de ensayos de Borges, *Inquisiciones*, 1925; *El tamaño de mi esperanza*, 1926; *El idioma de los argentinos*, 1928, muestran la
notable versatilidad intelectual y curiosidad crítica del joven Borges. En
Evaristo Carriego, 1930, Borges se presenta como un ensayista inventivo,
que trata de entender a un poeta criollo tanto desde el punto de vista de la poesía popular, como de la historia de la ciudad de Buenos Aires.

un hombre con una formación literaria limitada y la personalidad literaria de Borges fue una influencia enriquecedora. Se mantuvo fiel a este vínculo intelectual, aún después de 1955, cuando ambos se distanciaron por motivos políticos, durante el período que sucedió a la caída del peronismo (Sábato, *Claves políticas* 57-78).

Borges consideró, desde siempre, que lo aguardaba un destino literario; Sábato tuvo que realizar una intensa búsqueda de su vocación. A diferencia de Borges, descendiente de una familia de antiguos patricios argentinos (bisnieto del coronel Isidoro Suárez, soldado de la independencia, y nieto del coronel Francisco Borges, militar de destacada actuación en la era post-rosista), quien nace y crece en Buenos Aires, y vive y estudia en Europa, Sábato es hijo de inmigrantes italianos y nace en un pueblo de la "pampa gringa": Rojas. Allí se cría en un hogar de once hijos varones. Su padre tenía un pequeño molino harinero.[9]

¿Cómo llegó Sábato al mundo de la literatura? Según él, por un avatar sicológico. Cuenta que el hermano que lo precedía murió al nacer y a él le dieron su nombre: Ernesto. La muerte de ese hijo generó en la madre una disposición especial sobreprotectora hacia Ernesto y su hermano más chico. Creció rodeado de cuidados excesivos. Vivió encerrado en su cuarto, en lugar de disfrutar de los juegos al aire libre con los otros chicos (Correa 17-22). Esto le provocó una actitud introvertida, ensimismada, que, cree él, se transformó en el nudo de su literatura. Se volvió meditativo y caviloso, encontró en la reflexión y en la fantasía un escape a su mundo limitado. Descubrió los libros, las novelas. Cuenta que desde niño quería ser dos cosas: escritor y pintor. La vida, en un principio, lo llevó por otros rumbos.

Al terminar la escuela primaria su familia lo envió a estudiar al Colegio Nacional de La Plata. No a la ciudad de Buenos Aires, la gran

---

[9] En esto, su biografía tiene más puntos en común con la de Arlt que con la de Borges. Por eso, a diferencia de Borges, que siempre se burló y consideró ilusorias las tendencias o escuelas literarias de Florida y Boedo, que se desarrollaron durante la década del veinte, Sábato las tomó muy en serio, y creyó real la conflictiva interpretación del hecho literario que las separaba. Sábato no había tenido acceso de niño y adolescente a esa fabulosa biblioteca que había disfrutado Borges (J.L. Borges, E. Sábato, *Diálogos* 16 y Harley D. Oberhelman, *Ernesto Sábato,* 17-20).

cosmópolis y capital de la nación, sujeto y objeto de la poesía ultraísta del joven Borges, sino a la ciudad capital de provincia que, sin embargo, le resultó enorme al adolescente pueblerino. De allí en adelante la vida de Sábato estará signada por su exploración interior, que lo llevará del mundo de las matemáticas y de la ciencia al mundo de la literatura y la pintura. Unifica todo ese proceso el pensamiento, la filosofía: filosofía de la ciencia y filosofía de la existencia. Y la participación social y política: su compromiso con su sociedad y su tiempo. En 1983, un año antes que recibiera el importante Premio Cervantes en España por su obra literaria, fue nombrado por el gobierno argentino para encabezar la CONADEP (Comisión Nacional sobre la Desaparición de Personas), que investigó los crímenes cometidos por los militares del Proceso en Argentina durante la salvaje represión a la población civil, entre 1976 y 1978. Ya antes de eso se había enfrentado al peronismo, y a los militares golpistas de la presunta Revolución Libertadora (Oberhelman 39-45). Mantuvo su militancia política partidaria durante una parte importante de su vida, pero para él la política no fue una carrera, sino una búsqueda: cuando cambiaron sus intereses éticos cambió su filiación política, abandonando sucesivamente sus simpatías anarquistas y luego su militancia comunista. Algo semejante ocurrió con la física y, hasta cierto punto, con la literatura: cuando Sábato sintió que ya no se sentía totalmente identificado con esas disciplinas, las abandonó (el caso de la física) o las marginó (la literatura).

Si bien fue siempre un lector ávido, no asumió definitivamente su vocación literaria hasta la década del cuarenta. Fue entonces cuando lo llamó su antiguo maestro de la escuela secundaria, Pedro Henríquez Ureña, después de haber leído una nota que éste publicara en *Teseo* sobre *La invención de Morel*, de Adolfo Bioy Casares. Pedro Henríquez Ureña se ofreció a presentarlo a los escritores del grupo *Sur*, para ese entonces la revista de mayor prestigio literario de la Argentina (Correa 67-76). La primera nota de Sábato en *Sur* apareció en 1941. Ya era un joven doctor en física. Había recibido su título en el Instituto de Física de La Plata en 1937 y había vivido una serie de experiencias fundamentales. De inclinación anarquista durante la adolescencia, a partir de sus diecinueve años se volcó hacia el comunismo, convencido de las fallas ideológicas del anarquismo. Dedicó cinco años de su juventud a su militancia comunista. En 1933, durante la crítica época del gobierno del General Justo, llegó al cargo más alto de la organización juvenil: Secretario General de la Juventud Comunista. En 1935 fue como delegado al Congreso Comunista de Bruselas. Decidió entonces, bruscamente, en una suerte de proceso de "conversión", dejar el Congreso. Explicó así este hecho a María Angélica Correa:

> Yo iba en plena crisis, mi cabeza era un pandemonio, mis ideas estaban revueltas... La doctrina de Marx, tal como era aplicada, cada vez me resultaba más insatisfactoria; los procesos de Moscú se iniciaron en esa época, y la dictadura de Stalin se manifestaba ya en su siniestro poder; todo eso me repugnó y me alejó...; en fin, el movimiento comunista se manifestaba cada vez más como un movimiento absolutista, y yo nunca he soportado las dictaduras ni el absolutismo (Correa 46-7).

No será la única situación de este tipo por la que atraviese. Desde su adolescencia, durante sus años de estudiante en La Plata, Sábato se había acercado al mundo de las matemáticas, que le atraía por su claridad racional. Algo de esa claridad existe también en las explicaciones juiciosas del materialismo histórico, del perfecto mecanismo de la lucha de clases que evoluciona dialécticamente en la historia de manera predecible. Esas explicaciones claras y racionales sedujeron a Sábato, aunque no le resultaron suficientes. A ambas, la militancia comunista y las ciencias, las abandonó, en medio de una crisis personal.

Mientras estaba en Europa volvió a despertarse en él su pasión por las matemáticas. A su regreso se volcó enteramente al estudio de la Física, hasta obtener, en 1937, su doctorado. Si su militancia comunista fue para él un proceso tormentoso y lleno de dudas, no lo fue menos su relación con las ciencias. Entre 1935 y 1945 se debatió dentro de ese mundo, en medio de luchas internas y vacilaciones. En 1938 fue becado a París para investigar en los laboratorios Joliot-Curie. Era el París de la preguerra. París le ofreció algo que no esperaba: pudo conocer, gracias a un amigo, el pintor canario Oscar Domínguez, a pintores y escritores del grupo surrealista (Correa 51-63). Así Sábato se introdujo en ese universo irracional y onírico, y la experiencia, tan alejada de las ciencias, tuvo en él un impacto enorme. De regreso a Buenos Aires, se entregó más a la literatura. Allí fue cuando, llevado por su maestro Pedro Henríquez Ureña, se relacionó con el grupo de *Sur*. Entonces conoció a Borges y a Victoria Ocampo, directora de la revista. Asistió a las tertulias que organizaban Adolfo Bioy Casares y Silvina Ocampo en su casa en Buenos Aires (Correa 65-76).

Sábato, que contaba ya casi treinta años, si bien era un ávido lector de filosofía metafísica, de filosofía de las ciencias y había estudiado el materialismo dialéctico (como habría de demostrarlo algunos años después en su primer libro, *Uno y el Universo*, 1945), y era Doctor en Física y Profesor de Física en el Instituto del Profesorado y en la Universidad de La Plata, donde enseñaba teoría de los cuantos y teoría de la relatividad, se había movido hasta ese momento, con excepción de su experiencia surrealista y bohemia en París, dentro de un mundo de científicos, postergando su vocación literaria. Es de imaginar su fascinación ante este brillante grupo de escritores profesionales, que llevaban a cabo una de las empresas literarias más osadas de la Argentina. Su experiencia con la gente de *Sur* cambió radicalmente su vida. Fue aceptado dentro del grupo y pudo publicar en la revista. Ingresó en el complejo mundo de las letras, en el que su formación era limitada, de la mano de estos grandes lectores y escritores. El impacto mayor lo ejerció Borges, y Sábato confiesa que "sus huellas se ven claramente en mi primer libro" (Correa 75). *Sur* se convirtió en la "universidad de letras" que Sábato, perdido en el mundo de las ciencias, no había tenido.

En 1943 pide licencia en su trabajo y se va con su familia a Carlos Paz, Provincia de Córdoba. Allí comienza a poner en orden muchas de sus colaboraciones para la revista *Sur* y va gestando su primer libro de ensayos, que publicará en 1945: *Uno y el Universo*. Decide abandonar para siempre las ciencias. En medio de ese conflicto existencial nació *El túnel*, 1948, su primera novela, que *Sur* editó y el público lector acogió con devoción. En Francia, el mismo Camus, lector de obras en español para la Editorial Gallimard, la recomendó para su traducción y publicación. Y Sábato, en unos pocos años, pasó de ser el vacilante discípulo de *Sur*, al reconocido y admirado autor de *Uno y el Universo* y *El túnel*.

Uno y el Universo fue mucho más que un primer libro. En él Sábato efectúa la catarsis del "converso", que pasa del mundo racional de las ciencias al mundo de la literatura, que él concibe como un espacio artístico en que puede "liberar sus fantasmas" (así lo habría de expresar años más tarde en sus estudios literarios de *El escritor y sus fantasmas*, 1963). *Uno y el Universo* tiene un tono intelectual algo profesoral y pretencioso y, sin embargo, es tan argentino. Pasados algunos años Sábato lo repudiaría y, en la edición de sus obras que preparara la Editorial Losada en 1970, incluyó un "Prólogo" en que pide indulgencia al lector por ese libro con el que ya no se identifica, y en el que nota una cantidad de "errores", en particular su crítica negativa al Surrealismo y su actitud benigna hacia el Marxismo, con la que ya no está de acuerdo (*Obras II Ensayos* 11-13). Es el texto que está más cerca en el tiempo de su experiencia como científico, y allí se puede ver la lucha interior del novelista en cierne. Dice de la ciencia: "El poder de la ciencia se adquiere gracias a una especie de pacto con el diablo: a costa de una progresiva evanescencia del mundo cotidiano..." y, el más lapidario juicio critico: "La ciencia estricta –es decir, la ciencia matematizable– es ajena a todo lo que es más valioso para el ser humano: sus emociones, sus sentimientos de arte o de justicia, su angustia frente a la muerte" (*Uno y el universo* 31 y 35).

En este libro aparece ya su preocupación, su obsesión por Borges. Sábato siente que tiene puntos en común con Borges, que se interesa en el pensamiento científico y los problemas matemáticos, ama la filosofía metafísica y se burla en sus ficciones del pensamiento lógico y racional. Tanto para Borges como para Sábato, la literatura y la filosofía *son un problema*. Frente a ese problema reaccionan de distinta manera: Borges, con la duda del escéptico, que irrita a Sábato, puesto que todo lo reduce a un juego intelectual donde, cree él, importa más lo brillante que lo verdadero; Sábato se atribuye la actitud del hombre de fe, del ser espiritual que busca un camino de redención y no lo encuentra, dejando al sujeto sumido en profunda angustia existencial.

Borges escaparía de esa angustia, aparentemente, recurriendo al juego mental en su literatura. Allí Sábato se distancia de Borges. Para él, seguirá siendo fundamental no huir de la angustia personal, ni del mundo social, del aquí y ahora. Y vivir lo político. Así lo comprobamos en su extenso artículo de *Uno y el Universo* sobre el "Fascismo" (79-94). Si bien Borges criticó también el Fascismo, Sábato va más allá: su artículo es análisis político y es denuncia, y es sobre todo la interpretación de quien fuera un líder de la Juventud Comunista. Había abandonado en ese entonces el Partido hacía muchos años, notamos en su análisis el peso que tiene la experiencia política vivida: está en contacto con la realidad histórica, social, de su tiempo, de una manera vehemente, que se sostiene y se profundiza a lo largo de su vida.

Sábato critica a las ciencias y las acusa de insensibilidad hacia el hombre histórico, ético, hacia el mundo emocional y afectivo de los seres humanos. Desde su óptica Borges parece querer escapar de la realidad política y social, su biografía confirmaría su paulatino distanciamiento de las preocupaciones de la vida contemporánea, que sí le importaron en su juventud. Pero luego de la Revolución Libertadora de 1955, antipopular y militarista, Borges se aísla cada vez más de la realidad política, su escepticismo abarca todo, pero particularmente esa realidad política y social. Sábato viajará en la dirección opuesta: hacia el análisis cada vez más efectivo y cuidadoso de ese mundo social nacional e internacional, como lo comprobamos en los libros de ensayos de su vejez: *La cultura en la encrucijada nacional*, 1976; *Apologías y rechazos*, 1979. En su última novela, *Abaddón, el Exterminador*, 1974, el mundo político contemporáneo irrumpe en la trama de la obra, mucho más que en su anterior *Sobre héroes y tumbas*, 1961, para llevar a un personaje, Marcelo, a vivir el horror de la tortura, la cárcel política y la muerte.

En *Uno y el Universo*, entre numerosos artículos de tema científico (como "Anteojo Astronómico", "Ciencia", "Continuidad de la creación", "Copérnico") y sobre literatura y lenguaje (como "Estilo", "Espejo de Stendhal", "Lenguaje", "Poderío del lenguaje", "Poesía"), incluye dos artículos en que estudia la literatura de Borges: uno titulado "Borges" y otro "Geometrización de la novela". En "Borges", Sábato habla de los elementos culturales dispares, esos "fósiles", con que Borges arma sus tramas. Su finalidad, reconoce, es tratar determinados problemas metafísicos en su literatura. Dice que "...en los relatos que forman *Ficciones* la materia ha alcanzado su forma perfecta..." (*Uno y el Universo* 22). Pero luego discute y polemiza. Borges había sostenido en el prólogo a *La invención de Morel* que sólo las novelas de aventuras tienen una trama rigurosa, no las sicológicas, donde "la libertad se convierte en absoluta arbitrariedad" (22). Sábato argumenta que, con ese "rigor", se suprimen en la novela "los caracteres verdaderamente humanos".

Borges, reconoce Sábato, es un creador de laberintos, pero halla sus laberintos "geométricos" o "ajedrecísticos", lo cual produce una "agonía intelectual". Los laberintos de Kakfa, en cambio, "...son corredores oscuros, sin fondo, inescrutables, y la angustia es una angustia de pesadilla, nacida de un absoluto desconocimiento de las fuerzas en juego" (24). Sábato se identifica con los laberintos de Kafka y no con los de Borges, y de alguna manera está anticipando al escritor que será en *El túnel,* y luego, en *Sobre héroes y tumbas.* Subestima la humanidad de los personajes de Borges, los llama "a-humanos". No quiere ser, como Borges, un escritor perdido en el fulgor de los juegos metafísicos y matemáticos. Metafísica sí, pero la de Kafka, la metafísica del horror, la ausencia de dios, la angustia y la incomunicación vivida desde adentro.

En su comentario sobre "La muerte y la brújula", Sábato dice que el detective Erik Lönnrot es "...un títere simbólico que obedece ciegamente... a una Ley Matemática" (24). Lo opone a los personajes de Kafka, que "...se angustian porque sospechan la existencia de algo...luchan contra el Destino..." (24). Volverá a hablar del mismo cuento en su artículo "Geometrización de la novela", en que afirma que la novela policial "evoluciona hasta la novela matemática" (103), pero que en "La muerte y la brújula" Borges "da un paso más y la realidad se convierte en geometría" (106). En "Funes el memorioso", dice Sábato, Borges "hace álgebra, no aritmética". Luego comenta lo siguiente: "La escuela de Viena asegura que la metafísica es una rama de la literatura fantástica. Esta afirmación pone de mal humor a los metafísicos y de excelente humor a Borges... creo que todo lo ve Borges bajo especie metafísica..." (25). Agrega de que a sus personajes les falta pasión. Reconoce que "...la teología de Borges es el juego de un descreído y es motivo de una hermosa literatura" (26). Y se plantea la siguiente pregunta: "¿Le falta una fe a Borges?" (27). La pregunta es fundamental para Sábato, porque él no podría vivir sin una fe. ¿Cómo puede hacerlo Borges? Y termina el artículo llamándolo "genial", "grande", "arriesgado", pero también "temeroso", "infeliz", "limitado", "infantil"... para concluir, por si quedaran dudas de que la intención de su nota es rendir un homenaje a Borges, nombrándolo "inmortal".[10]

Sábato en ese momento está imbuido del mundo de las ciencias y Borges parece darle una clave: uno puede aproximarse a la literatura desde el plano de la metafísica y las ciencias. Pero considera a Borges demasiado frío, demasiado impasible para su gusto. Sábato está entonces más cerca de Borges que de Kafka. Años más tarde, cuando logra "dar a luz" *El túnel,* notamos que ha recorrido un camino y se ha aproximado al mundo de las pesadillas kafkianas, en que los laberintos "...son corredores oscuros, sin fondo, inescrutables..." (*Uno y el Universo* 24). La lucha de Sábato, luego de *Uno y el Universo,* será tratar de alejarse de Borges y acercarse más a Kafka.

Borges reaparece "en persona" en la literatura de Sábato, en una de las escenas de *Sobre héroes y tumbas,* 1961. Iban sus personajes Bruno y Martín caminando por la calle Perú en Buenos Aires y ven a un hombre, ayudado con un bastón, delante de ellos: era Borges. Bruno lo saluda y le presenta a Martín, diciendo como justificación: "Es amigo de Alejandra Vidal Olmos" (135). Supuestamente, Borges conocía a Alejandra. Los dos personajes siguen camino y Bruno ini-

---

10   En el prólogo de *Uno y el universo,* Sábato hace una afirmación sobre la identidad personal y el ser en el mundo, muy semejante a otra que enunciaría el mismo Borges, años más tarde, con parecidas palabras. Dice Sábato: "Uno se embarca hacia tierras lejanas, o busca el conocimiento de los hombres, o indaga la naturaleza, o busca a Dios; después se advierte que el fantasma que se perseguía era Uno-mismo." (13) Borges escribe en el epílogo de *El hacedor,* 1960, en su insuperable estilo: "Un hombre se propone la tarea de dibujar el mundo. A lo largo de los años puebla un espacio con imágenes de provincias, de reinos, de montañas, de bahías, de naves, de islas, de peces, de habitaciones, de instrumentos, de astros, de caballos y de personas. Poco antes de morir, descubre que ese paciente laberinto de líneas traza la imagen de su cara." (J.L. Borges, *Obras completas 1923-1972:* 854).

cia un diálogo magistral en que trata de aleccionar a Martín sobre
Borges y la literatura nacional. Aquí Bruno, como *alter ego* de Sábato,
defiende a Borges. Frente a los comentarios de Martín, de que había
escuchado que Borges era "poco argentino", Bruno afirma que es "un
típico producto nacional" (136). Según Bruno "...hasta su europeísmo
es nacional". Consultado por Martín sobre si es un gran escritor, dice:
"No sé. De lo que estoy seguro es de que su prosa es la más notable
que hoy se escribe en castellano." Y agrega: "Pero es demasiado pre-
ciosista para ser un gran escritor" (136). El personaje reitera la admiración que Sábato manifestaba por Borges en *Uno y el Universo*, pero
subraya ahora el barroquismo, el preciosismo de Borges. Antes había
destacado, en cambio, su espíritu geométrico y matemático. Primera
rectificación. Su preciosismo excesivo le restaría calidad literaria. Y
va a haber una segunda rectificación, de gran importancia: Sábato descubre el sentimiento en Borges. Y ese sentimiento es expresión del
"ser" nacional. Ya no lo ve meramente como un escritor frío, escapista; dice: "Hay algo muy argentino en sus mejores cosas: cierta nostalgia, cierta tristeza metafísica..." (136).

Sábato entiende que la literatura no se puede escribir sin pasión,
aún la literatura aparentemente más calculada. En los cuentos de
Borges, cree, se revelan sus sentimientos. En *Sobre héroes y tumbas*
Bruno dice que la literatura, para que sea válida, debe "ser profunda".
Esta es una nueva dimensión que no veía antes: su "profundidad".
Bruno va a hacer otra declaración en que Sábato coincide con Borges:
nuestra literatura es indeleblemente argentina porque es nuestra, no
porque cultivemos el color local o el argentinismo.[11] No podemos
negar nuestro ancestro cultural europeo, pero hemos forjado una
nueva identidad nacional, nos guste o no nos guste. Ser argentino es
tan fatal como ser francés o ruso. Dice: "Nosotros... somos argentinos hasta cuando renegamos del país, como a menudo hace Borges"
(137). El temido europeísmo es una falacia nacionalista. Bruno habla
sobre *Don Segundo Sombra,* de Güiraldes, comenta que el libro es

---

[11] Borges sostuvo un punto de vista similar en su ensayo "El escritor argentino
      y la tradición", incluido en *Discusión*, Buenos Aires, Emecé, 1955, segunda
      edición aumentada; J.L. Borges, *Obras completas* 267-74.

argentino por su temática gauchesca, y porque Güiraldes explaya en él su preocupación metafísica. Lo mismo ocurre con Arlt: "Es grande por la formidable tensión metafísica y religiosa de los monólogos de Erdosain" (137). Luego, Bruno encuentra al padre Rinaldini, que presenta sus objeciones nacionalistas a Borges, que Bruno, por supuesto, no comparte: "Un cura irlandés me dijo un día: Borges es un escritor inglés que se va a blasfemar a los suburbios –comenta Rinaldini–. Habría que agregar: a los suburbios de Buenos Aires y de la filosofía." (138).

En *Sobre héroes y tumbas* Sábato se acerca a la literatura nacional y a la historia argentina desde la trama fantástica, imbuida de tensión metafísica.[12] Lo fantástico queda unido al sentido de lo nacional. También en *Abaddón, el Exterminador* lo político y lo literario estarán inmersos en lo fantástico. Lo fantástico no es mera evasión. Además de discutir extensamente cuestiones literarias y artísticas, particularmente el sentido de la novela en el mundo moderno, en *Abaddón, el Exterminador* elabora de manera novedosa la inclusión del personaje literario en la trama fantástica, que Borges había manejado con gran felicidad, particularmente en aquellos cuentos en que presenta a "Borges" personaje, como "Funes el memorioso" y "El Aleph" (121-142). En esta novela Sábato se transforma en "Sábato" y asume el protagonismo de la trama fantástica y el descenso al submundo (Lojo 85-9). Luego de *Abaddón...*Sábato considera que ha dicho todo... Por lo tanto cierra su ciclo literario, y se dedica de lleno a su otra gran pasión: la pintura.

En *Sobre héroes y tumbas*, de 1961, Sábato estaba ya bastante alejado del Borges que había admirado en *Uno y el Universo*, en 1945. Durante esos años había recorrido un arduo camino artístico e intelectual. No sólo había conseguido transformarse en el escritor "kafkiano" de sus novelas, sino que también se había adentrado, aún más que antes, en el mundo de la política, que Borges parecía haber recusado. Sin embargo, con actitud generosa, dice Bruno de Borges: "...pienso que a él le duele el país de alguna manera, aunque, claro

---

[12] Lo metafísico, como en Borges, no necesita estar reñido con lo verosímil; es el substrato "profundo" y trascendental que alimenta la literatura.

está, no tiene la sensibilidad o la generosidad para que le duela el país
que puede dolerle a un peón de campo o a un obrero de frigorífico"
(137). Hasta ahí el personaje de Sábato justifica a Borges, siendo
Sábato, sin embargo, un escritor que, por su militancia, se había sentido próximo en su momento a los peones y obreros. Algunos críticos,
sin embargo, consideran el mundo narrativo de Sábato un mundo
pequeño burgués, de intelectuales desclasados, donde los obreros que
aparecen son personajes menores, que no están tomados muy en serio
(Predmore 68-71). Pero Sábato no daría crédito a esta acusación, porque estos lectores ignoran algo que él considera esencial en su novela: la "profundidad".

Para Sábato la gran literatura tiene que ser "profunda". La travesía
existencial de Alejandra y Martín, de *Sobre héroes y tumbas*, y la de
"Sábato", en *Abaddón, el Exterminador*, reflejan, de manera desplazada y fantástica, a través de símbolos de dimensión mítica, el destino de los héroes que descienden a las profundidades para buscarse a
sí mismos. Sábato encuentra en Borges una falla: su excesivo distanciamiento vital, su falta de plenitud. Dice - acotando lo que comentaba, sobre que a Borges le dolía el país, pero no como a un obrero o a
un peón de campo: "Y ahí denota su falta de grandeza, esa incapacidad para entender y sentir la totalidad de la patria, hasta en su sucia
complejidad. Cuando leemos a Dickens o a Faulkner o a Tolstoi sentimos esa comprensión total del alma humana" (137). Borges carece-
ría de esa dimensión: la total inmersión en todos los aspectos del alma
humana, incluidos los "bajos" y los "sucios".

Vuelve a reflexionar sobre este problema en su próximo libro de
ensayos, publicado dos años después de *Sobre héroes y tumbas*: *El
escritor y sus fantasmas*, 1963. En una sección de preguntas y respuestas que definen su posición y sus intereses, habla de los grupos
literarios de Florida y Boedo en la década del veinte, cuya vigencia,
sabemos, Borges negó, considerándola una invención de la crítica literaria (Borges-Sábato, *Diálogos* 16). Considera que en esa época se
manifestaron dos Argentinas: una Argentina inmigratoria se superpu-
so a una vieja nación semifeudal. Para Sábato, en esa disputa se
enfrentaron sentimientos aristocráticos y plebeyos. Los hijos de inmigrantes, agrupados en Boedo, como Roberto Arlt, habían sido influi-

dos por los grandes narradores rusos y los doctrinarios de la revolución; los hijos de la antigua aristocracia patricia, como Borges, reunidos en Florida, fueron influidos por las vanguardias europeas.

Para él, esta polarización de Florida y Boedo, de escritores patricios y escritores plebeyos, pierde toda vigencia después de la crisis de 1930, en que termina la era del liberalismo en la Argentina y se derrumban sus mitos, instituciones e ideas vigentes. Sábato, que contaba entonces 19 años, se forma en esa época de crisis, para hacer más tarde, como lo afirmó, "novela de la crisis". Por su extracción social, Sábato creció próximo al mundo popular con el que se identificaban los escritores de Boedo. Su militancia política reafirmó esa pertenencia. Pero luego, al conocer al grupo de *Sur*, en el que participaban descendientes de la antigua aristocracia criolla, Sábato se acerca al otro mundo, al mundo de la literatura pura, y en particular a Borges.[13] Después de 1930, dice, se profundizó la escisión: los de Boedo, se hicieron más socialistas y militantes, y muchos de los de Florida se aislaron en la torre de marfil. Pero emergió un tercer grupo, y éstos lograron llegar a una síntesis:

> ...desgarrados por una y otra tendencia, oscilando de un extremo al otro, terminó por realizarse una síntesis que es, a mi juicio, la auténtica superación del falso dilema corporizado por los partidarios de la literatura gratuita y de la literatura social. Estos últimos, sin desdeñar las enseñanzas estrictamente literarias de Florida, trataron y tratan de expresar su dura experiencia espiritual en una creación que forzosamente los aleja de la gratuidad y del esteticismo que caracterizaba a este grupo, sin incurrir, empero, en la simplista doctrina de la literatura social que informaba al grupo de Boedo.

---

[13]   No podemos negar que a Borges le apasiona también lo popular, como lo demuestra en su libro *Evaristo Carriego*, 1930, pero a diferencia de Sábato, que formó parte del pueblo, de la nación inmigrante que convivió con la argentina criolla, Borges fue espectador del suburbio, en los jardines de su casa de Palermo, protegido por "una verja con lanzas" y rodeado de "una biblioteca de ilimitados libros ingleses", como explica en el "Prólogo" a la edición aumentada de 1955 de *Evaristo Carriego* (J.L. Borges, *Obras completas* 101).

A esta promoción de síntesis creo yo pertenecer." (*El escritor y sus fantasmas* 43-4)

Sábato se ve a sí mismo como quien supera la dicotomía generada por las dos tendencias, Florida y Boedo. Se queja amargamente de haber sido mal comprendido por los extremos, tanto en sus ensayos (*El escritor y sus fantasmas* 45), como en las discusiones del personaje "Sábato" con los jóvenes en *Abaddón, el Exterminador*: para los marxistas, es un pequeño burgués, y para los pequeños burgueses, es un comunista (*Abaddón...* 215-225). Sábato siente que los extremos se tocan y él aspira a crear la síntesis entre los extremos, a resolver la contradicción dialéctica de la derecha y la izquierda literaria en la Argentina, a través de su literatura existencial en que expresa "su dura experiencia espiritual" (*El escritor y sus fantasmas* 44). El existencialismo es para Sábato una literatura de síntesis y un nuevo tipo de humanismo. ¿Cuál es el compromiso del escritor entonces? El escritor, dice, "...tiene un solo compromiso, el de la verdad total" (45). Porque se define a sí mismo como un novelista, y no como un filósofo o un pensador, no tiene que expresar un pensamiento coherente y unívoco: el novelista "...expresa en sus ficciones todos sus desgarramientos interiores, la suma de todas sus ambigüedades y contradicciones espirituales" (45). Cuestionado sobre "el preciosismo" de Borges, Sábato responde que hay que reconocer en él lo que tiene de admirable y "rescatarlo de entre su preciosismo" (39). Pero la importancia de Borges para la literatura nacional es tal, considera, que: "Los que venimos detrás de Borges, o somos capaces de reconocer sus valores perdurables o ni siquiera somos capaces de hacer literatura" (40).

En *El escritor y sus fantasmas*, Sábato dedica un largo artículo, "Borges y el destino de nuestra ficción", a darnos su punto de vista sobre su interpretación del fenómeno borgeano. Es su última reflexión extensa y juicio sobre Borges. Si bien recurre a ciertas nociones expuestas previamente, como su idea de que, en "La muerte y la brújula", el cuento se convierte "en pura geometría" e "ingresa en el reino de la eternidad", tiene varias interpretaciones nuevas sorprendentes (248). Una de las más interesantes, para nosotros, es que busca quién es el escritor argentino al que Borges más admira, quien es su ascen-

diente literario más sentido. Esta curiosidad de Sábato es significativa, porque está creando una analogía entre Borges/Sábato y Borges y
su figura admirada. Responde Sábato que ese escritor fue Leopoldo
Lugones. A diferencia de él mismo, que se comportó frente a Borges
como un admirador de su literatura, y reconoció su influencia, Borges,
en su juventud, reaccionó agresivamente y con desprecio hacia
Lugones. Sólo muchos años después, ya muerto éste, Borges va a
reconocer públicamente la deuda que él, como todos los jóvenes ultraístas de su generación, tenía con Lugones. Le dedica un libro al estudio de su obra, *Leopoldo* Lugones, 1955, escrito en colaboración con
Betina Edelberg, e invoca el espíritu del recordado escritor en el prólogo de *El hacedor*, 1960 (*Obras completas* 779).

Sábato señala el sentimiento de culpa que acompañaba a Borges;
dice, comentando una frase de Borges, que calificaba el genio de
Lugones de "verbal": "Sus críticas y sus elogios son meras variaciones de esa proposición, pero en conjunto su juicio trasluce sus propios
y más recónditos sentimientos de culpa" (*El escritor y sus fantasmas*
242). Borges sintió ansiedad y quiso separarse de Lugones, para más
tarde pedir disculpa y tratar, *post mortem*, de hacer las paces con él.
Había otro escritor, Macedonio Fernández, a quien Borges sí reconocía y veneraba, aunque lo consideraba un pensador vernáculo desor-
denado que tenía pereza de escribir (Rodríguez Monegal 171-2). El
genio de Lugones era verbal y retórico, como el de Borges: su filiación principal es con Lugones y, luego, en segundo lugar, con
Macedonio. Aquí Sábato detecta una contradicción en la que él no
cayó, porque en ningún momento renegó de Borges, y hasta podemos
decir que fue uno de sus pocos defensores auténticos, en un país
donde escritores y críticos llegaron a denostarlo públicamente. Sábato
se pregunta por qué Borges no escogió otros modelos literarios, en
lugar de Lugones, como podrían haber sido Domingo F. Sarmiento y
José Hernández. Llega fácilmente a una respuesta: Borges identificaba a Lugones con Flaubert y, ambos, fueron víctimas de una superque-
ría literaria: su amor a la perfección, a la "mot juste". Y éste es el
mismo defecto que, según Sábato, padece Borges y del que él mismo
considera haber escapado.

Sábato explica sin embargo que había dos Flaubert: el escritor pre-
ciosista, perfeccionista, obsesivo de la forma, y el autor de *Madame
Bovary*, que se dejó llevar por su romanticismo reprimido, para llegar
a una expresión más universal del sentimiento humano. Sábato rescata a este segundo Flaubert. Igualmente, dice, hay dos Lugones: el
poeta formalista y modernista a ultranza de su juventud, y el poeta
capaz de expresar sus angustias y tristezas humanas en la madurez
(244). Sábato rescata al segundo Lugones. Entonces presenta su tesis
de que igualmente hay dos Borges: el cuentista formalista, retórico y
barroco, y el poeta, capaz de desnudar su corazón y mostrar las emociones más sublimes; para Sábato, es este segundo Borges el que quedará (252).

Borges, cree Sábato, ha llegado a la metafísica y a los juegos con
el infinito llevado por su "temor", y encontró en el mundo platónico
su liberación intelectual. Comprende que en esos juegos metafísicos,
aparentemente fríos, se asoma el hombre, que Borges trata de dejar
oculto, por timidez, por pudor. Primero describe cómo Borges escapa
del mundo y se refugia en su "torre de marfil":

> Este mundo cruel que nos rodea fascina a Borges al mismo tiem-
> po que lo atemoriza, y se aleja hacia su torre de marfil movido por
> la misma potencia que lo fascina. El mundo platónico es su her-
> moso refugio: es invulnerable, y él se siente desamparado; es lim-
> pio y mental, y él detesta la sucia realidad; es ajeno a los senti-
> mientos, y él rehuye de la efusión sentimental: es incorruptible y
> eterno, y a él lo aflige la fugacidad del tiempo. Por temor, por asco,
> por pudicia y por melancolía se hace platónico. (248-9)

Sin embargo, a éste hombre asustado, que trata de escapar al dolor
y defenderse de la realidad, algo le pasa: el hombre "que quiso ser
desterrado" reaparece y se transparenta en sus escritos más cerebrales,
con sus sentimientos y pasiones, siquiera tenuemente. Por eso Borges
es para Sábato un ser culpable y contradictorio: porque por miedo a
sentir trata de negar su substancial humanidad. Explica Sábato:

> Es que el juego posterga pero no aniquila sus angustias, sus nos-
> talgias, sus tristezas más hondas... Es que las encantadoras super-

cherías teológicas y la magia puramente verbal no lo satisfacen en definitiva. Y sus más entrañables angustias, sus pasiones, reaparecen entonces en algún poema o en algún fragmento en prosa..." (250)

También detecta Sábato algo especial en el gusto de Borges por ciertos autores que no se parecen en nada a él, como Whitman, Cervantes y Pascal. En el fondo, cree Sábato, Borges añora su vitalidad, hubiera querido ser como ellos. Por eso, en sus últimos años, con sus estudios de épica escandinava y anglosajona, e idealizando a sus antepasados, Borges había creado un culto a la vida y la fuerza que le faltan.

Sábato no cree en el mundo perfecto platónico, sino en el mundo de las pasiones humanas. Prefiere los héroes imperfectos de las novelas, que contrastan con la perfección formal y geométrica de los héroes de muchos cuentos de Borges. Dice:

...parecería que para él lo único digno de una gran literatura fuese ese reino del espíritu puro. Cuando en verdad lo digno de una gran literatura es el espíritu impuro; es decir, el hombre, el hombre que vive en este confuso universo heracliteano, no el fantasma que reside en el cielo platónico. Puesto que lo peculiar del ser humano no es el espíritu puro sino esa oscura y desgarrada región intermedia del alma, esa región en que sucede lo más grave de la existencia: el amor y el odio, el mito y la ficción, la esperanza y el sueño. (251-2)

Sábato critica a Borges, y busca trascender sus limitaciones, como escritor y como pensador. Borges, según Sábato, procura escapar, con éxito parcial, mediante su literatura lúdica de la trágica condición humana. Sábato considera fundamental abarcar esa condición con heroísmo. En las novelas de Sábato los héroes asumen el papel central, en lugar de ser marionetas de los juegos lógicos del autor. Borges no se atreve a acercarse a los personajes de carne y hueso y repudia a la novela como género; Sábato abraza el género que lo ayuda a sumergirse en el angustiado corazón del hombre, su sociedad y su organización política.

Sábato busca la novela total, la novela que abarque el mundo (257-64). A su modo la escribe en *Abaddón, el Exterminador*, y en ella encuentra su acabamiento el novelista. En *Abaddón...* el Sábato hombre se transubstancia en el "Sábato" escritor de ficción, a quien Bruno visita en su tumba al final de la novela (526). El Sábato real, escritor de novelas, muere para la novelística; el que puede vivir en la literatura es el "otro" Sábato, personaje de ficción.

Tanto Borges como Sábato son capaces de recrearse en sus ficciones como personajes: hay un "Borges", el "Borges" de "El Sur" y de "El Aleph", y también hay un "Sábato": el "Sábato" de *Abaddón, el Exterminador*. Pero, mientras Borges "renace" constantemente en el juego de su literatura, Sábato "se suicida": luego de *Abaddón...*, reconoce cerrado el ciclo de su literatura. Ha llegado al agotamiento, no tiene nada más que decir en el género novela. De ahí en adelante, se dedicará a escribir brillantes ensayos y a pintar. Para Sábato, la vida ha completado su círculo: ha regresado a la vocación de su infancia. Será el pintor callado de Santos Lugares, que se justifique frente a los periodistas por su alejamiento de la literatura. Su vista está débil, pero... puede pintar! Justificación poco creíble. ¿Cómo explicar a los periodistas que el "Sábato" de ficción ha matado al Sábato novelista, y que sólo le queda pintar? (Fares 253-60)

Sábato siente en suma que él ha superado la dicotomía de Florida y Boedo, entre escritores patricios y aristocráticos, por un lado, y escritores hijos de emigrantes, escritores populistas, por otro. Ha sido una síntesis de Arlt y de Borges: ha sido Sábato. Si empieza su carrera literaria muy cerca de Borges, reconociendo su presencia intelectual en *Uno y el Universo*, la concluye siendo Sábato, seguro de su identidad y su aporte a la literatura argentina contemporánea.

Borges ha sido para Sábato una obsesión que lo acompañó durante buena parte de su vida: en él se vio reflejado como en un espejo deformante. Borges fue su "otro", de quien se sintió cerca primero y distanciado en su madurez, como lo refleja en el artículo: "Borges y el destino de nuestra ficción". Sábato, el obsesivo Sábato, no vive en "juegos literarios", vive en las angustias existenciales que tan brillantemente nos ha comunicado en sus novelas.

Bibliografía citada

Bloom, H. *The Anxiety of Influence A Theory of Poetry.* New York, Oxford University Press, 1973.

Borges, J.L., Sábato, E. *Diálogos,* Buenos Aires, Emecé Editores, 1976.

Borges, J.L. y B. Edelberg. *Leopoldo Lugones,* Buenos Aires, Troquel, 1955.

Borges, J.L. *Obras completas 1923-1972,* Buenos Aires, Editorial Emecé, 1974.

——————. *Inquisiciones,* Buenos Aires, Proa, 1925.

——————. *El tamaño de mi esperanza,* Buenos Aires, Proa, 1926.

——————. *El idioma de los argentinos,* Buenos Aires, Gleizer, 1928.

——————. *Discusión,* Buenos Aires, Emecé, 1955. Segunda edición aumentada.

Carlos, C. DE. "Ernesto Sábato: El mundo está podrido y eso es irreversible", *ABC,* Cultura, 12.6.1997.

Carricarburo, Norma, "Estudio filológico preliminar". E. Sábato, *Sobre héroes y tumbas.* Archivo: Edición crítica de M.R. Lojo.

Correa, M. A. *Genio y figura de Ernesto Sábato,* Buenos Aires, EUDEBA, 1971.

Fares, G. "Sábato pintor: la mirada de la distancia", *Revista Iberoamericana* 158, enero-marzo 1992, "Homenaje a Ernesto Sábato", dirigido por Alfredo A. Roggiano, pp. 253-260.

Lojo, M.R. *Sábato: en busca del original perdido,* Buenos Aires, Editorial Corregidor, 1997.

Oberhelman, H.D. *Ernesto Sábato,* New York, Twayne Publishers, 1970.

Predmore, J.R. *Un estudio crítico de las novelas de Ernesto Sábato,* Madrid, José Porrúa Turanzas, 1981.

Roberts, G. *Análisis existencial de Abbadón, el Exterminador de Ernesto Sábato,* Boulder, Society of Spanish and Spanish-American Studies, 1990.

Rodríguez Monegal, E. *Jorge Luis Borges A Literary Biography,* New York, Paragon House Publishers, 1988.

Sábato, E. *Sartre contra Sartre,* 1968, en E. Sábato, *Obras II Ensayos,* Buenos Aires, Losada, pp. 909-35, 1970.

——————. *Significado de Pedro Henríquez Ureña,* en E. Sábato, *Obras II Ensayos,* pp. 803-27, 1964.

——————. *El túnel,* Buenos Aires, Sur, 1948.

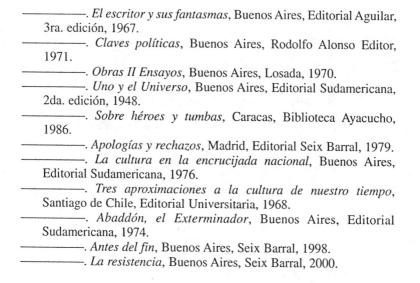

――――――. *El escritor y sus fantasmas*, Buenos Aires, Editorial Aguilar, 3ra. edición, 1967.

――――――. *Claves políticas*, Buenos Aires, Rodolfo Alonso Editor, 1971.

――――――. *Obras II Ensayos*, Buenos Aires, Losada, 1970.

――――――. *Uno y el Universo*, Buenos Aires, Editorial Sudamericana, 2da. edición, 1948.

――――――. *Sobre héroes y tumbas*, Caracas, Biblioteca Ayacucho, 1986.

――――――. *Apologías y rechazos*, Madrid, Editorial Seix Barral, 1979.

――――――. *La cultura en la encrucijada nacional*, Buenos Aires, Editorial Sudamericana, 1976.

――――――. *Tres aproximaciones a la cultura de nuestro tiempo*, Santiago de Chile, Editorial Universitaria, 1968.

――――――. *Abaddón, el Exterminador*, Buenos Aires, Editorial Sudamericana, 1974.

――――――. *Antes del fin*, Buenos Aires, Seix Barral, 1998.

――――――. *La resistencia*, Buenos Aires, Seix Barral, 2000.

El pensamiento de Rodolfo Kusch:
una manera de entender lo americano

L a obra ensayística de Rodolfo Kusch (1922-1979) es labor de filósofo heterodoxo y antropólogo autodidacto. Le dio un papel destacado a la literatura en su interpretación de América (valoró más la cultura popular que la letrada) y reflexionó sobre libros de autores argentinos como Güiraldes, Hernández y Sarmiento; escribió también obras de teatro: *Tango, Credo Rante, La muerte del Chacho y La leyenda de Juan Moreira*.

Al iniciar su tarea como filósofo Kusch asumió una actitud crítica para entender lo americano.[1] Se preguntó que es lo que hacemos los

---

[1] Al acercarme al pensamiento de Kusch me propongo aprender conceptos y nociones que puedan resultarme útiles en mi labor crítica. Quisiera formar con la obra de Kusch y de otros ensayistas nuestros, como Martínez Estrada, Mafud, Canal Feijóo, Murena, Jauretche, una fuente de saber útil para entender nuestra literatura y cultura. En el pasado he enriquecido mi comprensión de los textos de literatura hispanoamericana estudiados, con el aporte crítico de teóricos y filósofos europeos y norteamericanos, como Barthes, Foucault, Bakhtin, Derrida, Said, Jameson, Butler, cuyas ideas siguen exegetas de distintas latitudes.

Los estudiosos y críticos argentinos hemos sido fieles a ese saber, del que se alimentan las cátedras universitarias y las revistas especializadas. Debo reconocer en este apego a una gran tradición crítica internacional, de producción europea y norteamericana mayormente, un hábito de dependencia cultural que caracteriza al mundo intelectual latinoamericano. Ese hábito, coherente con nuestros valores, me incita a buscar "maestros" entre los críticos de la intelectualidad de esos países. Sus obras me ayudan a profundizar la comprensión de los textos que estudio. Hay en mí y en otros críticos latinoamericanos, sin embargo, sentimientos confusos, difíciles de confesar, que hacen que ignore-

pequeño-burgueses educados, los intelectuales urbanos de clase media, frente a lo americano. Cuestionó el modo en que la pequeña burguesía liberal interpretaba a América: su lógica de la afirmación, su fe en la ciencia, los llevaba a asumir una forma de vida que no era auténtica. Vivimos, según Kusch, para afirmar un mundo que queremos sea un remedo de Europa y Estados Unidos, occidental, centrado alrededor de los logros utilitarios y económicos (*O.C.* I:103-113).Y la ciencia ignora nuestros valores y nuestro ser: impone un mundo objetivo, matematizable, que tiene poco que ver con el hombre. El ser humano, para Kusch, vive en una constante búsqueda de sentido y lucha por establecer su significación. El hombre moderno, "civilizado" y urbano contemporáneo comparte esta experiencia con los hombres de otras culturas, incluidas las culturas nativas, indígenas americanas y las culturas mestizas y marginales.

---

mos los méritos de los pensadores locales. Los consideramos demasiado vernáculos, demasiado desprolijos, o finalmente, poco filósofos según la tradición europea. Al marginar a estos pensadores, o al negarles a sus ideas y opiniones el nivel "científico" necesario para formar parte de un aporte permanente a nuestro autoconocimiento, cercenamos una fuente de saber que yo creo necesaria para entender en todas sus dimensiones nuestra cultura.

Es cierto que nuestros ensayistas muestran en sus obras ciertos prejuicios y dan opiniones circunstanciales; no encontramos en ellos muchas veces esas verdades contundentes (y racionales) que buscamos los estudiosos de las universidades latinoamericanas en los académicos y filósofos de las universidades europeas y norteamericanas. No ofrecen, salvo excepciones, razones superiores bien basadas en la cultura filosófica y resulta difícil esgrimir sus juicios en discusiones intelectuales si pretendemos cerrar con ellos un debate. Sus pensamientos resultan acotados y producen cierto malestar en los lectores. Porque no presentan siempre conceptos claros, no son fáciles de aprender. Representan el "sentido común" de nuestra cultura, pero se muestran deseosos de fundar un saber propio y distintivo de lo americano que pueda darnos ciertas claves para interpretar lo nuestro. De mi parte siento que tengo hacia estos pensadores vernáculos una deuda, tanto he aprendido de los pensadores europeos y tan poco de los nuestros, quizá por eso sé tan poco de América y lo poco que sé lo entiendo con anteojos europeos, al punto que si trato de ver por ojos latinoamericanos, me parece que nuestros pensadores tienen una visión defectuosa.

En Europa el ensayo ocupa una esfera más específica del saber que en Latinoamérica, puesto que Europa cuenta con una bien asentada tradición

La realidad está llena de sentido, es "semántica", pero no siempre lógica. Frente a las verdades del mundo de la ciencia el hombre se resiste, las niega, para así, a partir de esa negación, afirmar su ser auténtico, americano (*O.C.* II:549-56). El hombre parte del "estar", y del estar pasa al "ser". El estar se asocia con el ámbito, con el domicilio. En América el estar es un "estar-siendo"; en Europa, en cambio, es un "ser-estando": parten del ser y pasan al estar, al domicilio. En América el ser refleja el ámbito, y es distinto al ser de otras culturas. Querer imponerle el ser europeo, como pretende la pequeña burguesía liberal urbana es, para Kusch, buscar colonizarlo. El ser latinoamericano se resiste a la colonización, y los adelantos de las sociedades europea y norteamericana, científicas, modernas, industriales, no terminan de cuajar y encontrar su ámbito en Latinoamérica. El sudamericano, establecido en su "estar", se rebela contra la imposición científico-racional. Y porque se lo quiere forzar a aceptarla se resiente. Llevado por su resentimiento procura crear sentido en su mundo, y afirmar su estar aquí.

Las masas del pueblo latinoamericano son para Kusch las que más resisten las imposiciones de una sociedad racional y científica, y se

---

filosófica y una gran cultura académica, pero en Latinoamérica el papel del ensayo se extiende y su saber lidera el conocimiento de lo propio, ante una cultura académica débil y dependiente, y una cultura filosófica sin originalidad y nada productiva. El ensayo cubre ese vacío y además instaura el motivo principal del pensar latinoamericano: la pregunta por América y por el ser americano. El ensayo (y la poesía) ocupan un papel especial en la cultura de América: son los géneros más activos en nuestro autoconocimiento, donde se unen la intuición del habitante de estas tierras, su picardía y personalidad, y su voluntad de conocer y de ser. Si no logramos dar al ensayo un lugar, un espacio en el conocimiento de América (la poesía ya ocupa ese espacio propio y es enorme el impacto que tiene en el imaginario americano), nuestra vida intelectual no será más que un pobre remedo de las culturas europeas y norteamericanas, una muestra lastimosa de sometimiento colonial.

Quisiera asumir una nueva actitud intelectual: leer a Borges, Sábato y Piglia desde la crítica europea y norteamericana, y desde los aportes críticos de nuestros ensayistas. Incorporar estas fuentes nuestras como un saber activo, útil, para enriquecer la comprensión de lo argentino y latinoamericano, aunque la mezcla provoque algunas confusiones. Quizá esa confusión sea un fiel reflejo de la idiosincrasia de nuestra cultura heterogénea y mestiza.

defienden en el estar (*O.C.* II:656). Kusch reconoce su protagonismo al pueblo más pobre y desprotegido, el pueblo de las villas miserias, el de los poblados rurales del nordeste, el pueblo identificado con el movimiento peronista. Si lo que define al hombre es su búsqueda de significado, su necesidad de encontrar un sentido a la existencia, el latinoamericano tiene su propia manera de buscar ese sentido. La diferencia entre el ser y el estar, del castellano, que no aparece en el "to be" de la lengua anglosajona, y tampoco en el alemán, que sólo reconoce el ser, la encontramos en la lengua quechua, la lengua indígena que reúne mayor cantidad de hablantes nativos en Sudamérica a todo lo largo de la Cordillera de los Andes, el sitio del antiguo imperio incaico. Este hecho apoya la convicción de Kusch de que en América el estar tiene prioridad sobre el ser, que caracteriza a la ontología occidental europea (*O.C.* II:108-13). España, por su parte, siendo un país europeo cuya cultura resultó históricamente marginada y su proceso de democratización demorado en relación a las naciones protestantes, comparte con las culturas nativas latinoamericanas cierta actitud ante el "estar aquí". Sarmiento y Alberdi, desde una perspectiva europeísta y cientificista, acusaron a los españoles de desidia y atraso, y vieron como necesario en Argentina cambiar el carácter de la población local, condenada por la herencia española, atrayendo inmigrantes del norte de Europa, que inculcaran sus ideales de progreso y amor al trabajo.

Para Kusch, la ideología liberal de la república inmigrante había fracasado en Argentina, porque se había enfrentado a la negación y al resentimiento de las masas peronistas y del indio (*O.C.* II:650-3). La cultura pequeño-burguesa urbana argentina, identificada con el estado liberal, mostraba, ante esta realidad, su desazón, su pesimismo, su sentimiento de fracaso. La literatura y la cultura letrada, para Kusch, eran incapaces de comprender la realidad de América (*O.C.* II:266-73). La ve como una cultural colonial, que se afirma en los valores europeos y busca implantar esos valores en América. El universitario, el letrado, el literato, quieren sentir a Europa en América, y fracasan, porque tratan de forzar en América el ser europeo, sin tener en cuenta lo que el pueblo desea; éste lo niega y resiste, busca imponer su propio ser, su verdad existencial.

La cultura letrada está divorciada de América. Por eso Kusch en su búsqueda de lo americano no recurre a la cultura letrada sino a la popular y a la nativa. En este proceso, el filósofo se vuelve antropólogo. Si vemos los principales títulos de su obra ensayística, comprobamos esta transición en su obra de la filosofía a la antropología: en *Seducción de la barbarie Análisis herético de un continente mestizo*, 1953, su primera obra, Kusch ubica su pensamiento en relación a la dialéctica sarmientina de civilización y barbarie, reinterpretando el problema; en *América profunda*, 1962, el filósofo recurre a las crónicas coloniales para entender el pensamiento indígena; *Indios, porteños y dioses*, 1966, es un diario de viaje de Buenos Aires a Bolivia, donde Kusch prioriza el trabajo de campo, la observación directa del comportamiento del pueblo; *El pensamiento indígena y popular en América*, 1970, elabora muchas de las observaciones de sus viajes y las sistematiza; *La negación en el pensamiento popular*, 1975, desarrolla una interpretación del sentido de la negación y su valor ontológico; en *Geocultura del hombre americano*, 1976 y *Esbozo de una antropología filosófica americana*, 1978, piensa a América desde la antropología filosófica.

En el "Exordio" de *América profunda*, 1962, Kusch advertía al lector que gracias a los trabajos antropológicos de José Imbelloni, José María Arguedas y Luis Valcárcel había comprendido la necesidad de estudiar el mundo precolombino y colonial americano para entender su pensamiento, y gracias a los viajes y al trabajo de campo su interpretación de lo americano había progresado. Sus ensayos contienen testimonios de diversos informantes indígenas recogidos en sus viajes por Bolivia; valiéndose de éstos Kusch buscó adentrarse en el conocimiento ontológico de lo americano, y elaboró su interpretación del "estar" y el "ser" en América. Su misión intelectual se inspiró en ensayistas como Canal Feijóo y Martínez Estrada, pero él ambicionaba ir más allá de ellos y encontrar la raíz filosófica del drama de América.

Kusch procedió a "razonar el material arqueológico" y fue aventurándose en su interpretación del ser de América (*O.C.* II:7). En *América profunda* estudió el "viracochismo", valiéndose de crónicas del siglo XVII que daban testimonio del culto del dios Viracocha en el altiplano altoperuano, hoy Bolivia. Cita diversos estudios de investigadores americanos, como Lehmann-Nitsche, Ricardo Latcham, Miguel León Portilla. Kusch analiza los datos sobre el mundo cósmico y sagrado de los incas, su relación con la tierra y el sentido simbólico de sus creencias. Señala que la idea del mundo que se hacían los incas a través de los "yamqui", sus sabios, era resultado de su relación con la vida en esta tierra, desde donde surgía su filosofía. Para él la filosofía no es universal sino regional, refleja las condiciones ontológicas de la existencia de cada pueblo. La filosofía contemporánea europea, así, no es universal aunque lo pretenda, su anunciado universalismo denota la aspiración colonial europea que busca imponer su experiencia histórica, y el ser resultante de la misma, como verdad universal. América debe tener su propia verdad, derivada de su historia.

En su próxima obra, *El pensamiento indígena y popular en América*, 1970, ya no apoya sus conclusiones en crónicas, da un paso más y hace investigación de campo. En 1967 había realizado un viaje al altiplano boliviano donde recogió testimonios de diversos informantes, a través de los cuales procuró interpretar el pensar indígena. Una de las conclusiones más interesantes a que llega en este libro es que en el "pensamiento seminal" yace la lógica original indígena del pensamiento popular. El pensamiento seminal, más afectivo que el pensamiento causal occidental, se concreta en "una negación de todo lo afirmado", en lugar de afirmar, como lo hace el pensar causal europeo (*O.C.* II: 482). El pensamiento europeo se mueve en el "patio de los objetos", espacio artificial que también podemos encontrar en América en el ámbito de la ciudad occidental instalada en ésta. El pensar seminal se da en "términos de contemplación y de espera" y "busca conciliar los extremos desgarrados a que se reduce en el fondo la experiencia misma de la vida" (*O.C.* II: 482-3).

El pensar seminal afecta la economía de la comunidad. La economía indígena refleja el pensar seminal y la ciudadana el pensar causal, y generan relaciones sociales diferentes. Según Kusch, en la sociedad indígena "...el individuo no puede esgrimir su yo, sino que se deja llevar por la costumbre, la cual a su vez es regulada por la comunidad" (*O.C.* II: 491). Es un régimen "irracional", el individuo no cuantifica su trabajo ni su producción, y "...no constituye una unidad económica". En contraste, la economía de la clase media urbana "…permite la autonomía del yo, con la consiguiente capacidad de éste de disponer del dinero, y además de cuantificar en términos de una economía científica cierto tipo de relaciones, como ser el trabajo, el intercambio de mercancías, la libertad de empresa… (*O.C.* II: 491)".

La economía de mercado responde a un criterio cuantitativo, mientras que la indígena es cualitativa; el capitalismo está sujeto a leyes matemáticas, y de libertad en relación a las cosas; el indio también es libre, pero sujeto a "normas religiosas" (*O.C.* II: 493). Este hombre indígena, tanto como el hombre "moderno", son abstracciones, advierte Kusch; el hombre real es el "pueblo" que no es ni totalmente moderno ni totalmente indígena y "…se desplaza entre un pensamiento causal y un comportamiento seminal (*O.C.* II: 496)". En el subdesarrollo, cree, no se acepta "el valor objetivo y neutro del dinero y de las cosas…", sino que la relación con éstas está turbada de "implicaciones afectivas" (*O.C.* II: 496). En cualquiera de los dos mundos, el indígena o el moderno, el hombre busca su salvación, su trascendencia, procurando acercarse a lo que considera sagrado. Los 5.000 años transcurridos en lo que va del mundo del indígena al del civilizado europeo, o el americano colonizado, no transformaron tanto el universo del sentido dentro del cual se mueve la existencia: el ser humano hoy sigue buscando su trascendencia y su salvación.

Kusch vislumbra dos historias: la "pequeña" y la "gran" historia. La pequeña historia es la historia del colonialismo y el capitalismo europeo en América, que busca imponer el ser europeo, frente a un ser americano que resiste y lo niega, y se resiente, porque quiere afirmar su propio ser; es la historia positiva, afirmativa de la modernidad científica, mercantil, que quiere extenderse al resto del mundo. La gran historia, en tanto, que involucra y absorbe a la pequeña historia, es la historia del hombre en el gran teatro de la vida, en su dimensión biológica, donde éste busca afirmar su yo y crear su propia historia a partir de la negación de la historia presente. Kusch concibe el yo y la historia, así como el ser, como continuo hacerse. En el momento en que se pretende imponer lo hecho, o forzar un modelo, se le está quitando su libertad al hombre. La pequeña historia de la modernidad occidental es falsa en América, es inauténtica, porque no contempla la necesidad ontológica y los valores del ser americano, que no se mueve del "ser" al "estar", como el europeo, sino del "estar" al "ser": el ámbito, el suelo, es determinante en este continente.

Kusch, desde su perspectiva fenomenológica, entiende que el ser existe en el tiempo y engendra su propia historia. Heidegger es su principal referente, aunque Kusch cree en el mestizaje intelectual americano y se comporta y piensa de manera heterodoxa, y como él dice, "herética". Además de Heidegger cita también a Max Scheler y a Jung, hace referencia a lo cósmico y a lo sagrado, y la importancia del mito en América (*O.C.* II:292-5).

La filosofía de Kusch progresa de lo general a lo particular, de lo universal filosófico a lo particular antropológico. En su última etapa, durante los años setenta (muere en 1979), elabora la base de su antropología filosófica apoyándose en el pensamiento desarrollado por él a partir de sus viajes y observaciones durante las dos décadas anteriores. Kusch poseía una formación filosófica académica, era egresado de la Universidad de Buenos Aires, pero su singular apasionamiento por América y lo americano, por el pueblo de América, lo llevó a investigar las culturas precolombinas, la vida contemporánea de las grandes ciudades y las culturas indígenas del altiplano, desde una perspectiva antropológico-filosófica y "cultural", que no desdeñaba lo político ni lo literario. Se interesó por el mundo político del peronismo, al que juzgó auténtico por carecer de una doctrina fija y concluida, y estar más cerca del hombre, su negatividad y resentimiento, que los partidos liberales burgueses. Gracias a esta postura auténtica, el argentino podía afirmarse y hacerse en su propio ser; el peronismo no forzaba al argentino a aceptar un ser inauténtico, colonizado; entendía la historia como un hacerse a partir de lo que está: el hombre argentino. Este hombre podía avanzar hacia el ser y lograr su estar-siendo americano auténtico. En lo literario, si bien juzgó a la literatura urbana y liberal producida a partir de la emancipación como una literatura falsa, porque trataba de imponer valores coloniales e inauténticos, de espalda a la problemática de América, rescata obras como el *Martín Fierro*, que se aproxima al pensamiento seminal americano.

La intuición filosófica de Kusch continuó su proceso de penetración de su realidad. Entendió el mundo americano como un drama, donde el hombre buscaba relacionarse con lo sagrado, con la divinidad. Escribió obras de teatro con personajes del mundo histórico argentino, como Juan Moreira y Chacho Peñaloza, y de la mitología urbana, el tango. Como hermeneuta, Kusch no se acerca a un mundo objetivo, sino a un mundo de significados, a un mundo semántico. Trata de intuir lo americano a partir de una lectura filosófica cargada de intuición poética.

Si bien Kusch contextualiza su pensamiento apoyándose en el saber de la época en que estuvo activo como pensador, entre 1940 y 1979, su filosofía se inserta en el pensar sobre América que ha vertebrado el ensayo moderno latinoamericano y argentino desde la emancipación, discutiendo conceptos como ciudad y campo, civilización y barbarie, modernización y atraso, el mestizaje, el futuro y la "salvación" de América. El conflicto entre naturaleza americana y saber europeo, cuyo estudio iniciara Sarmiento en su *Facundo* (al que Kusch somete a una severa crítica), vertebra el ensayo argentino posterior a 1845, con ricos momentos de producción ensayística. Entre esos pensadores se destacan, a fines del siglo diecinueve y principios del veinte, los positivistas, como José María Ramos Mejía, Agustín Alvarez y José Ingenieros, y el grupo de ensayistas que surgen en el siglo XX a partir de la obra de Ezequiel Martínez Estrada, como Julio Mafud, H.A. Murena, J.J. Sebreli y Rodolfo Kusch, que da a ese pensamiento una modulación filosófica original y significativa.

Aquellos que queremos alimentar nuestro saber del saber hecho en América, a partir del desgarramiento y trauma que significa lo americano, necesitamos incorporar las ideas del ensayo latinoamericano como parte de nuestro repertorio activo de conocimiento para aprehender y entender nuestra realidad y nuestra cultura, y asumir como propio el punto de vista de los pensadores latinoamericanos y argentinos en la interpretación de esa realidad. La crítica literaria y la interpretación de los textos se enriquecerá con este saber, cuando junto a las ideas de Derrida, Jameson, Said y Butler, incluyamos, en pie de igualdad, las ideas de Martínez Estrada, Murena, Sebreli y Kusch, no como a creadores marginales de un saber sin mérito ni profundidad, sino como a pensadores originales que poseen una ventaja indiscutible frente a los europeos y norteamericanos: han pensado desde

Latinoamérica, desde el espacio latinoamericano, y apuntan a problemas que sólo alguien que ha vivido en esta parte de América puede ver en todos sus matices. Necesitamos entonces sacudirnos nuestros prejuicios, y devolvernos la fe para estudiar y entender nuestra cultura y vivir en América como seres totales.

Bibliografía citada

Kusch, Rodolfo. *Obras completas*. Rosario: Editorial Fundación Ross. 4 volúmenes, 2000-2003.

Monsiváis enseña a escribir

C arlos Monsiváis publica *Días de guardar* en 1970. El libro, que reúne crónicas originalmente aparecidas en periódicos entre 1965 y 1970, lo consagra como una figura mayor en las letras de su país. Monsiváis, notable prosista, es, junto con el uruguayo Eduardo Galeano, uno de los dos escritores más influyentes en Hispanoamérica por su contribución a los géneros periodísticos durante las últimas décadas del siglo veinte. Sus ensayos han logrado trascender el ámbito del periodismo para ingresar en el espacio de la literatura. Carlos Monsiváis ha visto en la crónica extraordinarias posibilidades expresivas, dada la versatilidad del género para analizar e interpretar la vida cotidiana, los cambios sociológicos e históricos de la sociedad, y sus transformaciones políticas. En sus crónicas periodísticas Monsiváis muestra la dinámica de la sociedad de masas contemporánea, dándole voz a los intereses de nuevos sectores sociales y un espacio crítico al sentir de la intelectualidad de su patria.

Las crónicas de este libro son, por su temática, una historia personal de la sociedad mexicana en la década del sesenta. Monsiváis registra la insurrección juvenil y las marchas estudiantiles en "La manifestación del Rector" y "La manifestación del silencio", analiza la vida política regional en "Las ceremonias de Durango", el fenómeno del arte pop en "Raphael en dos tiempos y una posdata", estudia la sociedad de masas en "Imágenes del tiempo libre", contrasta las interpretaciones culturales de los países desarrollados con las prácticas sociales de los países subdesarrollados en "El hastío es pavo real que se aburre de luz en la tarde [Notas del Camp en México]" y "México a través de McLuhan", y critica al periodismo mexicano en "Más hermosa y más actriz que nunca [Notas sobre las páginas de sociales]". El enfoque de sus crónicas trata de ser amplio. Su punto de vista es el de un periodista joven (nacido en 1938, en esa época ronda los treinta años de edad), no conformista, singularmente culto y bien informado, que se identifica con los intereses y el sentir de la juventud estudiantil rebelde. Ejerce su crítica sobre todos los grupos, aún sobre los jóvenes rebeldes y los sectores liberales y de izquierda a los que pertenece por su formación y sensibilidad. Practica así un periodismo independiente e inspirado, y recurre a la sátira y la burla para discutir inclusive los problemas más serios.

Si bien en sus escritos plantea razonamientos complejos y emplea vocabulario culto, busca llegar a un público lector amplio. Como periodista defiende los intereses de ese individuo anónimo que es el ciudadano de la sociedad civil moderna. Constantemente aparecen animados en sus crónicas los sectores sociales populares (Egan 39). Ataca a aquellas instituciones que no reflejan los intereses del pueblo o lo traicionan, particularmente el gobierno y sus representantes políticos. Trata de elevar la conciencia y el saber de los lectores, denunciando instituciones deformadas y modos culturales que contribuyen a la alienación del público, en una sociedad masificada por pautas de consumo "internacionales". Sus cuadros llenos de "color local" muestran las limitaciones de la sociedad nacional mexicana, en un aquelarre grotesco de personajes tragicómicos que luchan por sobrevivir en un medio en el que muy pocos defienden valores sociales justos o confiables.

Monsiváis ve la sociedad mexicana moderna como una tragicomedia coloreada por los matices del subdesarrollo, donde los sueños de poder se confunden con las ilusiones de redención social de sus sectores más desprotegidos. Sus cuadros dinámicos, plásticos, presentan a seres moldeados por la vorágine de la vida colectiva, en ese gran centro cosmopolita que es la ciudad de México. La ciudad y sus habitantes forman parte de un todo indisoluble. La vida social aparece mitificada y proyectada en la pantalla de los sueños colectivos de las masas, a los que Monsiváis interpreta, mostrando sus aspiraciones. Da a sus lectores un sentido de pertenencia histórica. Los sucesos conforman un cuadro temporal móvil, y el cronista ausculta el pasado para interpretar el hecho histórico, analiza el presente y prevé sus consecuencias futuras. Así enriquece la comprensión del problema planteado y lo explica con criterio sociológico. Como tal sus observaciones tienen una validez que excede su sentido circunstancial, formando una interpretación cultural original de la vida y la cultura mexicana. Sus crónicas ingresan en la "institución literaria" y su prosa se transforma en modelo de expresión analítica, reflexiva y sintética.

Si bien sus escritos no pueden ser considerados como parte del universo de la ficción, enriquece la literatura con personajes colectivos, que son sectores fundamentales del pueblo y la sociedad mexicana, a los que los escritores literarios de nuestra sociedad burguesa, más interesados en el individuo y en la familia que en los sujetos colectivos, tienen muchas dificultades para representar. La sociedad nacional de sus crónicas nos sorprende, tanto por el modo en que la representa, como por el sentido, las ideas, intereses y motivaciones que descubre en la misma. Documenta la vida social mexicana en sus matices más diversos, y da a sus cuadros vivos una dimensión interpretativa y profundidad intelectual excepcionales, como sólo un escritor dotado puede hacer. Su prosa adquiere carácter experimental para hablar de la vida cotidiana, capta con frescura el habla de la calle, y enmarca sus descripciones con ironía y sutileza, valiéndose de un lenguaje estilizado y juguetón.

En su crónica sobre las páginas de sociales, "Más hermosa y más actriz que nunca" discute y pone en clave moderna la afirmación del poeta Carlos Pellicer de que el pueblo mexicano "...tiene dos obsesiones: el gusto por la muerte y el amor por las flores" (131). Monsiváis procede a reinterpretar esta afirmación de una manera insólita. Dice que si vertimos esta sentencia "...en los moldes del periodismo nacional" se pueden fácilmente identificar dos revistas del momento, *Confidencias* y *Alarmas*, que traducen en la nota sentimental y la nota policial este amor a las flores y el gusto por la muerte. Su objetivo es denunciar la superficialidad del periodismo que, lejos de formar un espíritu crítico en el público, alimenta sus instintos más bajos. La deformación del gusto del público lector es resultado de las vicisitudes de la vida en un país subdesarrollado "...en que se fomenta o se inventa un público que ignora y desprecia la necesidad de informarse y se nutre de la mitomanía..." (132). Advierte en este artí-

culo que los males que él indica en el periodismo no concluyen en la
página de sociales y en la nota roja, y que sus observaciones deberían
extenderse a la sección deportiva, y llamar la atención sobre ese periodismo conformista, sumiso y corrupto que se dedica a la adulación del
"establishment" y los grupos en el poder.

Monsiváis, además de denunciar las debilidades del periodismo
nacional, se propone analizar la página de sociales y la nota roja como
síntoma y explicación de muchos de los problemas que aquejan a su
sociedad. En ese proceso el ensayista se vuelve sociólogo, interpretando las conductas de su pueblo en la era de la sociedad de masas.
Considera a la nota roja la "catarsis elemental" del mexicano, que se
purifica leyendo sobre los crímenes detallados en las crónicas policia-
les, identificándose con el sufrimiento de las víctimas. El mexicano se
siente atraído por la vida sórdida de los barrios bajos. Aún más significativa es su fascinación con las notas de sociales. En una sección
subtitulada "El neoporfirismo como humanismo", sostiene que para
entender el por qué de esto es necesario observar bien a la sociedad
que lo hizo posible. Según él: "Los treinta años de poder de Porfirio
Díaz... aliados a las décadas de dominio de la Revolución Mexicana
reafirmaron la confianza en una casta suprema, una elite más allá del
paisaje..." (135). Cree que esta elite sobrevivió al porfiriato, y se
afianzó en el poder durante el proceso de institucionalización de la
Revolución. Ese proceso se consolidó con la creación del Partido
Revolucionario Institucional (PRI) y el gobierno del General
Cárdenas. Considera que en esa época la Revolución como "estado
agitativo" terminó y la sociedad volcó su interés en "las fiestas". La
página de sociales cobró más importancia, coronando las alianzas de
clases (135).

Monsiváis asocia la Revolución al porfirismo y ve la historia
mexicana como un proceso continuo, en el que una casta aristocrática
ocupa posiciones en el poder y logra retenerlo independientemente de
los cambios de ideología. Considera al porfiriato como una etapa
clave, si bien negativa, sobre la que es necesario reflexionar para
entender la formación de la nación moderna. Dice: "La perspicacia
ramplona que acompaña siempre al poderoso de nuevo cuño, ha
designado Piedra de los Orígenes aquel esfuerzo colosal de tres déca-

das, no porque se le conceda la construcción de una aristocracia espiritual, talento que excedía con mucho los talentos de la corte positivista, sino porque preparó al pueblo para acatar la existencia física de una aristocracia y dispuso, con previsora habilidad, las condiciones permanentes de la ingenuidad mexicana" (137). En su explicación notamos su ironía y su burla al criticar a la "corte positivista" del porfiriato y dar a entender al lector que sus miembros lavaron la mente al pueblo, sometido a tal extremo, que se volvió ingenuo y complaciente. Denuncia así a aquellos que utilizan y victimizan al pueblo, y se propone como su defensor.

Al leer las páginas de sociales el individuo de clase humilde se siente vinculado a una jerarquía y a una casta, a un orden supremo de vida presidido por la ostentación de riqueza como valor máximo (Gelpí 211). Cuando anuncia una boda o un cumpleaños en ese mismo medio, siente que está estableciendo sus derechos, su posibilidad de acceder a la riqueza. Por otro lado, los "jet setters", que publican en esa misma página, creen que ya están viviendo en una sociedad opulenta como la del primer mundo. De este modo, pobres y ricos se encuentran en las páginas del periódico, tanto en las notas de sociales como en la nota roja. En esta última el rico lee los crímenes horribles de los pobres y se alegra de no estar en su lugar, y los pobres sienten que el submundo en el que viven de pronto adquiere importancia, sus cinco minutos de fama, aunque más no sea por relatarse sus horrores. Monsiváis concluye la crónica volviendo a su acusación de la sociedad moderna de los sesenta como neoporfirista, diciendo: "El neoporfirismo ha incrementado y vigorizado su herencia. Al Orden y al Progreso se le ha añadido la Figura" (142). El neoporfirismo, por lo tanto, solo ha agregado al porfirismo pre-revolucionario un nuevo modo retórico.

Al analizar el sentido de la página de sociales y de la nota roja Monsiváis indaga en el alma popular e interpreta críticamente la historia mexicana, desmitificándola con su buen periodismo (precisamente lo contrario que hace el mal periodismo, que tiende a mitificar y crear falsas ilusiones en los lectores). Este periodismo tiene por misión decir la verdad aunque duela, y además atacar al autocomplacido "establishment" de su país. Si bien Monsiváis concede gran importancia a la forma, al estilo, en sus crónicas, está muy lejos de hacer un culto de la forma. Una de las más originales de este primer libro es la que publicara en 1966 a raíz del artículo de la ensayista norteamericana Susan Sontag, "Notes on Camp". La crónica, titulada "El hastío es pavo real que se aburre de luz en la tarde [Notas del Camp en México]", es una respuesta, y también una burla tercermundista al artículo de Sontag. Monsiváis, lejos de mostrar devoción ante las observaciones de la teórica norteamericana, expone la enorme distancia que separa a Estados Unidos de sus vecinos mexicanos, poniendo en evidencia cómo el pretendido universalismo cultural hegemónico norteamericano se enfrenta con una barrera infranqueable: el subdesarrollo. Si se contraponen los enunciados de Sontag a las vicisitudes del tipo de sociedad que genera la pobreza, son parcial o totalmente falsos, y casi siempre ridículos.

El primer cuestionamiento que le hace al artículo es su interpretación formalista del fenómeno "Camp". Dice Monsiváis, citando a Sontag: "Camp... es el dandismo en la cultura de masas. Camp es... el predominio de la forma sobre el contenido... Camp es una manera de ver el mundo como fenómeno estético (172)." Dadas estas afirmaciones es evidente que para la ensayista norteamericana la sensibilidad "Camp" es despolitizada o apolítica. Y le plantea la primera objeción: "¿No es fraude o traición la sensibilidad apolítica en México(172)?" Sontag cree que el "Camp" no tiene una actitud polémica, pero para Monsiváis la polémica no puede ser evitada al considerar el caso mexicano. La cuestión del "Camp" plantea en México el sentido de la inocencia. Dice: "...acudir a la sensibilidad Camp en países donde la ideología oficial rechaza a la frivolidad en nombre de la solemnidad y rechaza a la seriedad en nombre del equilibrio, equivale a sustentar una polémica en torno a la inocencia (172)." Y al buscar el sentido de la inocencia en México uno se encuentra con la política, pues habría que saber si esa inocencia fue impuesta desde arriba o heredada, o elegida libremente por el pueblo. En su artículo Monsiváis demuestra que la clase política estiliza y vacía de contenido sus mensajes como una forma de demagogia. También la Revolución Mexicana perdió su significado, se convirtió en gesto vacío, en monumentos públicos y en desfiles. La voluntad de estilo pasó a suplir la muerte del impulso original revolucionario. En México se reemplaza la falta de contenido con la sobreabundancia de escenografías (178).

Luego analiza el caso de artistas populares que podrían ser considerados "Camp", como Jorge Negrete y Agustín Lara. Monsiváis hace una lectura política de la relación que estos artistas tuvieron con la sociedad mexicana. Dice de Lara: "...encontró en su ideal del artificio el anhelo de prestigio de una clase media, su hambre de sutileza y distinción espiritual (184)." Termina su crónica citando argumentos en contra y a favor del uso de la sensibilidad "Camp" en México. Entre los negativos, que el nivel cultural de las masas descendería si se remplazara el contenido por la forma, y que "Una cultura débil, que no ha sabido asimilar influencias, que vive al día, no se puede permitir *puzzles* como el Camp, que le obliguen a manifestar una ductilidad o una flexibilidad intelectuales que le son ajenas (191)". Entre los argumentos a favor, que un país acuciado por la injusticia podría encontrar en la visión cómica del mundo que propone el "Camp" la posibilidad de la revancha. Muestra con su proceder cómo adaptar una teoría foránea, ajena, con madurez, y cómo mantener un escepticismo saludable ante las interpretaciones culturales que importamos del primer mundo.

Repite esta aproximación crítica al analizar las teorías de la "villa global", del pensador canadiense Marshall McLuhan, en "México a través de McLuhan". Enfrentadas al medio social cerrado, provinciano, prejuicioso y elitista de la sociedad mexicana, las teorías mediáticas y cibernéticas de McLuhan son disparates que provocan risa en el lector. Monsiváis cita ideas claves tomadas de los libros del pensador, y pone sus palabras y temas de discusión en boca de personajes de México que entienden todo al revés y los interpretan a su gusto. Con respecto al concepto de que la interdependencia electrónica recrea la villa global, dice uno: "—¿Villa Global? ¿De qué me habla? Mejor respóndame: ¿ha estado usted en el Tlaquepaque? *Esos* son Mariachis. ¿Ha estado usted en el Mezquital? *Esos* son pobres (366)." Frente a la cuestión local y al orgullo nacional no hay villa global que valga, los pueblos no pueden ir más allá de su horizonte de comprensión, determinado por sus experiencias históricas. Intelectuales como McLuhan no han puesto sus teorías al alcance del pueblo ni las han enfrentado con la vida cotidiana. Al hacerlo, notamos de inmediato el divorcio entre el intelectual de gabinete y el pueblo, razón por la cual seguramente Monsiváis prefirió el periodismo a la literatura o la cátedra. El periodista tiene la habilidad de llevar la cultura y el libro a la calle, y regresarlo imbuido del sentido y de la problemática humana del ciudadano común.

En su crónica "Imágenes del tiempo libre" Monsiváis analiza, a partir de su observación de la marcha del día del trabajo, un primero de mayo, en Tijuana, liderada por la Confederación de Trabajadores, cómo se emplea el tiempo libre en México y qué consecuencias tiene para la organización social del país. Lo primero que nota es que el tiempo libre se distribuye según las posibilidades económicas de la población. El tiempo libre es particularmente valioso para la juventud, pero el concepto de juventud es clasista. La categoría de "teenager", el adolescente juguetón e irresponsable, sólo existe en la clase alta y en la clase media: no hay "teenagers" en el proletariado ni en el campesinado (147). La juventud, como etapa en que el individuo disfruta de una libertad especial y posibilidades de aventura, es resultado del tiempo libre, que lo libera del trabajo. La existencia del tiempo libre en la sociedad de masas contemporánea es reciente: implica que uno puede planificar su futuro y tiene cierto control sobre su vida, uno puede invertir el tiempo para provecho personal. Pero para poder hacerlo es necesario tener un proyecto vital. ¿Y quiénes lo tienen? Los jóvenes de la clase media, educados. Los obreros carecen de un proyecto vital independiente. El uso del tiempo libre se transforma para ellos en un ritual. Los jóvenes proletarios se encuentran con los amigos en un espacio celebratorio, sea la cancha de fútbol o la taquería o el bar donde conseguir sexo barato. Este espacio ritual equivale al tiempo libre "de las clases económicamente débiles" (149).

Para la clase media "el tiempo libre se profesionaliza" (150). La vida de la clase media gira alrededor de la preocupación por el status. Esta preocupación se vuelve absoluta y los domina. Para los ricos, en cambio, el tiempo libre es escenografía: significa un fin de semana en un balneario de moda, o una tarde en el "Country Club". Si el tiempo libre tiene un sentido diferente, según la clase social a la que se perte-

nece, también cambia su sentido de un país a otro. Monsiváis tiene
tanto en cuenta la clase social como el grado de desarrollo económico
de la sociedad. En una sociedad subdesarrollada, como la mexicana,
el tiempo tiene un sentido especial: es tiempo fragmentado, inacaba-
do. Dice Monsiváis: "¿A qué equivale el subdesarrollo sino a la frag-
mentación del tiempo, a su inacabamiento...? El tiempo del subdesarrollo suele ser, en cuanto a forma, circular... Es circular... porque la
imitación se suple con la imitación, porque los procesos históricos
jamás concluyen, jamás la rebelión da paso a la independencia, jamás
la insurgencia culmina en la autonomía" (152). Esto habría llevado a
México a la frustración de sus procesos históricos: la Independencia,
la Reforma y la Revolución se frustran, se suspenden las grandes ideas
históricas. Esto afecta no sólo la vida pública, sino también la vida privada: si el país no accede a la autonomía plena, tampoco el ser humano puede hacerlo.

Estas observaciones y propuestas interpretativas de Monsiváis son
sumamente originales y perceptivas, y le dan un lugar especial como
filósofo de la cultura. Demuestran como el buen periodismo, llevado
por la pluma intuitiva de un escritor talentoso, puede suplir vacíos
interpretativos de las ciencias sociales, extremadamente dependientes
de los estudios de teóricos del primer mundo, con observaciones y
propuestas originales, de un valor teórico incuestionable. Este periodismo, este articulismo de la prensa latinoamericana, publicado luego
en libros y elevado al rango ensayístico, ha sido clave en la formación
del ensayo de interpretación nacional durante el siglo diecinueve, con
plumas como las de Lizardi, Sarmiento, Montalvo, González Prada,
Martí, Hostos. El género mantuvo su vigencia en el siglo veinte con la
labor de "cronistas-pensadores" como Galeano y Monsiváis, y ha ayudado a elevar la educación y la conciencia de las masas y la opinión
pública a través de su proselitismo libertario. Monsiváis es un modelo de intelectual responsable, observador agudo, identificado con la
problemática de su país y su tiempo. Logró concebir una idea integrada de la relación del trabajo con el tiempo libre desde una posición
clasista, teniendo en cuenta la necesidad de liberación nacional en las
sociedades dependientes y dominadas, y mostrando cómo la tragedia

del subdesarrollo y la pobreza afectan la vida mexicana, tanto la pública como la privada.

La discontinuidad en la percepción del tiempo, cree Monsiváis, lleva a la despolitización del mexicano: pareciera que los contextos sociales no existen, que el tiempo común fuera evanescente. Dice: "Esa disminución intolerable del tiempo borra los crímenes... y proscribe las utopías... destruye el legítimo resentimiento histórico... y vulnera la decisión de renovar las estructuras..." (153-4). La organización social, la cohesión, se ve amenazada en el subdesarrollo. El ciudadano no puede acceder a una visión política auténtica de su propia situación y la de su sociedad. Donde mejor se ven los síntomas de esta anomalía es en los espectáculos alienantes para las masas. En la vida contemporánea el fútbol se ha transformado en un sustituto de la vida política y espiritual, y los medios masivos de comunicación lo volvieron el gran tema comunal, uniendo la nación. El tiempo libre queda así enajenado, y no puede contribuir al cambio social. Dice: "El tiempo libre es... cultura, moral. Es, además, un tiempo rezagado. Educados en las más variadas prácticas coloniales, inmersos en el afán de duplicación, le concedemos a nuestro albedrío funciones miméticas. El tiempo libre en México o repite los hallazgos formales y temáticos de otras burguesías y otros proletariados, o regresa al principio, al momento indefinido y rumoroso que dio origen a todas las actividades" (157). Se retorna al tiempo atávico, indiferenciado. En el subdesarrollo, considera, los tiempos se funden porque el organismo social no ha concluido su proceso de diferenciación (158). Se carece de posibilidades reales de elección. El artículo, como vemos, va mucho más allá del tema anunciado: diagnóstica los males de una sociedad deformada y dependiente, y muestra la desesperación y urgencia, crucial para las generaciones jóvenes, por salir de ese estado.

Dada la época en que se escriben estas crónicas, durante los sesenta, y la edad de Monsiváis al escribirlas, es natural que estuvieran representadas en ellas los intereses de la juventud (Eagan 143-7). Después de todo, el cronista habla desde su yo, su experiencia personal de los hechos guía su interpretación. En "Imágenes del tiempo libre", como vimos, analiza los avatares de la juventud en relación al uso del tiempo libre; en "Raphael en dos tiempos y una posdata", la aparición de cantantes de música popular carismáticos (como lo era en aquellos momentos el español Raphael) que, proyectados por los medios de masas, alcanzaban proporciones míticas. En otros artículos investiga acontecimientos políticos protagonizados por los jóvenes. Así, en "La manifestación del Rector" describe la marcha del Movimiento Estudiantil en la Universidad Nacional Autónoma de México en julio del 68, y en "La manifestación del silencio", cubre la marcha del silencio organizada por el Consejo Nacional de Huelga frente al Museo de Antropología en septiembre de ese mismo año.

En esas crónicas, además de examinar las características de la organización política de los eventos y su historia, y la actitud represiva del gobierno y la policía, Monsiváis procura hacer un análisis del significado del 68 y su conflictivo contexto para la vida política y social de su país. Su interpretación es que finalmente en ese año, la Historia, que hasta ese entonces era una disciplina extraña, ajena, para los jóvenes mexicanos, se vuelve viva. A partir de ese momento los jóvenes comprenden que la realidad es modificable. Dice Monsiváis: "En los vastos, infinitos días de 1968 se intentaba la tarea primordial: esencializar el país, despojarlo de sus capas superfluas de pretensión y autohalago y mímica revolucionaria. 1968 nos estaba entregando el primer contacto real... con el universo político y social que había conocido su última figura dramática con el General Cárdenas, cubriéndose desde entonces... con la opacidad de una disculpa ante las fallas mínimas de la Unidad Nacional (273)." El 68 los ponía en contacto con las últimas expresiones políticas de la Historia del país animadas aún por un espíritu revolucionario, antes que las burocracias partidarias se apoderaran de la política nacional. Los jóvenes entonces se organizan para protestar contra esas burocracias, pedir un cambio político y reclamar su lugar en el porvenir de su patria.

Las crónicas de *Días de guardar* están imbuidas de un espíritu de reforma. Señalan el carácter de emergencia de la situación nacional. Con ellas Monsiváis se establece como una voz mayor en el periodismo crítico y la intelectualidad independiente mexicana, y logra reconocimiento como ensayista. Su "ensayo integral" (así prefiero llamarlo) reúne una multiplicidad de perspectivas y puntos de vista. El enfo-

que es dinámico y llama la atención su habilidad para leer críticamente a los críticos, o sea para develar los prejuicios intelectuales latentes
en la pequeña burguesía culta, de donde provienen en su mayor parte
las elites intelectuales que crean los productos culturales en su sociedad. Este hipercriticismo da espacio a la sátira social, espíritu que
anima sus comparaciones y descripciones. Visión deformada de la realidad que mejor ubica al lector en el mundo del subdesarrollo, con
cuyas distorsiones tiene que luchar a diario el ciudadano latinoamericano. Su libro siguiente, *Amor perdido*, 1977, donde estudia diversas
figuras influyentes en la cultura popular de su país, lo convertiría en el
crítico cultural más influyente de México. En el año 2000 recibió el
premio de ensayo de Editorial Anagrama por su libro *Aires de familia:
cultura y sociedad en América Latina*, con el que extendió su área de
análisis de México a Latino América, mostrándose como un ensayista
que sabe interpretar con originalidad y osadía la sociedad latinoamericana del milenio. Su constante producción de crónicas y su prestigio
intelectual dan a Carlos Monsiváis un lugar permanente en las letras de
Hispanoamérica, como uno de los ensayistas que ha sabido observar y
comprender mejor a nuestras sociedades, y renovar el género al servicio de los intereses de nuestras culturas.

Bibliografía citada

Egan, Linda. *Carlos Monsiváis Culture and Chronicle in Contemporary
    Mexico*. Tucson: The University of Arizona Press, 2001.
Gelpí, Juan. "Walking in the Modern City: Subjectivity and Cultural
    Contacts in the Urban *Crónicas* of Salvador Novo and Carlos
    Monsiváis". Ignacio Corona and Beth Jorgensen, Editors. *The
    Contemporary Mexican Chronicle Theoretical Perspectives on the
    Liminal Gen*re. Albany: State University of New York Press (201-
    220), 2002.
Monsiváis, Carlos. *Días de guardar. México*: Ediciones Era, 1970.

La identidad hispana, según Ilán Stavans

En 1995 el ensayista Ilán Stavans (México, 1961) publica *The Hispanic Condition*. El libro, escrito en inglés, marca un acontecimiento singular en la historia de la cultura hispanoamericana: es el primer ensayo interpretativo comprensivo escrito en inglés por un escritor hispanoamericano, tomando como problema la cultura hispana que se ha desarrollado en los Estados Unidos de Norteamérica en los últimos cuarenta años del siglo XX. Los Hispanos conforman un grupo inmigratorio que, en los momentos que se escribió el libro, pasaba los 23 millones de personas, y hoy, en el año 2005, se aproxima a los 40 millones. Este contingente, afirma Stavans, forma la mayor inmigración de un grupo étnico en Estados Unidos desde que llegaran a este país los judíos del Este de Europa, que se asentaron fundamentalmente en la costa Este y en el Medio Oeste a principios del siglo XX (19). Los Hispanos mantienen sobre la sociedad norteamericana una influencia cultural transformadora comparable a la que ejercieron los afro-americanos después de la guerra civil, que los liberó de la ignominiosa esclavitud que sufrieron por tantos años.

Stavans comprende que su libro está abriendo un nuevo espacio cultural para la reflexión, e indica que se habían escrito antes trabajos destinados a interpretar la situación cultural de inmigrantes de países específicos, como el libro de Gustavo Pérez-Firmat, *The Cuban Condition*, pero no un libro interpretando la situación de todos los Hispanos (31-2).[1] Las personas de origen hispano que viven en

---

[1]   En las letras norteamericanas Waldo Frank (1889-1967) fue uno de los pensadores que mejor analizó la relación entre el mundo hispanoparlante y la cultura norteamericana. Entre sus libros de ensayos se destacan *Our America*,

Estados Unidos están tomando conciencia de que al norte del Río Bravo se está formando una nueva "nación" hispano-parlante, que es oficialmente una "minoría" dentro de la sociedad norteamericana, a la que ésta reconoce como "tercer" grupo étnico dentro de su territorio. Si Estados Unidos era, en la primera mitad del siglo XX, un país que se reconocía como racialmente compuesto, y dividido en una mayoría blanca y una minoría negra, hoy es un país que ha agregado otra gran minoría: la hispana. El ensayista méxico-norteamericano Richard Rodríguez registra en su primer libro, *Hunger of Memory The Education of Richard Rodriguez*, el momento en que esto ocurrió. Dice que fue a partir de 1967 que los angloamericanos dejaron de referirse a él como el extranjero, o el mexicano, y empezaron a llamarlo el Hispano (44-5). Comprendió con disgusto que se estaba creando una nueva categoría racial.[2]

En esos momentos, durante la década del sesenta, desplegaban su militancia social los diversos sectores que reclamaban el reconocimiento de derechos civiles conculcados: los negros, los chicanos, los homosexuales, las mujeres. El gobierno mantuvo una actitud receptiva hacia ellos. Esto reforzó el sentido de identidad de estos grupos y se transformaron en peticionantes, en un conflictivo proceso que el estado norteamericano manejó con criterio reformista.[3] Si bien la minoría hispana que vive en Estados Unidos está constituida por individuos provenientes de distintos países (México, Puerto Rico y Cuba, sobre todo) que conforman subgrupos con tendencias culturales pro-

---

1919; *Virgin Spain, Scenes from the Spiritual Drama of a Great People*, 1926; *The Rediscovery of America*, 1929; *America Hispana, a Portrait and a Prospect*, 1931; *South American Journey*, 1943; *Cuba: Prophetic Island*, 1961.

[2]   Si bien esto para los Hispanos traería ciertos beneficios políticos (trato exclusivo como "minoría"), contribuiría a su aislamiento en la nación, que Rodríguez denuncia en su obra (144-5). Rodríguez indica que el movimiento negro reivindicatorio de los derechos civiles durante los años sesenta fue instrumental para el desarrollo del movimiento chicano.

[3]   La activista chicana Gloria Anzaldúa considera esencial el papel que tuvo César Chávez en California y el partido de la Raza Unida en Texas en la formación de la identidad chicana. Estos lograron movilizar a los Hispanos y le dieron identidad política como grupo (*Borderlands/La Frontera* 85).

pias, a los que se suman colonias de inmigrantes de cada uno de los países hispanohablantes, desde la perspectiva del gobierno norteamericano todos ellos forman un cierto tipo de unidad.

El elemento principal que da cohesión a los Hispanos es el empleo del español: es una minoría bilingüe. Uno de los logros políticos fundamentales de esta subcultura fue el reconocimiento del estado norteamericano del derecho de los Hispanos de recibir educación bilingüe en las escuelas públicas. El estado ha aceptado su responsabilidad educativa y reconocido de hecho la existencia de un bilingüismo permanente dentro de su territorio.[4] Está acertado Stavans cuando afirma que el español es una lengua que no va a desaparecer del territorio norteamericano: los Hispanos nunca van a ser completamente asimilados, el bilingüismo ya es constitutivo de esta nación (138). En este momento el español es la lengua "extranjera" más estudiada en las escuelas y las universidades del país, de tal modo que no solo los inmigrantes retienen su uso, sino que aquellos descendientes de Hispanos que tienen un uso limitado del español lo van perfeccionando, y un sector grande de la población angloparlante adquiere una competencia cada vez mayor en su empleo. Es la lengua, más que el país de origen, la que contribuye a dar una identidad cultural y espiritual a los Hispanos. Si bien esta minoría hispana es, como la negra, un sector de la población en su mayor parte proletario, con un nivel de vida muy inferior al de la mayoría de origen anglo, el impacto económico y cultural de los Hispanos en Estados Unidos es considerable (11). Es además una minoría que mantiene una relación dinámica y fluida con otros sectores sociales constitutivos del país.

Stavans está intelectualmente bien equipado para estudiar la sociedad hispana de los Estados Unidos. Mexicano de origen judío, cuenta

---

[4]   La cuestión de la educación bilingüe ha provocado diferentes respuestas de los escritores hispanos: mientras Rodríguez lo considera negativo porque demora el ingreso del niño, del mundo "privado" de la familia y la comunidad al "público" de la escuela y el estado, para Anzaldúa es esencial la resistencia lingüística como parte de la identidad chicana (Rodríguez 26-8, Anzaldúa 80-1). Stavans dice que Rodríguez se equivocó y no entendió el papel formativo que el programa educativo bilingüe tuvo para los Hispanos (137-8).

en un ensayo autobiográfico que siempre se sintió un foráneo en la capital mexicana, donde se crió ("Autobiographical Essay" 76). Asistió a una escuela de la colectividad judía, donde recibió una educación trilingüe, en hebreo, yidish y castellano y estudió el inglés. En 1985 fue a hacer estudios de maestría a New York, después de recibir una beca del Jewish Theological Seminary, y continuó con sus estudios de doctorado en literaturas hispánicas en la prestigiosa Columbia University. Llegar a New York operó una verdadera conversión en Ilán Stavans: sintió que su destino estaba en Norteamérica. Si en su país, México, se había sentido marginado y alienado, en Estados Unidos adoptó una personalidad cosmopolita. Pudo ser a un tiempo un Hispano o Latino (parte de este tercer grupo étnico cuya identidad está en proceso de definición) y un judío, que se sabe parte de una diáspora intercontinental.

Stavans es un intelectual que necesita salir de sí para observar el mundo, para ser él y otro al mismo tiempo, y mirarse en los demás como en un espejo. Polígrafo singular, empezó su carrera literaria muy joven, publicando una novela en México en castellano a los 18 años. Al ir a Estados Unidos decidió hacer de este país su residencia permanente y escribir en inglés. En 1993 publica su primera obra en esa lengua, *Imagining Columbus The Literary Voyage* y desde entonces su producción ha sido ininterrumpida. Abarca numerosos libros de ensayo –el género que le ha dado un perfil intelectual definido entre sus lectores–, antologías, ediciones de textos clásicos de la literatura hispanoamericana prologados por él, y cuentos. Ha desarrollado paralelamente un importante trabajo como periodista cultural, publicando en las revistas norteamericanas más prestigiosas, como *The Nation*, *Review of Contemporary Fiction*, *The Bloomsbury Review* y *The New York Times Book Review*, y dirigiendo un programa televisivo de entrevistas con escritores Latinos (que incluye entrevistas a Richard Rodríguez y Tino Villanueva), difundido por PBS, la cadena pública de programas culturales.

El trabajo de Ilán Stavans se ha transformado en un importante referente cultural para la comunidad hispana. Es un individuo-puente capaz de traducir la problemática y la sensibilidad de los Hispanos al público norteamericano en general, que asiste a este nuevo proceso social: la consolidación de una "etnia" diferenciada, con su propia tradición cultural y su lengua, dentro de su territorio nacional. Que esto último sea posible es un importante tema de estudio para la sociología: ¿por qué transformar a los Hispanos en una "etnia" independiente, junto a esa otra "etnia" históricamente segregada: los Afro-americanos? Tal proceso muestra las limitaciones de la sociedad norteamericana para integrar a sus distintos sectores constitutivos en una unidad, en lugar de tratarlos como grupos sociales separados. El estado se identifica con el sector anglo-protestante (son los "verdaderos" norteamericanos), que hace concesiones y trata de interactuar con los otros grupos.[5] Ante la imposibilidad de tener una sociedad integrada y armónica, el gobierno ha procurado introducir una legislación correctiva de las desigualdades, con la esperanza de mitigar las tensiones y conflictos sociales. Cada grupo vive detrás de una barrera invisible, materializada dramáticamente en los guetos urbanos. En la ciudad de New York, por ejemplo, los negros norteamericanos moran en el sobrepoblado Harlem, junto a los Hispanos puertorriqueños, sus vecinos de El Barrio, a pocas cuadras del rico sector residencial burgués de la Quinta Avenida y Park Avenue, y no muy lejos del populoso "Barrio Chino".

Stavans, en su segunda edición corregida y actualizada de *The Hispanic Condition*, en el año 2001, a la que cambia el subtítulo (el subtítulo de la primera edición era "Reflections on Culture and Identity in America", y el de la segunda "The Power of a People"), incluye un nuevo prólogo en que explica lo que había querido hacer en su primera edición, cuando era más joven (publica *The Hispanic Condition* a los 34 años, la misma edad en que Sarmiento publicó su *Facundo*, libro al que escribió una excelente introducción). Según Stavans, había tratado de ocupar la posición del intelectual independiente, que analiza la cultura (la literatura y el arte particularmente) de un sector social, confiando en su propia capacidad de observación. Su

---

5   Sociedad compleja y dividida, a la que habría que agregar otro sector: el de los numerosos inmigrantes de otras nacionalidades que se integran con dificultad a su flujo social, particularmente los "orientales": chinos en su mayoría, que amenazan con transformarse en un "cuarto" gran grupo "étnico".

labor, constatamos, es trabajo de analista social. Su objetivo era reflexionar, pensar sobre el problema de la identidad hispana en los Estados Unidos, con espontaneidad y sinceridad.

En el prólogo a la segunda edición Stavans explica que después de publicado el libro recibió numerosas cartas de lectores angloparlantes cuestionando su descripción de los Hispanos y el punto de vista asumido (*The Hispanic Condition* 2001: XI). No es una obra académica en el sentido estricto de la palabra (aunque Stavans tiene preparación académica, es doctor en letras hispanas y profesor de Amherst College en Massachusetts), pero sí estudia y analiza la cultura hispana (su literatura principalmente), para lo cual Stavans recurre a su formación académica.

El autor advierte que su aproximación al problema, y su método de trabajo, aunque inusual para los modos de escribir norteamericanos, tiene una rica tradición en Hispanoamérica. Se refiere a los ensayistas de la "identidad", representados por Domingo Faustino Sarmiento, José Martí, José E. Rodó, José Vasconcelos, Ezequiel Martínez Estrada, Octavio Paz, entre otros. Estos ensayistas analizaron la problemática de sus países (en el caso de Martí y Rodó la problemática latinoamericana) desde una perspectiva cara a su vida intelectual: se preguntaron por el ser de América, su carácter, su sentido, su futuro. El quiénes somos y adónde vamos ha mantenido su vigencia en Latinoamérica. Siempre extraños a nosotros mismos, no estamos seguros de nuestra identidad. Dudamos de nuestros deseos, estamos presos de un sentimiento de minusvalía que nos lastima. Todos los pensadores referidos tratan de dilucidar esta problemática, nuestra "pregunta fundamental" y nuestra cuestión existencial por excelencia.[6]

Stavans se siente incómodo con el lugar más comúnmente asignado al académico en Estados Unidos: la ciudad universitaria, aislado de la vida social y la vida política contemporánea. Este papel, al que ha llevado en parte la especialización del saber en la sociedad norteamericana, le resulta estrecho. Explica que ve como modelos de su empre-

---

[6] Stavans forma parte de este diálogo, pero escribe en inglés y resulta atípico en el mundo del pensamiento norteamericano contemporáneo, aunque uno de sus modelos como ensayista proviene de ese mundo: el crítico norteamericano Edmund Wilson.

sa intelectual al pensador francés Alexis de Tocqueville, autor de *Democratie en Amerique*, 1835, 1840, y al pensador negro norteamericano W. E. B. Du Bois, autor de *The Souls of Black Folk*, 1903. Dice Stavans: "I wrote in the early 1990's, at a time of upheaval in my life. The first draft was too scholarly, so I discarded it. I wanted to be closer in spirit to Tocqueville and Du Bois: spontaneous, learned but not pedantic, a writer's honest examination of his own cultural crossroads (*The Hispanic Condition*, 2001:XII)."

Se entiende que un libro de estas características no aspira a ser "científico". Es una libre interpretación de un problema que no admite una respuesta categórica. Al ser un tema abierto, otros ensayistas seguirán tratando, a su modo, de analizarlo.[7] La elección de "mentores" que hace Stavans: Tocqueville y Du Bois, nos permite inferir cómo entiende su empresa intelectual. Es, al igual que Tocqueville, un extranjero tratando de comprender la dinámica cultural y política de una sociedad distinta a la suya y, semejante al intelectual negro Du Bois, y a los escritores de la diáspora judía norteamericana, pertenece a un sector social (el Hispano) que vive en una subcultura parcialmente segregada de esa parte de la sociedad que se siente protagonista indiscutible de la vida nacional norteamericana: la denominada mayoría anglosajona.

Notamos al leer la literatura producida por Hispanos en Estados Unidos que muchos de ellos son profesores universitarios. Aunque Stavans procure escapar a este determinante, su formación académica tiene gran peso en su obra. Stavans, como Cornell West, entiende que ésta es una limitación que hay que superar: el intelectual necesita romper este encierro (West 62-6). Su libro trata de ser controversial y polémico, y una de las acusaciones que hace a los intelectuales latinoamericanos que viven en Estados Unidos, es la de haberse encerra-

---

7   También el crítico de origen palestino, Edward Said, sintió la tradición académica demasiado estrecha, puesto que neutralizaba el impacto social del intelectual, y dedicaba la mitad de su tiempo a militar en la causa palestina y a escribir libros no académicos, participando en la vida de su comunidad; y el filósofo negro norteamericano Cornell West, autor de *Race Matters*, 1995, escribe por igual sobre problemas filosóficos y problemas socio-políticos de los afro-americanos.

do en las ciudadelas universitarias e ignorar los problemas de la comunidad hispana en los Estados Unidos.

Stavans organiza su libro sin seguir un criterio rigurosamente historicista, aunque hace continuas referencias a situaciones históricas concretas. Prefiere identificar núcleos de pensamiento, "filosofemas" y discurre libremente sobre ellos, prestando especial atención a las cuestiones literarias, que es el área del saber en que muestra conocimientos más firmes (es doctor en letras). A partir de sus observaciones literarias, trata de llegar a generalizaciones sobre la situación cultural de los Hispanos. Esta dependencia de lo literario inclina su interpretación hacia lo "artístico", no discute exhaustivamente lo económico y lo político.

Stavans inicia su libro con un sueño "placentero" (comento la primera edición, puesto que en la segunda suprime muchas partes y corrige otras –es decir, se autocensura– modificando la intención original de la obra del Stavans más joven). En este sueño ve el futuro de nuestras Américas (1). Es el año 2061, se trata de un sueño fantástico. ¿Cómo son las Américas en ese tiempo no tan lejano? Como en el presente, están divididas en un sector pobre y otro rico. El mundo rico urbano se parece al de la ciudad universitaria de Santa Barbara, California: un pueblo de vecinos acaudalados, cultos y liberales. El mundo pobre se parece al de una ciudad caribeña, posiblemente La Habana. Lo nuevo en el sueño, lo utópico, es que ha surgido una cultura global y multilingüe. El mundo anglo y el Hispano ya no se encuentran segregados. La sociedad del norte está mucho más integrada racialmente, y en ella predominan no sólo los Hispanos, sino también los asiáticos. Se ha formado un híbrido, una nación de naciones, que se llama el Nuevo Mundo. La lengua también se ha unificado: se habla "Spanglish".

Este sueño crea un marco adecuado a una de las preocupaciones principales de Stavans: cómo superar las barreras que separan y aíslan a las culturas, y son responsables por los prejuicios interraciales. Si al crecer en la ciudad de México se sintió marginado, en una cultura católica, y en un país que mira con desconfianza lo que parece ser ajeno o extranjero, al emigrar a Estados Unidos, y decidir hacer de ese país su residencia permanente, descubrió que vivía detrás de una nueva barrera: él era parte de la "minoría" hispana. Stavans ha aceptado como misión el tratar de vencer los prejuicios raciales, que separan a los seres humanos. Interpreta y explica la cultura hispana, con la esperanza de que el conocimiento de esta cultura ayude a los anglosajones a acercarse a los Hispanos, y ayude a estos últimos a verse a sí mismos como miembros de una comunidad con una historia importante. Practica una filosofía comunitaria que busca borrar diferencias y restañar heridas, unir lo que ha separado la incomprensión y el prejuicio. Su visión encierra el ímpetu liberal y humanista de otros grandes ensayistas latinoamericanos, como Sarmiento y Rodó, que vieron la ignorancia como una amenaza que precipitaba al mundo hacia la barbarie. Para liberar al hombre, cree Stavans, hay que destruir las barreras que separan a las culturas.

¿Cómo es posible vivir en dos culturas a un tiempo? Este es el dilema que enfrentan muchos millones de Hispanos en Estados Unidos. La respuesta de Stavans es: necesitamos aprender a vivir en una realidad "compuesta", habitar ese espacio en que los dos mundos se unen y se separan por medio de un guión, como las palabras compuestas: ser Hispano-Norteamericanos. Ambos nombres, Hispano y Norteamericano, históricamente tienden a separarse. Para el Hispano que habita en Estados Unidos esta contradicción es un hecho: vive entre dos realidades irreconciliables, el mundo anglosajón y el hispano. Sin embargo, es imposible excluir a ninguno de los dos: ser latino implica aprender a vivir "in the hyphen" (8). Stavans tiene experiencia viviendo en situaciones personales alienantes: en Estados Unidos, como Hispano, y en México, como judío. En los ensayos que publica después de *The Hispanic Condition* explora junto a los temas hispanos la cuestión judía, tanto dentro como fuera de Latinoamérica (*The Essential Ilan Stavans* 89-143). En Estados Unidos encuentra más intolerancia racial que en México: los países hispanos han aceptado las uniones interraciales, creándose pueblos mestizados; en Estados Unidos la barrera que separa a las razas se mantiene firme, hasta el punto que los Hispanos han sido transformados en la tercera "raza" nacional. En estas circunstancias buscan su propia identidad "racial", mantienen su lengua y todo el mundo espiritual implicado en ella, pero viven segregados y mantienen una relación de amor-odio con las otras "razas".

En el comienzo del capítulo "Life in the Hyphen" Stavans refiere un caso dramático: el de un pintor mexicano que emigra a California y allá pierde el habla y la razón; esquizofrénico, vive internado y sigue pintando; su psiquiatra decide exponer su pintura y le llega el reconocimiento. Según el psicólogo la locura del pintor Martín Ramírez se debía al sufrimiento ocasionado por el difícil proceso de adaptación a otra cultura. Para Stavans el destino del pintor es simbólico del de tantos inmigrantes que llegan a una nueva tierra y tratan de entender su medio social. La diferencia, dice Stavans, es que los Hispanos en estos momentos han logrado romper el silencio que había encarcelado a Ramírez por tantos años, y son un pueblo con voz (8). Tomará tiempo entender que los Hispanos ya no ocupan sólo la periferia, se están desplazando a una posición más central en el sistema social. Este proceso cultural iniciado es dual: los Hispanos se anglicizan, y los anglos se hispanizan. ¿Cuándo llegará el momento en que la cultura anglosajona absorba, asimile por completo a los Hispanos? En opinión del ensayista la asimilación nunca será total: los Hispanos aprenden la segunda lengua (el inglés) con lentitud, se aferran apasionadamente a su propia cultura y la población hispana crece con demasiada rapidez. Los Hispanos vivirán siempre entre dos culturas. En cierta medida, éste es un episodio de reparación histórica (y en esto habla particularmente como mexicano), puesto que muchos de los territorios donde residen los Hispanos en USA, particularmente el Sudoeste del país, habían pertenecido a México, hasta que este país fuera despojado de sus tierras (las vendió!) en el Tratado de Guadalupe Hidalgo en 1848, luego de la desastrosa guerra con Estados Unidos.

A partir de los años sesenta empezó en Estados Unidos un enfrentamiento entre sectores hispanos y el sistema económico y político norteamericano: los Chicanos iniciaron su activismo, liderados por sus propios dirigentes, como César Chávez y Rodolfo "Corky" González, resistiendo los abusos laborales. A partir de ese momento escaló el proceso de resistencia de los Hispanos. Si bien esta militancia no mantuvo la misma intensidad en las décadas siguientes, los Latinos ahora reconocen su valer y se han decidido a abrazar la propia identidad. A partir de la década del ochenta, considera Stavans, los Hispanos han tenido un enfrentamiento cultural directo con los otros grupos: una guerra cultural (14). La colectividad hispana ha experimentado todo un cambio cualitativo en su modo de vida y el arte hispano tiene gran desarrollo en los Estados Unidos. Los Hispanos se han acostumbrado a usar los medios de comunicación con eficiencia, y promueven una reevaluación de lo Hispano.

Stavans se muestra sumamente optimista: la patria, considera, es donde uno está. El inmigrante hispano reprime el resentimiento, deja atrás el pasado y asume el presente (17). Dado este proceso, siente lealtad hacia dos culturas: la norteamericana y la de su país o comunidad de origen. Pero antes de asimilarse parcialmente a la nueva cultura, sufre un doloroso proceso de pérdida. Este fenómeno de desplazamiento geográfico de los Hispanos y otros inmigrantes a un nuevo país ha alcanzado una importancia tal, que el primer mundo parece haberse transformado en un conglomerado de turistas, emigrados y refugiados. Este enorme flujo inmigratorio lleva a la confusión, pero una vez superada ésta, el individuo pasa por un proceso de revisión de su valores y acepta su nueva situación. Ningún grupo inmigrante ha logrado transformar tan profundamente la sociedad norteamericana como los judíos llegados de Europa del Este a principios del siglo XX y los Hispanos, que se han multiplicado a partir de la Segunda Guerra Mundial.

Los temas claves de la sociedad norteamericana en los próximos cien años, dice el autor, serán la aculturación y las mezclas de razas (19). Stavans procederá, en primer lugar, a establecer el marco intelectual para discutir estos problemas. Tal como los negros Afro-americanos demostraron durante el Renacimiento cultural de Harlem, en la década del treinta del siglo veinte, que los negros tenían "historia", él se propone demostrar que los Latinos tienen "historias". Son un conjunto de pueblos con una raíz común, pero historias diferentes. Estas historias son importantes porque determinan cómo piensan y quiénes son. La cultura y la identidad, cree Stavans, son estrategias colectivas para darle sentido a la experiencia, en constante estado de cambio. Los Hispanos en Estados Unidos conforman una "diáspora", y los inmigrantes hispanos mantienen una relación de amor-odio con los pueblos que viven al sur de la frontera que separa a Estados Unidos de México. Esa frontera, el Río Grande, establece una relación de vecindad con México: crea "vecinos distantes", dice Stavans, citando a Alan Riding (24). Stavans alaba el alcance de la civilización hispana que se está desarrollando en Estados Unidos, pero, cree, aún quedan por responder muchas preguntas sobre la identidad: quiénes son los Hispanos, qué quieren, cuándo serán los dueños de su propia fortuna? (30).

Los Hispanos, nos dice en el segundo capítulo, "Blood and Exile", conforman un grupo heterogéneo, y sus integrantes presentan entre sí similaridades, pero también diferencias. Comparada a la minoría negra y a la asiática, la minoría hispana resulta mucho más cohesionada, ya que los Hispanos comparten un entorno cultural común, su propia lengua y la misma religión. Sin embargo, esto no significa que los principales sectores hispanos, los Chicanos, los puertorriqueños y los cubanos, no tengan conflictos entre sí. Los antillanos han sufrido numerosas intervenciones a manos de los Estados Unidos. Luego de la guerra entre España y Estados Unidos en 1898, que terminó con el mundo colonial español, el gobierno norteamericano retuvo, gracias al Platt Amendment, sancionado en 1901, el derecho de intervención en Cuba (que no fue derogado hasta 1934). Los caribeños han sido víctimas del colonialismo: sus deseos de independencia y soberanía se han visto frustrados numerosas veces.

Los Hispanos en Estados Unidos buscan esa felicidad y libertad que no han podido conseguir en sus propios países de origen. Sus escritores valoran la libertad de expresión que existe en Estados Unidos. Muchas veces enmudecen, desorientados, al llegar a su nuevo destino como inmigrantes, y se recluyen, víctimas del remordimiento y la nostalgia. En la literatura y el arte hispano siempre se combinan la política y la literatura. Uno de los sectores hispanos más sufridos es el pueblo puertorriqueño. Los puertorriqueños vieron frustrada su ambición de independencia luego de la guerra entre España y Estados Unidos; convertido en Estado Libre Asociado de Estados Unidos, Puerto Rico se debate entre sus sueños de independencia y los beneficios del desarrollo económico alcanzado en la isla a costa de vender su libertad. Los sectores desempleados y pobres de la población escapan a New York, donde se radican, y esta división dolorosa epitomiza el conflicto entre isleños y "Nuyoricans". Esta situación se ha transformado en la clave de la identidad puertorriqueña, como lo expresa el escritor René Márquez en su obra clásica, *La Carreta*.

La literatura "Nuyorican", como la Chicana, es, en sus orígenes, una literatura autobiográfica, en que los inmigrantes dan testimonio de su situación personal. Algunos escritores prefieren escribir en español, mientras otros cambian al inglés. Stavans hace un estudio histórico y literario resumido de los principales escritores puertorriqueños que escriben en New York, y de los escritores chicanos del Sudoeste de los Estados Unidos. El último grupo al que se refiere son los cubanos, cuyo exilio exacerba las tensiones entre escritores izquierdistas y anticastristas. De los tres grandes grupos de Hispanos que viven en Estados Unidos, señala Stavans, dos son antillanos. Tal como a los Chicanos los une la relación conflictiva de su país de origen con los Estados Unidos, a los caribeños los une un pasado de explotación: el vergonzoso sistema de plantaciones, asociado a la esclavitud, que implantara España en las islas.

Si bien los Hispanos han vivido por muchos años en Estados Unidos, no puede decirse que su relación con este país sea amistosa: los Hispanos están en conflicto con el gobierno de Estados Unidos, y el movimiento Chicano, como demuestra Stavans en el capítulo "At War with Anglos", personifica este espíritu de resistencia de los Hispanos, y la militancia de los escritores que alían la literatura con la militancia política (62). En este capítulo, el ensayista empieza a hablar en primera persona y se reivindica como Hispano Chicano (en la segunda edición corregida cambia esto, y se refiere a los Chicanos en tercera persona: ellos). Muestra su voluntad militante; dice: "We, the Chicano intelligentsia, portray ourselves as fighters for equality and justice in a long-standing resistance to external dominating forces, often personified by Anglos (62)."

Hasta hace pocos años atrás, los Latinos no habían logrado ocupar puestos políticos en el gobierno norteamericano. La historia de los Chicanos, como la de los caribeños, es la historia del enfrentamiento traumático con sociedades más poderosas. Encontramos evidencia de este hecho al analizar sus artes populares, que idealizan a bandidos rebeldes como Gregorio Cortez y Joaquín Murieta. Las letras chicanas tienen dos expresiones: la rural y la urbana (a diferencia de la literatura de los caribeños, fundamentalmente urbana). La literatura chicana dramatiza el choque de culturas, entre los Chicanos y los anglos. Stavans nota el auge de su literatura, sobre todo en lengua inglesa, en la última década, con autores como Sandra Cisneros y Ana Castillo, que combinan el realismo mágico con la sátira social en sus novelas (74).[8]

Stavans cita el libro de Rodolfo Acuña, *Occupied America*, 1981, al que considera la "historia oficial" del movimiento chicano (75). Está de acuerdo con Acuña en reconocer a los Chicanos su fuerza combativa, su lucha contra la explotación laboral, creando una conciencia de clase en los trabajadores. Líderes sindicales y militantes como César Chávez, López Tijerina y Rodolfo "Corky" González fueron fundamentales para darle identidad al movimiento chicano. Dado el carácter popular de este movimiento, uno de los aspectos más dinámicos de su expresión artística fue la pintura, inspirada por la obra de los tres grandes muralistas mexicanos de la Revolución: Rivera, Orozco y Siqueiros. También la música ha congregado a los Chicanos. El arte popular chicano ha sido un arte politizado que practica un tipo de "nacionalismo cultural" (87). Los escritores chicanos separan la cultura chicana de la cultura dominante. A partir de la década del setenta se multiplican los libros que estudian el arte chicano; emerge un cine chicano, en el que participa el director Alfonso Arau, que filma *The Promised Land* y *Chicano Power*. El dramaturgo y director de cine Luis Valdés organiza el "Teatro campesino", teatro político original, inspirado en las ideas de Bertold Bretch (89). Si hubiera que analizar la "evolución" de la identidad colectiva de los Chicanos, cree Stavans, habría que considerar tres etapas: de 1848 a 1940, de la

---

[8]   Stavans modifica su positiva opinión sobre Cisneros en la segunda edición, donde dice que es una escritora que asume "poses" radicales, pero su literatura es pobre (Stavans 2001: 86-7). En 1996 publicó un artículo, "Sandra Cisneros", en que explicó el motivo de su disgusto: Cisneros se aprovecha de una situación política para aparecer como representante de la mujer chicana combativa, pero para él Cisneros es una oportunista, y su literatura no merece la atención exagerada que ha recibido (*The Essential Ilan Stavans* 41-6).

Segunda Guerra Mundial hasta el movimiento chicano de los sesenta, y de 1970 al presente, en que los Latinos se mueven de la "periferia" al "centro". Dado que las sociedades hispanas han sido históricamente represivas, el arte hispano se ha consagrado como un arte político, en que los artistas reaccionaron frente a la opresión, como rebeldes y revolucionarios. Los artistas chicanos son también rebeldes, y se muestran insatisfechos con su situación social.

El capítulo cuarto, "Ghosts" (fantasmas), es uno de los más originales del libro. En este capítulo el autor prescinde momentáneamente de sus estudios histórico-literarios, que habían guiado los otros capítulos, y se lanza a una labor interpretativa de verdadero riesgo. ¿Cómo es la psique del Latino?, se pregunta. Su respuesta es un homenaje velado a Octavio Paz: estamos atrapados en un laberinto. Si bien Stavans generaliza y se refiere a todos los Latinos, su experiencia como mejicano condiciona este análisis subjetivo de la sensibilidad hispana. Los Latinos, dice, somos inestables. Nuestros escritores, como Cervantes y Borges, se sienten perdidos y confusos en un mundo caótico, en parte falso, en parte verdadero (94). Nuestra historia es un espejismo y una invención: estamos presos en nuestro origen bastardo. En el mundo hispano cohabitan el catolicismo con las creencias africanas y los mitos aztecas. La estrategia católica era aculturar a los pueblos conquistados. Siempre nos vemos en función del otro, tratamos de traducir nuestra sensibilidad a las necesidades del otro. Cabeza de Vaca es el símbolo del europeo que, una vez en América, perdió control de su situación histórica y fue moldeado por la cultura nativa. Para los Latinos, dice Stavans, la realidad es un gran teatro. El carnaval expresa la sensibilidad hispana. La fiesta latina disuelve los límites sociales y culturales, es una interrupción trascendental de la vida cotidiana. El tiempo latino es lento, mítico, ahistórico. Los Anglos ahorran el tiempo, nosotros lo perdemos. Cuando los españoles llegaron a América se encontraron con culturas nativas que representaban el tiempo como un proceso cíclico, en lugar de lineal. Los españoles iniciaron a los nativos en el tiempo lineal, provocándoles un trauma (102). En el proceso de transculturación las concepciones se superpusieron y se confundieron.

Afirma Stavans que no sólo Estados Unidos es una sociedad racis-
ta: en la sociedad hispana hay un racismo del que nadie se atreve a
hablar. Estados Unidos es una nación que sufre constantes guerras
raciales y culturales. Los Negros y los Hispanos tienen profundos vín-
culos entre sí: en las luchas de los Negros por su liberación participa-
ron Hispanos, como el caso del puertorriqueño Arthur Alfonso
Schomburg, que fundó en New York el Center for Research in Black
Culture y era amigo de W. E. B. Du Bois. Las naciones hispanoamericanas, terminadas las guerras de independencia, procuraron deshacerse del indio para "civilizar" sus países: para ellos el indio simboli-
zaba la vida rural y no europea. El indio resultó impotente frente a los
apetitos de los criollos. En el siglo XX el movimiento indigenista procuró devolverle al indio un papel social más digno. El indio fue particularmente marginado en los países andinos, donde se lo trató como a
un "fantasma". Estos países no aceptaron la herencia indígena, y prefieren relacionarse con Europa y Estados Unidos.

Los Latinos rinden culto a la madre y a la Virgen, y censuran la
homosexualidad, que es un deseo reprimido. Para el Hispano la apariencia física es fundamental. La familia defiende la virilidad del hombre y la virginidad de la mujer. Los ecos del machismo se encuentran
en la educación, la política, la vida erótica, la cocina hispana (110).
Lleno de dudas, inseguro, al macho le gusta probarse. La familia
nuclear es la base para lograr el éxito: exige lealtad. Para la familia los
homosexuales son enfermos. Se acepta la promiscuidad y las relaciones extramatrimoniales. Es una cultura falocéntrica. Los compadres
son parte de la familia extendida. La exagerada defensa de la dignidad
les impide la intimidad muchas veces. La religión católica promueve
indirectamente la intolerancia, la xenofobia y el desdén por las diferencias. Los homosexuales viven en un mundo dual, muchos son
escritores y artistas, como Richard Rodríguez y Reinaldo Arenas, y
testimonian el doloroso encuentro entre el intelecto y el cuerpo.

Para los Hispanos los muertos están cerca de los vivos. La muerte
es vista como una forma de comunión. El dibujante e ilustrador mexicano José Guadalupe Posada consideraba a la muerte algo divertido.
Lo pagano e idólatra todavía habita el mundo del Latino, que es un
individuo supersticioso. El sincretismo latino muestra que viven en

una cultura densa. La conversión de los indígenas al catolicismo fue parcial, porque sobrevive la creencia en lo sobrenatural. La psique colectiva del Latino es un laberinto de pasión y poder, un carnaval de sexo, raza y muerte (121). Stavans duda que Estados Unidos pueda integrar a los Hispanos en su sociedad, a menos que se abra a los matrimonios multirraciales, tal como ocurrió en Hispanoamérica.

En el próximo capítulo, "Sonavabiche o el arte de Cantinflear" discute uno de los puntos fundamentales de la cuestión hispana: la lengua y el bilingüismo. Reconoce que los Hispanos son devotos de su lengua, y que el español, sostenido en parte gracias a los programas de educación bilingüe de las escuelas públicas norteamericanas, es un poderoso elemento de unión entre los Hispanos. No todos mantienen este nivel de lealtad hacia el castellano, eso depende de la generación a la que pertenece la persona. El contacto diario entre el español y el inglés en Estados Unidos transforma el español, y está dando lugar, según el autor, a una nueva lengua, el "Spanglish", con características propias.[9]

El movimiento para lograr establecer la educación bilingüe en las escuelas públicas de los Estados Unidos se inició en Miami durante los años sesenta. Fueron los emigrados cubanos los primeros que exigieron al gobierno del estado de Florida que enseñara a sus hijos en ambas lenguas: el inglés y el español. El programa se extendió a otros estados durante la década del setenta, particularmente a aquellos con

---

[9]   Mi posición en esto difiere de la de Stavans: una de las causas de las variantes regionales del español en Estados Unidos es la limitada educación en español que reciben los educandos, lo cual limita la estandarización del idioma a lo largo y a lo ancho del país. Existían variantes regionales y coloquiales del castellano en el siglo XIX en Hispanoamérica que desaparecieron en el siglo XX, una vez que se crearon sistemas efectivos de alfabetización y educación pública. El creciente nivel de educación en castellano que se imparte en Estados Unidos terminará finalmente por fijar la lengua, creo yo, y el Spanglish quedará como testimonio del deseo utópico de tener una nueva lengua propia, que no se concretó en la práctica. Los medios de comunicación ayudan en esto: los canales de televisión hispanos y muchos periódicos de calidad en idioma español contribuyen diariamente a fijar una norma lingüística en todo el territorio de Estados Unidos, que difiere cada vez menos de la lengua usada en los países hispano-hablantes.

un alto índice demográfico de población hispana, como New Jersey, California y Texas. El gobierno norteamericano forzó a las escuelas a desarrollar programas de educación bilingüe, dándoles a los Hispanos un estatus que ningún otro grupo inmigratorio había tenido antes. El Congreso norteamericano pasó el Bilingual Education Act en 1968, y el Bilingual Voting Rights Amendment en 1975. Esto generó alarma en la población anglosajona, que introdujo en 1981 en represalia el English Language Amendment.

Stavans encuentra similitud entre el proceso que está sufriendo el idioma español en Estados Unidos y el que siguiera el Yidish en la comunidad judía europea. Piensa que el español va a rehacer sus raíces en Estados Unidos. El Yidish es una lengua creada a partir de varias lenguas: el hebreo, el alemán y, en proporción menor, otros idiomas. Antes del Holocausto había once millones de personas que lo hablaban y generó una rica literatura. Basado en esto Stavans cree que el Spanglish es realmente la lengua del futuro. El español, sin embargo, no es una lengua extranjera en Estados Unidos: se ha mantenido en el Sudoeste desde 1848, cuando esa extensa región que pertenecía a México pasó a su poder. No sólo el español es una de las lenguas de Estados Unidos (la Constitución no designa ninguna lengua como "oficial"), sino que su poder político aumenta día a día.

Stavans está a favor de que se siga impartiendo educación bilingüe en las escuelas públicas. La educación bilingüe, considera, es semejante al proceso irreversible de la modernidad, que disloca y desplaza a las culturas y, por ende, genera dislocación psíquica, pero es imposible concebir la modernidad sin este desplazamiento, sin el proceso de transculturación y traducción que esto implica. Estos cambios sociales exigen un proceso de adaptación, tanto por parte de los inmigrantes como de aquellos que los reciben y conviven con ellos. Stavans está de acuerdo con Pérez-Firmat, quien considera que la cultura cubana es resultado de un largo proceso de traducción y adaptación de la cultura europea a un nuevo ámbito (140).

En el capítulo sexto, "Toward a Self-Definition", Ilán Stavans vuelve a hacer una pregunta que para muchos lectores norteamericanos puede resultar falaz: ¿hay una identidad Latina? Para responder a esta pregunta, considera, hay que entender cómo los anglos perciben a los Latinos y cómo los Latinos se ven a sí mismos. Esta pregunta sobre la identidad ha preocupado mucho a los pensadores hispanoamericanos. Los Latinos en Estados Unidos buscan su propia identidad, y este proceso de búsqueda debe dividirse en dos etapas: antes y después del movimiento chicano de los años sesenta. Es un proceso lento, y cada escritor habla desde el grupo hispano al que pertenece: Chicano, puertorriqueño, cubano, dominicano, y no se refiere a la totalidad de los Latinos. Entre los escritores que discuten la identidad hispana se notan interpretaciones diferentes, según que los escritores piensen que deben asimilarse a la cultura norteamericana, o ser fieles a la cultura de su país de origen. En todos los casos estos escritores resisten perder su identidad hispana, y así lo testimonian las autobiografías publicadas por Piri Thomas, Ernesto Galarza y Esmeralda Santiago, entre otros. La autobiografía es uno de los géneros favoritos de los inmigrantes, que discuten de esta manera la problemática moral con la que se enfrentan.

En el capítulo siete, "Culture and Democracy", Stavans analiza la sociedad norteamericana contemporánea y se muestra como un agudo e intuitivo sociólogo. Reconoce que en Estados Unidos los diversos grupos de habitantes se ordenan más por su origen étnico, que por su clase social. Los Hispanos no son los únicos norteamericanos que tienen una identidad compuesta: además de los hispano-norteamericanos, están los asiático-norteamericanos, los afro-norteamericanos, etc. El norteamericano es un pueblo dividido, donde sus ciudadanos están separados entre sí por un abismo. La que fuera considerada tierra de la oportunidad es una sociedad fragmentada, que corre el peligro de transformase en tierra de la "otredad".

Los norteamericanos han creado una imagen de los Hispanos como individuos de segunda clase, desorganizados, haraganes, rebeldes, inestables. Los Hispanos también tienen sus propios prejuicios frente a los Anglos: los consideran fríos, ambiciosos, indiferentes. La formación eurocéntrica de los Anglos los lleva a ver a los Hispanoamericanos como vecinos inferiores: España no era considerada parte de la Europa moderna, y sus ex-colonias viven en el atraso. Así los Hispanos de Estados Unidos viven preocupados en satisfacer las necesidades inmediatas del presente, y están traumatizados por un pasado sin resolver. Este proceso de aceptación dura ya más de ciento cincuenta años. Pero una nueva conciencia latina está emergiendo, afirma Stavans (168-9). Lo que más está ayudando a redefinir la cultura hispana no son las protestas sociales, sino la importancia comercial que van asumiendo para los norteamericanos los muchos millones de Latinos que viven en el país, y que cada vez tienen más representatividad como consumidores y más peso político como votantes. La colectividad hispana está entrando en un proceso de "democratización", viajando de una zona de rebelión y conflicto a otra de libertad civil y respeto.

Históricamente los escritores de los países latinoamericanos han defendido la necesidad de modernizar sus sociedades, han luchado por liberalizar sus países y han denunciado las injusticias sociales, a pesar que los gobiernos dictatoriales hicieron lo posible por silenciarlos. La censura impuesta terminó estimulando a los escritores, que promovieron desde la literatura el progreso y la libertad, contribuyendo al debate político. Los Hispanos perciben a sus escritores como voceros de los intereses de las masas. Ven a poetas y novelistas como políticos posibles. Stavans piensa que los Hispanos se crean falsas esperanzas: la política de los escritores, dice, solo nos sirve para entender sus dilemas personales (172). Después de varias décadas de conflictos políticos en Latinoamérica, entre grupos revolucionarios y gobiernos dictatoriales, el final de la guerra fría a principios de los anos noventa derribó la utopía socialista (al menos la imitación del modelo soviético), cuyas ideas habían impulsado a los revolucionarios en toda Latinoamérica a luchar contra las dictaduras, después del triunfo de la revolución cubana en los sesenta. Los gobiernos neo-liberales de los noventa, sin embargo, crearon en la región serios problemas económicos y laborales, aumentando el desplazamiento de los trabajadores de la región a Estados Unidos.

El autor considera que la comunidad hispana carece de espíritu democrático, y que eso se debe a la historia cultural de los Hispanos. La cultura hispana fue hija de la Contrarreforma europea y nunca tuvo una verdadera Ilustración. Los países hispanoamericanos imitaron la letra de las constituciones de Estados Unidos y Francia, pero no asimilaron sus ideas filosóficas fundamentales. Además, los países hispanos carecen de una tradición crítica sólida. No han desarrollado un marco intelectual propio para sus culturas.

Los responsables de difundir la cultura latina en los Estados Unidos son los académicos, y su número se ha multiplicado en las universidades norteamericanas a partir del auge literario de la novela hispanoamericana en los años sesenta: el famoso "Boom". Stavans nota el poco esfuerzo que hacen los académicos por salir de sus ciudadelas amuralladas, los recintos universitarios, y participar en la vida de la comunidad hispana. Si bien los programas de Estudios Chicanos se crearon en las universidades a partir de 1968, no se ha hecho lo suficiente por difundir la cultura de los Latinos. Hace falta el establecimiento de nuevos programas que se enfoquen en ellos. Los estudiantes hispanos están ansiosos por tener un despertar cultural y buscan una nueva identidad latina. Es imprescindible revisar el curriculum y revaluar los objetivos nacionales de la educación en el país. Los escritores hispanos provienen en general de la clase trabajadora, y una vez que pasan por la universidad y se hacen profesionales, deben luchar para permanecer fieles a sus orígenes.

Hasta la década del ochenta los escritores hispanos fueron ignorados en Estados Unidos. La primera literatura surgida en los cincuenta era rural y autobiográfica; luego vino la literatura urbana, testimoniando la vida en los barrios hispanos. Para la literatura fue mucho más difícil abrirse camino que para las artes populares, como por ejemplo la música. Durante los años noventa tuvo un gran éxito la narrativa de los Hispanos que escriben en inglés. Esto se debió en gran medida a que los lectores Anglos se interesaron por saber más de los Hispanos, y los Hispanos del presente son más educados que los del pasado y dominan mejor el inglés literario. La educación promueve la democracia, pero la literatura sólo es buena para las elites cultas que leen, y que están al nivel estético de las obras. La comunidad hispana está mejorando su situación económica, y los estudiantes latinos aprecian leer obras de su comunidad. Hay, potencialmente, un público lector de obras latinas, pero los editores y los escritores necesitan hacer más esfuerzos para llegar a él.

Stavans considera que los Hispanos son capaces de hacer su aporte propio a la cultura norteamericana. Primero, tienen que reescribir su historia dentro de la nación norteamericana y reinventarse como cultura (191). Luego, necesitan extender sus fronteras culturales, abarcar a toda la nación norteamericana y a las naciones de Latinoamérica, para que Estados Unidos forme con estas últimas un mismo continente cultural.

Stavans concluye el libro con una carta dirigida a su pequeño hijo. Allí hace su contribución autobiográfica a la historia de los Chicanos, y explica su situación personal excepcional en Estados Unidos. Nos habla de las dificultades que enfrentó al llegar al país como estudiante becado desde México en 1985, y de su relación con la vida social mexicana. Reconoce que en México vivía en una isla cultural y que ignoraba lo mexicano. Al venir a Estados Unidos una transformación se operó en él: se volvió Latino, un latino blanco de religión judía. Le confiesa a su hijo que no había entendido el significado de la palabra "raza" hasta llegar a Estados Unidos, ya que México es una sociedad multirracial y sus habitantes no reconocen su propia heterogeneidad mestiza (196). América no es sólo una nación, como consideran implícitamente los norteamericanos al denominar a su país América, sino que es todo un continente, que incluye a Latinoamérica. Stavans se siente identificado con los Estados Unidos, lleva a ese país "en la sangre". Ha encontrado su lugar en esa sociedad, aunque reconoce que siempre va a ser un mexicano que vive en Estados Unidos.

Cree que el multiculturalismo es la respuesta que nos ayudará a vivir en un mundo mejor. Los Latinos han dejado de ser marginales y se volverán protagonistas en la sociedad norteamericana, pero siempre habitarán en un mundo compuesto: Hispano-Norteamericano (199). La lengua española permanecerá en Estados Unidos, y la asimilación nunca va a ser completa. Por lo tanto los Latinos siempre resultarán relativamente extraños en su propia tierra. Stavans acepta que su interpretación es personal y parcial: no pretende representar el punto de vista de todos los Hispanos.

En este libro Ilán Stavans lleva a un excelente resultado un trabajo intelectual difícil, en el que se puede considerar un pionero: interpretar la condición de los Hispanos en los Estados Unidos. Es una cuestión compleja para observar: los Hispanos no son un grupo homogéneo, y hace falta conceptualizar un ente plural. Stavans se apoya en

la rica tradición del ensayo mexicano y latinoamericano. Su formación literaria y humanística, su habilidad para "navegar" en las aguas
del pensamiento y del saber académico, le permiten enfocarse en la
historia cultural de los Hispanos, y reflexionar con gran habilidad y
fuerza persuasiva sobre sus logros y sus limitaciones. Si su discurso
no logra siempre encontrar explicaciones claras, es porque se aventura en temas muy complejos, y toca aspectos sociales donde chocan las
aspiraciones de grupos humanos con las limitaciones de la economía
y la política.

Este libro de ensayo es un importante comienzo, y no dudo que
aparecerán otros ensayistas que, partiendo de sus explicaciones,
logren echar más luz sobre la cultura y la identidad de los Hispanos en
Norteamérica. Stavans trae a la cultura norteamericana la intuición y
el estilo irreverente del ensayo hispanoamericano, e interpreta los problemas con originalidad. El ensayista confiesa su adherencia a una
causa, porque no puede ni quiere quedarse al margen de la cuestión.
Es un tipo de ensayo en el que pulsa la tensión existencial de la temática abordada. Los ensayistas hispanoamericanos, como Sarmiento,
Martí, Rodó y Paz, son nuestros pensadores y nuestros filósofos: a través de ellos Hispanoamérica ha hecho una contribución permanente a
la cultura. El trabajo de Stavans se inscribe en esta tradición. Esta es
filosofía hecha a la medida de nuestras necesidades, filosofía práctica
que busca resolver problemas concretos. Pensamiento fundacional y
humanista. Responde a una pregunta básica: ¿quiénes somos? Los
Hispanoamericanos nos hemos hecho siempre esta pregunta, desde
que el primer europeo puso sus pies en América y el ser nacido del
mestizaje de dos continentes observó su propia extrañeza. Hoy, los
Hispanos tenemos que reconocernos, otra vez, en América, pero en
una América en la que no somos dueños de nuestro destino, hablando
una lengua distinta, y esperando de otra cultura reconocimiento y
favores. Este ensayo también testimonia esa pérdida, ese fracaso político de las burguesías latinoamericanas que expulsan a sus pobres que,
sin educación ni trabajo, salen a buscar en el exilio el pan que les
negaron en su propia tierra. Historia moderna de una sociedad global
donde los desplazamientos culturales masivos resultan amenazadores,
hasta el punto que los Estados Unidos, y también los países europeos,

erigen invisibles barreras raciales para defenderse de una alteridad que temen.

Bibliografía citada

Anzaldúa, Gloria. *Borderlands/La frontera The New Mestiza*. San Francisco: Aunt Lute Books. 2nd. edition, 1999.

Pérez-Firmat, Gustavo. *The Cuban Condition: Translation and Identitiy in Modern Cuban Literature*. New York: Cambridge University Press, 1989.

Rodríguez, Richard. *Hunger of Memory The Education of Richard Rodriguez An Autobiography*. New York: Bantam Books, 1983.

Stavans, Ilán. *The Hispanic Condition Reflections on Culture and Identity in America*. New York: Harper Perennial. Primera edición en rústica, 1996.

—————. *The Hispanic Condition The Power of a People*. New York: New York: Rayo. Segunda edición revisada y actualizada, 2001.

—————. *Imagining Colombus The Literary Voyage*. New York: Twayne Publishers, 1993.

—————. *The Essential Ilan Stavans*. New York: Routledge, 2000.

—————. "Autobiographical Essay". *The Essential Ilan Stavans...* 75-88.

—————. "Introduction". Domingo F. Sarmiento, *Facundo or, Civilization or Barbarism*. New York: Penguin, 1998. VII-XXXII.

West, Cornell. *Race Matters*. New York: Vintage Books, 1994.

La teoría post-colonial
y el ensayo hispanoamericano

L as teorías post-coloniales de interpretación de los textos literarios y no literarios (en particular, el ejemplo de las investigaciones de Edward Said) incitan a los críticos de textos hispanoamericanos a comparar sus propias investigaciones, o a releerlas, a la luz del pensamiento crítico postcolonial.[1]

Para los críticos hispanoamericanos, pertenezcan ya a la academia o a la crítica independiente vehiculizada a través del circuito parauniversitario (que produce revistas culturales en los centros metropolitanos, como *Revista de crítica literaria,* dirigida por la francesa

---

[1]   Son numerosos los estudios de reciente publicación. Entre ellos debemos citar: Alfonso de Toro, ed., *Postmodernidad y postcolonialidad. Breves reflexiones sobre Latinoamérica.* Frankfurt am Main: Klaus Dieter Vervuert, 1997; Fernando de Toro, Alfonso de Toro, eds., *Borders and Margins: Post-Colonialism and Post-Modernism,* Frankfurt am Main: Klaus Dieter Vervuert, 1995; Hermann Herlinghaus, Monika Walter, eds., *Postmodernidad en la periferia. Enfoques latinoamericanos de la nueva teoría cultural,* Berlín: Langer Verlag, 1994; Josefina Ludmer, ed., *Las culturas de fin de siglo en América Latina,* Rosario: Beatriz Viterbo Editora, 1994; Nelly Richard, ed., *La estratificación de los márgenes. Sobre arte, cultura y políticas,* Santiago de Chile: F. Zegers Editor, 1989; Néstor García Canclini, *Culturas híbridas. Estrategias para entrar y salir de la modernidad,* Méjico: Grijalbo, 1990, en que encontramos ensayos de numerosos críticos latinoamericanos, profesores muchos de ellos en Universidades de Estados Unidos y de Europa: Alfonso de Toro, Fernando de Toro, Walter Mignolo, Hugo Achúgar, Josefina Ludmer, Sara Castro-Klarén, José Joaquín Brunner, Nicolás Rosa, Alberto Julián Pérez, H. Daniel Dei, Rosa María Ravera, Beatriz Sarlo, Jesús Martín-Barbero…

Nelly Richard en Santiago de Chile, y *Punto de vista*, dirigida por Beatriz Sarlo en Buenos Aires), resulta renovador que una corriente crítica no sea producto exclusivo de los investigadores europeos que han dominado la creación del saber de la modernidad, o de los norteamericanos, líderes en el campo de la investigación universitaria desde hace ya muchas décadas, sino resultado de una compleja diáspora de intelectuales de los países más pobres y dominados, emigrados a los centros universitarios internacionales, en los Estados Unidos en particular. Estos intelectuales piensan su producción cultural en relación a las corrientes culturales vehiculizadas por el saber metropolitano hegemónico de los grandes centros europeos y norteamericanos, y la ven como una cultura que se asimila a ese saber o lo asimila, voluntaria o involuntariamente, con un buen grado de antropofagia y de violencia.[2] La crítica post-colonial ha encontrado relaciones insospechadas entre el conocimiento, el poder y la literatura.[3]

La problemática cultural y social de las Repúblicas latinoamericanas tiene más puntos en común con las situaciones que enfrentan los intelectuales de la India, del Medio Oriente y de África, que con los conflictos que enfrentan los intelectuales europeos y norteamericanos en sus propias culturas. Los identifica la dirección del punto de vista desde el que observan los fenómenos: de los países dominados a los

---

[2] Los intelectuales más reconocidos en los estudios post-coloniales son Edward Said, de origen palestino, aunque educado en Inglaterra; Homi Bhabha y Gayatri Spivak, ambos de la India, aunque muchos otros intelectuales han hecho substanciales aportes, como Aijaz Ahmad, de India, Bill Ashcrof, australiano y el africano Kwame Anthony Appiah (Bart Moore Gilbert, *Postcolonial Theory. Contexts, Practices, Politics*, Verso: New York, 1997).

[3] Los intelectuales y artistas hispanoamericanos durante el primer siglo de vida independiente voluntariamente asociaron y asimilaron el saber y el poder a la literatura y el arte, y encontraron en espacios escriturarios mixtos, como el periodismo, el lugar adecuado para plantear esta interrelación entre ambición política, búsqueda de un saber fundacional ligado a la producción de la nacionalidad y el ser nacional, y la expresión de las necesidades de representación, tanto íntimas como sociales, en un medio discursivo que combinaba lo estético y lo político. Esto es evidente en obras como el *Facundo*, 1845, de Domingo F. Sarmiento; "El matadero", 1838, publicado en 1871, de Esteban Echeverría; *Amalia*, 1851, de José Mármol; *Martín Fierro*, 1872 y 1879, de José Hernández.

dominantes. Y los diferencia la experiencia histórica regional: el tipo de dependencia que sufrieron y sufren, el origen y naturaleza de esa dependencia, las consecuencias que esa experiencia política, económica y social tuvo y tiene sobre su cultura e instituciones.

El ensayo hispanoamericano, a lo largo de su historia, ha sido influido por las escuelas de pensamiento europeas populares en cada época, y está cargado de la capacidad de auto observación e introspección de nuestros intelectuales.[4] Sarmiento tuvo una formación europeísta; los conceptos aprendidos en sus lecturas, sin embargo, no condicionaron enteramente sus interpretaciones sociales, culturales y

---

[4]   La reflexión histórica y el autoanálisis es una de las áreas en que el pensamiento latinoamericano tiene más tradición y continuidad. Se inicia con el Descubrimiento, a partir de los informes y los ensayos de conquistadores y misioneros, así como de los informes indígenas sobre su cultura nativa. Se potencia y multiplica durante la crisis colonial de principios del siglo XIX, y la consolidación de las Repúblicas independientes, cada una con su propia cultura nacional.

Bello, Sarmiento, Bolívar, Alberdi, Juárez representan el surgimiento de un pensamiento fundador de las nacionalidades y observan críticamente el pasado colonial (Zum Felde 73-138). Los pensadores independentistas ven a España como un imperio enemigo de la modernidad. Para Sarmiento, España representaba la cultura del Medioevo: el poder de la monarquía católica absolutista (Sarmiento 167-175). Era la parte "bárbara" de Europa. Francia, Inglaterra representaban la Europa civilizada, cuya cultura debíamos los americanos emular, y Estados Unidos era el país americano de vocación moderna, modelo del progreso republicano. Para los líderes independentistas y los fundadores del Estado nacional, en momentos en que las guerras civiles desatadas en Hispanoamérica creaban inseguridad y ponían en cuestión la integridad territorial, el desafío en América era sancionar Constituciones liberales republicanas modernas para implantar definitivamente una estructura comercial y económica abierta y progresista, capaz de garantizar el desarrollo de un capitalismo autónomo.

Al pensamiento del período independentista revolucionario le siguió el pensamiento modernizador liberal, y el pensamiento cientificista "positivista" de los líderes que buscaban consolidar las ganancias materiales de las libertades políticas recientemente adquiridas con grandes sacrificios. Luego vino el pensamiento "modernista", el "nacionalista", el "marxista"… No es mi intención hacer una historia intelectual de este pensamiento aquí, pero sí indicar que en él está el germen de aquello que podemos denominar el "saber hispanoamericano".

políticas de un país en estado de transición, porque logró dar a su pensamiento la apertura y plasticidad que sólo un gran pensador puede tener cuando posee la fortuna de pensar por sí mismo. Sarmiento transformó a la cultura europea en algo ancilar a la cultura emergente americana. Llamar a Sarmiento eurocéntrico es definirlo de manera incompleta: es además egocéntrico y américo-céntrico. Su pensamiento gravita, desde su inicio como escritor hasta el momento de su muerte, en el mundo americano. Sarmiento, como Martí y Martínez Estrada, se propusieron pensar a América y fueron consecuentes con su búsqueda.[5] Los intelectuales latinoamericanos tenemos una cuenta pendiente con ellos: aún no hemos sabido sintetizar adecuadamente su pensamiento con la seriedad que se merecen e integrarlo a nuestra filosofía de América y a nuestro saber sobre el mundo.[6]

---

[5] Tanto Sarmiento como Alberdi han sido ampliamente estudiados, dado su papel de padres intelectuales de la segunda revolución argentina y líderes del pensamiento liberal, además del papel político que tuvieron. Esto no significa, sin embargo, que sus nombres formen parte de la biblioteca activa de los jóvenes intelectuales argentinos y latinoamericanos. También los cubanos han creado un culto alrededor de la figura de Martí.

[6] Las corrientes filosóficas (o de implicaciones filosóficas) que nos vienen de Europa o Norteamérica, sean éstas la deconstrucción derrideana, el post-estructuralismo, el post-modernismo, el post-colonialismo, se trasforman, la mayoría de las veces, en modas pasajeras, no porque carezcan de valor filosófico, sino porque los pensadores e intelectuales, y los académicos, prefieren tomar de éstas su vocabulario y sus ideas, de las que hacen un uso rápido y utilitario, mientras se preparan para las próximas novedades que las reemplazarán en poco tiempo. Esta manera de proceder sólo indica la inmadurez para pensar, así como los profundos complejos de inferioridad de la mayor parte de los intelectuales latinoamericanos, que sólo se infatúan para citar a Derrida y Said, pero no saben bien qué hacer con el pensamiento de Martínez Estrada o Kusch. Se han creado una jerarquía intelectual en que sus pensadores tienen un valor mínimo. Por supuesto que hay que leer a Derrida y Said, pero también hay que aprender a leer a los propios pensadores, que es exactamente lo que hacen los europeos. Aprenden a conocer su pensamiento primero y muy pocas veces se aventuran fuera de él. Para hacer posible el post-colonialismo como pensamiento tuvieron que llegar académicos de Palestina e India a Estados Unidos a meditar sobre las implicaciones culturales del colonialismo europeo. Los europeos nunca dejaron de autoconocerse y de leer a sus propios intelectuales, y aún subestimaron a pensadores como Unamuno, por conside-

Quizás el ejemplo moral de los críticos post-colonialistas, como Said y Spivak, que investigaron a pensadores no canónicos de culturas consideradas marginales, pueda motivar a los latinoamericanos a estudiar el pensamiento propio de manera sistemática. Si Bhabha, de origen indio, emigrado al sistema universitario norteamericano, investiga a Fanon, intelectual y psicoanalista de Martinica, educado en Francia y pensador de la cuestión y la revolución algeriana ¿por qué nosotros, por ejemplo, no podemos investigar a Kusch, pensador argentino universitario y porteño, formado en la filosofía de Heidegger, que fue a buscar el ser americano en el mundo ancestral andino, lejos de su Buenos Aires natal? Esta tarea es tan urgente que, nuestro limitado conocimiento del pensamiento propio, amenaza nuestro desarrollo intelectual independiente. El crítico George Yúdice nos advierte sobre la necesidad de establecer nuestras prioridades en Latinoamérica: si superponemos el saber de los críticos post-colonialistas radicados en Estados Unidos, a nuestro pensamiento sobre la cuestión colonial, sin haber previamente sintetizado y elaborado este último, confundiremos los registros, y trataremos al pensamiento post-colonial como a otra teoría importada que, al no saber dialogar con el problema de América, sólo será un adorno de las conversaciones de café (Yúdice 1-8).

Debemos dar a nuestros propios padres intelectuales peso de autoridad. Y tenemos buenos ejemplos dentro del mundo hispanohablante de lo mucho que se puede ganar atreviéndose a pensarse: el caso de Don Miguel de Unamuno. España tuvo que llegar a la crisis de su decadencia imperial y colonial para mirarse, desengañada, en el espejo de sus intelectuales. Los latinoamericanos somos más autocomplacientes, y a pesar de lo difícil de la situación socio-política de nuestro continente, nos aferramos a nuestros sueños y utopías. Nos vino bien el marxismo, como antes nos venía bien el positivismo. Esos mundos modernos proyectivos de utopías de plenitud hablaban al sentido poé-

---

rarlo marginal a la problemática filosófica de la Europa "moderna" (Nozick 7-9). Ni qué decir del valor que estos pensadores europeos pueden darle a un Martí o a un Mariátegui. Los entenderían como meros pensadores dependientes, malos imitadores de pensadores liberales y marxistas originales. Pensadores confusos pre-filosóficos sin valor.

tico del sueño de América. En Latinoamérica nos leemos poco y mal entre nosotros. Y si hay una disciplina que trata de pensar a Latinoamérica como una totalidad, no ha sido precisamente promovida allí (Richard 345-361). Son los norteamericanos y los europeos los que han dividido el mundo en regiones para mejor influir en ellas. Ellos han creado los Estudios Africanos y los Estudios Latinoamericanos, entre otros.[7]

Los latinoamericanos aún tenemos que apropiarnos de la libertad de pensar. La tuvieron Sarmiento y Alberdi en su momento. Pero luego no supimos mantenerla. No hemos sabido apoyar y respetar a nuestros pensadores libres.[8] Importamos ideas y teorías de pensadores "profesionales" de afuera para que piensen por nosotros. Pero no pue-

---

[7] Para pensar a América, el dilema de América, las autoridades debieran ser Martí y Mariátegui, Vasconcelos y Martínez Estrada, O'Gorman y Kusch: allí, entre líneas y literalmente, está el pensamiento de América. Jameson y Said, Bhabha y Spivak pueden ayudarnos a pensar, pero este pensamiento naturalmente resultará secundario y ancilar para la filosofía primera de América. Y así debe ser. Así piensa todo pueblo que se precie. Los europeos y los norteamericanos no van a reconocer nuestra "madurez" intelectual porque citemos a Derrida y a Lyotard. Nos reconocerán cuando demos prueba de un pensar y un saber maduros. Cuando demostremos que nos conocemos a nosotros mismos. Pero ¿cómo conocerse? Es fácil decirlo. Para conocerse lo primero es leerse y estudiarse, leernos y estudiarnos. Aprender cómo hicieron para conocerse los pensadores que trabajaron en nuestro dilema antes que nosotros. Quizá incluso sea necesario formar un movimiento intelectual que lleve a crear más revistas de pensamiento latinoamericano, congresos de pensamiento latinoamericano, seminarios y foros, donde los latinoamericanos discutan exhaustivamente su propio pensamiento, el pensamiento sobre su ser, sobre la filosofía primera latinoamericana. No es que no hayan existido intentos en este sentido. La Biblioteca Ayacucho, a la que tanto contribuyera el genio de Ángel Rama, quizá sea un ejemplo de cómo dar al pensamiento latinoamericano la dignidad y el espacio que debe tener en nuestra vida intelectual. Pero aún falta mucho por hacer. Por eso es que debatimos con insatisfacción las nuevas ideas culturales que nos anuncian que ha pasado una época –la modernidad– y se ha iniciado otra –la postmodernidad. Tan marginales fuimos a la primera como lo somos para la segunda.

[8] Si yo dijera, por ejemplo, que Juan Domingo Perón, fue un gran ensayista y pensador, original y americanísimo, muchos no me tomarían en serio. Sin embargo, pienso demostrarlo en un trabajo futuro.

den. Necesitamos crecer a partir de lo que somos. No podemos hacerlo en el molde de un pensamiento ajeno. Tenemos que vencer esa alienación ancestral que es el destino de los pueblos ciegos a sus propios valores.[9]

Necesitamos hacer del rico pensamiento de nuestros ensayistas un modelo para pensar el mundo desde la periferia. Martí en "Nuestra América" explica que la intención original del pensamiento americano fue darle libertad a América y forjar un hombre americano. Los intelectuales no habían sabido entender la complejidad de la situación, sin embargo, porque eran "miopes" y veían con anteojos prestados. Hacían falta pensadores auténticos (91). Creía que debíamos confiar en nuestra capacidad y en nuestros valores, quitarnos ese sentimiento de inferioridad "colonial" que nos aplastaba. Esto mismo sostiene Borges en un ensayo germinal donde dice que los escritores argentinos no tienen que demostrar a nadie que son argentinos, ni utilizar subterfugios criollos o regionalistas para probar la existencia de su cultura: han heredado la cultura del mundo y tienen libertad para pensar todo (Borges 267-274). Se es argentino por una fatalidad cultural aunque no se lo quiera.

En esta vena podemos afirmar que los latinoamericanos no necesitamos transformar nuestra vida intelectual en una "carrera" pueril de modernización, yendo tras cada nueva moda intelectual, para ser aceptados como pensadores capaces e inteligentes. Esto lo entendió muy bien Unamuno, que se reía de las modas (1187-95). Una excelente teoría europea puede ayudarnos a pensar nuestros problemas, como la filosofía de Heidegger ayudó a Kusch a pensar la América indígena, "profunda", pero también puede transformarse, mal usada, en una fuerza distorsionante, que nos ciegue, e impida que nos veamos. Kusch nos advierte que el ser americano tiene miedo de verse, y hace cualquier cosa por defender su alienación (9-14). Nuestro desco-

---

9   Puede ser que los latinoamericanos persigamos con atraso el tiempo de la modernidad y el de la post-modernidad. Pero ese hecho histórico y material difícil de aceptar no implica que no tratemos de ver el dilema del sujeto americano y del ser americano, no meramente en sus contingencias, sino en su esencia, como trató de hacerlo Kusch.

nocimiento no es simplemente incapacidad, sino represión y horror a
ese vacío que podemos sentir al enfrentarnos con la cuestión de
América. Un primer paso, entonces, es luchar por superar ese horror.
Las Universidades pueden colaborar en este proceso creando más
cátedras sobre la historia intelectual de América, sobre el ensayo latinoamericano, y estimulando a sus profesores y críticos a estudiar y
contextualizar a nuestros pensadores: Ramos Mejía, Rodó,
Ingenieros, Rojas, Sierra, Gaos, Ponce, Mariátegui, Vasconcelos,
Martínez Estrada, Kusch, Rama... Ese pensamiento criollo es nuestra
base intelectual. Esto no significa abandonar el deseo de universalismo, pero es contraproducente pensar siempre mediante categorías
generales que no nos dejan ver nuestra particularidad (porque las usa-
mos tendenciosamente para ocultar nuestra particularidad), y nos asi-
milan a un género y a un producto. No podemos renunciar a vernos
como seres originales, como creadores...

Cualquiera que haya leído a críticos post-colonialistas como Said
y Bhabha descubre de inmediato que la problemática que ellos plantean, si bien rica, resulta relativamente extrínseca a nuestros problemas más inminentes. Varios de nuestros críticos (Rama, Cornejo
Polar) han discutido a su modo muchas de esas cuestiones. Es importante decidir qué pensamiento tiene prioridad sobre el otro. Por una
cuestión metodológica, debe ser el nuestro. Tomemos otra vez de
ejemplos a los críticos post-coloniales. Said desconfió de la generosidad cultural del colonialismo europeo y su beneficencia espiritual, y
asumió su distancia crítica frente a éste, y nosotros podemos descon-
fiar del colonialismo cultural y económico y criticarlo (no lo ha hecho
ya Eduardo Galeano en *Las venas abiertas de América Latina*?), y
mirar con recelo a nuestros mismos intelectuales eurocéntricos, tal
como lo hizo Martí. La crítica de Martí era autocrítica, puesto que él
mismo era un ensayista imbuido de las doctrinas intelectuales europeas y norteamericanas. Trató de entender las luchas internas de la sociedad latinoamericana e interpretar las carencias de los sectores que
competían por el poder. Dejó testimonio de esto en "Nuestra
América".

Ese desafío aún está en pie: hacer nuestra una América que nos
resulta parcialmente extraña, y aprender a respetar a nuestros pensa-

dores como respetamos a nuestros artistas. El amor hacia nuestros artistas nos nace, muchas veces, de la aprobación que éstos recibieron previamente en los centros internacionales de Europa y Estados Unidos; el pensamiento latinoamericano, en cambio, no es un objeto estético para vender. Este pensamiento nos resulta particularmente útil a nosotros y por eso tenemos que rescatarlo de la soledad de las bibliotecas. Esa será nuestra máxima declaración de independencia intelectual y las futuras generaciones serán las beneficiadas de la lección que nos diera Martí, el gran americano, hace más de un siglo, y aún tenemos que concretar en la práctica.

Las filosofías e ideas críticas de los pensadores de diferentes partes del mundo que piensan sus propios problemas culturales, íntimamente relacionados con los nuestros, como es el caso de los críticos post-colonialistas, pueden, potencialmente, hacer importantes aportes a nuestra maduración intelectual. El requisito para que esto sea posible es que nosotros asumamos previamente el peso histórico de nuestra problemática, lo cual implica asumir (críticamente) el pensamiento de nuestros pensadores, que nos lo confiaron no sólo en libros de ensayos (y en artículos de periódico) sino también en sus libros de ficción.[10] Pensar, en América, requiere encontrar un método, establecer prioridades, crear estándares y valores.

Los americanos somos pensadores naturales, como todos los pueblos. Que ese pensamiento esté bien expresado y aporte directrices al pensar de nuestras culturas y de otras depende de nosotros. De nuestra habilidad para sintetizarlo e integrarlo a nuestro pensar propio y proyectarlo en las generaciones futuras. Es labor de estudiosos y de maestros. De intelectuales que piensen sin prejuicios evidentes, sin miedos excesivos, con amor por el saber y compasión hacia el ser humano que se está formando en el espacio y el tiempo americano.

---

[10] ¿Cómo catalogar a Borges, como escritor de cuestionables "ficciones" (y es él mismo el que juega con el término) o como pensador y como alguien que borra las fronteras convencionales entre ficción, fantasía y pensamiento? Para Borges, lo creo, imaginar y pensar son una misma cosa.

Bibliografía citada

Achúgar, Hugo. "Reflexiones desde la periferia". *La biblioteca en ruinas. Reflexiones culturales desde la periferia.* Montevideo" Trilce. 25-43, 1994.

Borges, Jorge Luis. "El escritor argentino y la tradición". *Obras completas.* Buenos Aires: Emecé. Vol. 1. 267-274, 1974.

Fernández Retamar, Roberto. *Para una teoría de la literatura hispanoamericana.* Bogotá: Instituto Caro y Cuervo, 1995.

Galeano, Eduardo. *Las venas abiertas de América Latina.* Buenos Aires: Siglo XXI, 1971.

García Canclini, Néstor. *Culturas híbridas. Estrategias para entrar y salir de la modernidad.* Méjico: Grijalbo, 1990.

Herlinghaus, Hermann; Monika Walter, eds. *Postmodernidad en la periferia. Enfoques latinoamericanos de la nueva teoría cultural.* Berlín: Langer Verlag, 1994.

Kusch, Rodolfo. *Geocultura del Hombre Americano.* Buenos Aires: García Cambeiro, 1976.

Ludmer, Josefina, ed. *Las culturas de fin de siglo en América Latina.* Rosario: Beatriz Viterbo Editora, 1994.

Martí, José. "Nuestra América". *Sus mejores páginas.* México: Editorial Porrúa. Selección de Raimundo Lazo. 87-93, 1985.

Mignolo, Walter. "Posoccidentalismo: las epistemologías fronterizas y el dilema de los estudios (latinoamericanos) de áreas". *Revista Iberoamericana* 176-177. Julio-Diciembre 1996: 679-696.

—————. "La razón postcolonial: herencias coloniales y teorías postcoloniales". Alfonso de Toro, ed. *Postmodernidad y Postcolonialidad...* 51-70.

Moore-Gilbert, Bart. *Postcolonial Theory. Contexts, Practices, Politics.* New York: Verso, 1997.

Nozick, Martin. *Miguel de Unamuno. The agony of Belief.* Princeton: Princeton University Press, 1982.

Richard, Nelly. "Intersectando latinoamérica con el latinoamericanismo: saberes académicos, práctica teórica y crítica cultural". *Revista Iberoamericana* 180. Julio-Septiembre 1997: 345-361.

—————, ed. *La estratificación de los márgenes. Sobre arte, cultura y políticas.* Santiago de Chile: F. Zegeis Editor, 1989.

Said, Edward. *Culture and Imperialism.* New York: Vintage Books, 1994.

Sarmiento, Domingo F. *Facundo. Civilización y barbarie.* Madrid: Cátedra. Edición de Roberto Yahni, 1990.

Toro, Alfonso de, ed. *Postmodernidad y postcolonialidad. Breves reflexiones sobre Latinoamérica.* Frankfurt am Main: Klaus Dieter Vervuert, 1997.

Toro, Fernando de; Alfonso de Toro, eds. *Borders and Margins: Post-Colonialism and Post-Modernism.* Frankfurt am Main: Klaus Dieter Vervuert, 1995.

Unamuno, Miguel de. "Arte y cosmopolitismo". *Ensayos.* Madrid: Aguilar, 1951. Tomo II. 1187-1195.

Vidal, Hernán. "The concept of colonial and postcolonial discourse: a perspective from literary criticism". *Latin American Research Review* 28, 3 (1993): 113-119.

Yúdice, George. "A globalizacao e difusao a teoria pós-colonial". 8 pág. Ponencia presentada en el Congreso de ABRALIC, Universidad Fluminense de Río de Janeiro, 31.7.96, sin publicar.

Zum Felde, Alberto. *Indice crítico de la Literatura Hispanoamericana. El ensayo y la crítica.* México: Editorial Guarania, 1954.

Imaginación literaria

Tiempo y espacio en el *Facundo*

omingo Faustino Sarmiento (1811-1888) se describió a sí
mismo, y describió a su país, Argentina (en su pensamiento
ambos se parecen), como un sujeto, y una sociedad, que pertenecían a dos tiempos distintos. El individuo Sarmiento vivió en el
tiempo demorado de su provincia natal, San Juan, donde obtuvo su
primera formación y experiencia política, y luego en el tiempo moderno de la sociedad chilena estabilizada y progresista, que le abrió las
puertas al periodismo.

El tiempo de las ciudades reflejaba, según su propia descripción,
la organización social y el modo de pensar europeo; el tiempo de la
campaña, la vida del pasado colonial, "medieval" (*Facundo* 91). A
cada tiempo le correspondía un espacio propio. La campaña era la
heredera de los vicios morales y de la mentalidad del mundo colonial
español, al que consideraba responsable directo por el atraso de su
patria y la falta de actitud positiva en el habitante de su suelo hacia el
comercio y la industria.

Cuando escribió *Facundo*, 1845, y *Recuerdos de provincia*, 1850,
Sarmiento estaba en Chile, en un interregno, una otredad desde la que
observaba su país y su propia vida. Fue la biografía, la historia de una
vida, la que dio unidad a su observación; la imagen del héroe romántico, preso de su destino trágico, dominaba su imaginario (Palcos 40-
1). Presentó un tipo de héroe americano, y más específicamente argentino: Facundo, el bárbaro, el caudillo, el gaucho. Y frente a Facundo,
Sarmiento, el civilizado, el autodidacto, el periodista, el ilustrado.
Ambos eran fenómenos humanos nuevos en la América postcolonial.
Facundo y Sarmiento eran hijos de la Revolución. Los dos eran héroes políticos. Sarmiento describió a Facundo como un producto de la

sociedad pastoril que había hecho posible un modo de vida gaucha original. El gaucho poseía una sicología peculiar, un tipo de sociabilidad diferente, una expresión artística propia, una relación especial con su entorno semisalvaje. La lucha con el medio desarrolló en él una gran confianza en sí mismo, la tenacidad para sobreponerse a las dificultades; lo llevó a ser audaz y creativo, a actuar y emplear la violencia y aún el terror (*Facundo* 140-41). El gaucho argentino posee una personalidad fuerte e imponente, que otras naciones le echan en cara. Pero, ¡ay!, dice Sarmiento, que se declara orgulloso de este carácter agresivo (y antipático) del gaucho, "¿Cuánto no habrá podido contribuir a la independencia de una parte de la América la arrogancia de estos gauchos argentinos que nada han visto bajo el sol, mejor que ellos...?" (*Facundo* 73).

Nosotros comprobamos, al leer los testimonios personales de Sarmiento diseminados en *Facundo* y *Recuerdos de provincia,* que el medio inculto y las demandas insatisfechas de su sociedad, la falta de educación institucionalizada adecuada, el vacío de las leyes, la violencia militar, la crisis política, tuvieron un papel crucial en el desarrollo de su personalidad. Sarmiento era representante original de un estrato social que no disfrutó de las ventajas de las clases más acomodadas e ilustradas de Argentina. Era provinciano y pobre, con un padre irresponsable poco adicto al trabajo, y una madre que se tenía que ocupar de la manutención de la familia. Sus ascendientes familiares más valorados no pertenecían a la sociedad civil: eran sacerdotes, que habían tenido un lugar relativamente destacado en la sociedad de su época; eran hombres ilustrados, patriotas, y disfrutaban de cierto poder político dentro de la Iglesia, como el caso del Obispo de Cuyo Fray Justo Santa María de Oro, y el del Deán Funes, historiador y Cancelario de la Universidad de Córdoba, que contaba con una trayectoria meritoria en la educación.

Sarmiento logró autoeducarse gracias a su voluntad tenaz, a un apetito salvaje de lectura y a una enorme fe en sí mismo. Era hijo del suelo, de su ego, de su voluntad; era un carácter indómito, tal como el gaucho. Como dice en *Recuerdos de provincia,* "A mi progenie, me sucedo yo..." (254). El *yo* de Sarmiento, el yo absorbente y absoluto (Albarracín Sarmiento 399), el yo de ideas fijas y predeterminadas que le recrimina Valentín Alsina en sus cartas, donde le critica la interpretación que hace de la historia argentina en *Facundo* (381-2), se parece mucho al yo que Sarmiento le atribuye al jefe montonero.[1] Pero Sarmiento no podía reconocer esto: hacerlo hubiera implicado aceptar que en él convivían el civilizado y el bárbaro. Alberdi, en la primera de sus *Cartas Quillotanas*, le dice a Sarmiento, refiriéndose a la agresiva *Carta de Yungay* que este último publicara contra el General Urquiza: "La prensa sudamericana tiene sus caudillos, *sus gauchos malos*, como los tiene la vida pública en los otros ramos. Y no por ser rivales de los caudillos de sable, dejan de serlo los de pluma. Los semejantes se repelen muchas veces por el hecho de serlo. El caudillo de pluma es planta que da el suelo desierto y la ciudad pequeña: producto natural de la América despoblada." (Rojas Paz 140) La visión crítica de Alberdi era insoslayable y su agudeza desató la agresión abierta del sanjuanino.

Sarmiento nos presenta un mundo dicotómico: o se es civilizado o se es bárbaro. No pudo ver integradamente los aspectos enfrentados de la personalidad: lo destructivo y lo creativo, lo vital y lo tanático, lo instintivo y lo intelectual. La realidad social que muestra es la de un país en lucha intestina entre dos fuerzas que buscan destruirse: la civilización y la barbarie. Su libro es un argumento contra, y una explicación de la barbarie, así como una justificación de la civilización. Y tal como explica la barbarie en *Facundo*, apelando a la polémica figura del jefe montonero, explicará cinco años después la civilización en *Recuerdos de provincia*, tomándose a sí mismo como ejemplo: la civilización es él. El y su familia la representan. Esta civilización tiene dos etapas, como la historia de su país: la del mundo colonial hispano y su viejo saber absolutista y teocrático, y la de la Revolución independentista y su ideario enciclopedista y liberal eurocéntrico (España y su cultura para él quedaban relegadas de la Europa progresista y moderna).

---

[1] Valentín Alsina le dice que su interpretación es forzada, porque parte de ideas predeterminadas, y en lugar de derivar sus juicios de la realidad política observada, usa la realidad política para demostrar la supuesta verdad de sus ideas preconcebidas y la infalibilidad de su juicio (*Facundo* 381-2).

Sarmiento se percibió escindido, y vio a su sociedad en lucha y agonía, y este sentido de separación propio de su visión, a más de tener, creo, una base sicológica, tuvo también en su medio un fundamento social e intelectual. Pero Sarmiento se empeña en demostrar en *Facundo* que el alienado no es él, sino el mundo: la pampa está divorciada de la ciudad, el mal del bien.[2] Lleva el ejemplo a Europa: la cultura atrasada de España se opone a la moderna de Francia e Inglaterra. Y a América: el mundo primitivo de la Argentina de su época vs. el civilizado de Estados Unidos moderno. África salvaje y España africanizada se enfrentan también al mundo modelo europeo. Los árabes, los tártaros, son otros "bárbaros" comparables al gaucho. (*Facundo* 61-2). Su demostración es global.

Mientras escribía *Facundo,* Sarmiento "hablaba" a su lector desde un interregno espacial: Chile (y en particular al público chileno del periódico *El Progreso* donde apareció *Facundo* en la sección "Folletín") y acerca de un interregno temporal: los casi veinte años transcurridos en su patria desde el inicio del gobierno presidencial ilustrado de Rivadavia hasta la instauración del dominio, de la tiranía de la campaña, de los gauchos, de Rosas. Este último interregno amenazaba hacer retroceder al país infaliblemente al tiempo feudal, a la barbarie. Los hechos económicos, culturales, militares y políticos que él describe lo demuestran. Su objetivo era lograr que su país, como él, autoeducándose, *aprendiera* y progresara. Había que educar y abrir nuevos espacios en la pampa para la agricultura y la inmigración. Y había que mejorar la sangre. Porque para Sarmiento había buena y mala sangre: sangre bárbara, de gaucho (que convenía derramar sin ahorro, como escribió a Mitre) (Gálvez 351) y sangre civilizada, euro-

---

2   Alberdi le criticó su visión dicotómica, demostrándole que había creado un falso antagonismo entre civilización y barbarie. Según él la campaña no podía ser considerada bárbara, porque era la base de la riqueza del país, y la ciudad no podía ser considerada civilizada porque había sido centro de la reacción política en muchas oportunidades. Alberdi le demuestra a Sarmiento que lo que él caracteriza como fuerzas homogéneas enfrentadas, son en realidad tendencias heterogéneas y ambiguas. Dice Alberdi: "El autor (refiriéndose a Sarmiento) no comprende el papel que los intereses jugaron en la revolución de 1810…" (*Grandes y pequeños hombres del Plata*, 290).

pea, que convenía importar y difundir para salvar la patria y la civilización. Si el *Facundo* y *Recuerdos de provincia* parecen recorrer con distinta tesitura estas ideas fijas de Sarmiento, sus *Viajes* no hacen más que corroborar su visión de mundo: España es primitiva, salvaje, bárbara; Estados Unidos, civilizado, trabajador, superior; Francia, el centro de la civilización; África, primitiva, como la pampa, sus tipos humanos salvajes como el gaucho (Verdevoye 402-16).

Sarmiento deseaba literalmente cambiar el mundo con su voluntad, con la misma audacia que le atribuye a Facundo, y conocidas son sus desavenencias con el general Urquiza como Boletinero del Ejército Grande que iba a luchar contra Rosas, pues para él quien lo había ya casi derrocado en realidad, más que la espada, era su pluma, su fuerza mental, su *Facundo* (Gálvez 237). Sarmiento sentía fascinación y terror ante el bárbaro sublime que había sido Facundo, pero no podía admitir la actitud política de Rosas: su concertación (absolutista) de los distintos intereses en juego y de los diversos componentes del espectro social (exceptuados aquellos sectores de las elites ilustradas que lo atacaban), le parecían una patraña demagógica maligna. Sarmiento no podía aceptar que Rosas buscara su legitimación política apoyándose en el pueblo bajo, incluyendo, además de los gauchos, a los negros, y aún grupos de indios (*Facundo* 63-4).[3]

Rosas no era un tipo de héroe bárbaro "puro" como Facundo Quiroga. Facundo había sido un héroe trágico, valiente, instintivo, que triunfaba recurriendo al terror y la violencia; Rosas era un tirano hipócrita, frío y calculador, que mataba a través de su policía secreta, la Mazorca, y unía los instintos del "gaucho pícaro" (como le llamaba Dorrego[4]) con la astucia del hombre de Buenos Aires, que se sabía poseedor de una posición nacional de privilegio. También Sarmiento

---

[3]   Rosas, aunque no fue escritor de ensayos doctrinarios, más allá de sus opiniones diseminadas en documentos y cartas, escribió sin embargo una gramática y un diccionario de la lengua de los indios pampas, con quienes alternó en sus estancias ganaderas. Ver Juan Manuel de Rosas, *Gramática y Diccionario de la lengua pampa (pamparanquel-araucana)*, Buenos Aires: Edición Albatros, 1947. Edición de Manuel Gálvez.

[4]   Así lo indica Valentín Alsina en la nota 26 al *Facundo* en que hace una semblanza de Dorrego (411).

era, a su modo, un "héroe impuro": provinciano pero intelectual y autodidacto; escritor pero hombre de acción política y aún militar (o al menos así él lo creía, ostentando cada vez que tenía ocasión sus títulos militares[5]); civilizado y europeísta, pero de carácter violento, intolerante.

Para Sarmiento no había conciliación posible entre dos tiempos y dos modos de vida: la civilización tenía que destruir a la barbarie, es decir al gaucho y lo que él representaba. Podemos leer el *Facundo* como una profecía (y una elegía) de lo que habría de pasar en la lucha de predominio entre las distintas fuerzas sociales a la caída de Rosas, y como una obra de propaganda política en que el autor propone (en el último capítulo del libro) un programa de gobierno, que comparte con muchos de los proscriptos que pertenecían a la Asociación de Mayo,[6] y cuyos puntos fundamentales eran: la libre navegación de los ríos, la inmigración europea, la educación popular, el libre comercio, la sanción de una constitución nacional (363-7).

Sarmiento no supo (no pudo) concebir el mundo como una unidad posible de instinto y razón, civilización y "barbarie", yo y los otros. Para Sarmiento el Otro, el diferente, era un enemigo que amenazaba la subsistencia del yo. Y esto justificaba su guerra a muerte contra el otro, contra el "bárbaro", defendiéndose de la presunta agresión del otro contra su yo. Para el político "gaucho" de su época, para un Estanislao López, un Quiroga, un Rosas, el sector letrado que representaba Sarmiento, que quería marginarlos de la política nacional, tenía que recordarles otra situación anterior, de que nos habla Benedict Anderson: la muy reducida participación de los criollos en la administración económica y política española durante la colonia (56-9). Debido a esto, la "sociabilidad democrática", componente ideoló-

---

5   En *La vida de Dominguito*, por ejemplo, publicado en 1886, Sarmiento firma: "D.F. Sarmiento General de División". Gálvez refiere el poco aprecio que sienten los militares durante la campaña del Ejército Grande contra Rosas ante las supuestas dotes militares que Sarmiento cree que posee (232-6). El general Urquiza lo nombra Boletinero del Ejército pero no requiere su consejo militar, lo cual ofende a Sarmiento.

6   Especialmente J.B. Alberdi, Vicente F. López, J.M. Gutiérrez y Bartolomé Mitre.

gico fundamental en las luchas independentistas, como nos lo indica José Luis Romero, no se había desarrollado en las ciudades, centros administrativos del poder colonial, sino en la campaña, donde los criollos se habían visto libres de la tutela directa de la corona española (98-128). Esto explicaba la desconfianza de la campaña hacia los criollos comerciantes y profesionales, que habían sido colaboradores directos o indirectos de la administración colonial y querían adjudicarse la dirección de la Revolución con prescindencia de la campaña gaucha. Para los representantes de este último sector, con intereses bien definidos, el núcleo urbano de elite reproducía la odiosa división social que había existido durante la colonia entre los que tenían acceso al poder y los cargos públicos y los que, por un problema de origen y nacimiento, no lo tenían. ¿No estaban los unitarios opositores tratando de repetir aquella dolorosa exclusión, marginando de las decisiones y el poder político a la campaña y al gaucho, representantes de un modo de vida local original y americana?[7]

Para Sarmiento, y los jóvenes escritores y pensadores que integraron la Generación argentina del 37: Echeverría, Mármol, V.F. López, Gutiérrez, Alberdi, la etapa del rosismo significó un itsmo histórico, tiempo muerto que ellos usaron muy bien para proyectar el país deseado, la nación que querían tener; en cambio, para Quiroga, Estanislao López y Rosas, representantes de una democracia gaucha que culminó desgraciadamente en la tiranía de este último una vez desaparecidos los anteriores de la escena política (Quiroga fue asesinado en 1835, y Estanislao López murió de muerte natural en 1838), ése fue *su tiempo* histórico, el momento en que las masas rurales y los sectores populares se sintieron partícipes del poder político. A eso se debió seguramente el que esas masas dieran tanto apoyo al régimen rosista, al que defendieron con denuedo, como lo reconoció Sarmiento (*Facundo* 311).

---

[7] Sarmiento mismo reconoce en el *Facundo* que Rosas representaba un modo de ser y de sentir americano, y acusaba su posición "civilizadora" como extranjerizante y enemiga de la soberanía nacional (338-9). De hecho que así pareció cuando los emigrados argentinos enemigos del tirano apoyaron el bloqueo de Francia al puerto de Buenos Aires y la eventual invasión del territorio argentino (347-8).

Sarmiento, en su crítica, se sentía animado por un sentimiento de superioridad política: no reconocía la ley del Otro, la ley del gaucho, la ley de Facundo. Por eso justificó que el general Lavalle hubiera fusilado al gobernador Dorrego (*Facundo* 212-4), en una situación de abierta insurrección militar contra el poder civil legítimamente constituido, uso de la fuerza que tantas veces se repetiría en la historia argentina y en otras sociedades de América Latina situadas ante disyuntivas similares. Para Sarmiento el caudillismo no tenía legitimidad política ninguna, a pesar de haber sido los caudillos auténticos líderes populares. En cambio, un gobierno de las elites ilustradas, que marginara a los sectores populares, que él consideraba incapaces de una elección política acertada, y aún apoyara la extinción del gaucho, por lo que éste significaba, como representante de un tipo de vida bárbara, le parecían procederes perfectamente legítimos y de justo sentido moral. Justificó así mismo la intervención de poderes extranjeros en su país para destruir la tiranía de Rosas, aún cuando esto pudiera implicar un peligroso precio político a pagar a los países aliados una vez obtenido el triunfo (*Facundo* 347-8).

La visión de mundo de Sarmiento se apoya en la necesidad de la exclusión del Otro para salvar a la patria y juega con la idea de "sacrificio". Para él, Facundo termina siendo el caudillo sacrificado por Rosas en beneficio de su poder personal. Si se deseaba alumbrar la sociedad liberal futura, consideraba Sarmiento, era indispensable, así mismo, sacrificar la organización social vigente en las campañas pastoras. Además del gaucho, también había que sacrificar al indio, y se alegra de que las guerras civiles hubieran ya acabado con los negros, que apoyaban incondicionalmente el régimen de Rosas (334-5). Evidentemente, para Sarmiento, había tipos humanos superiores e inferiores: superiores eran su "yo" y los "doctores", los hombres ilustrados, los europeos (con excepción de los españoles) y los norteamericanos; inferiores, los gauchos ignorantes, los hijos "naturales", no educados, del suelo y los españoles, su civilización y cultura.

El autor de *Facundo* nos legó una imagen singularmente dramática y violenta de su sociedad (no por nada lo publicó originalmente en la sección de "Folletín" del periódico chileno *El progreso*). Valentín Alsina le indicó la "exageración" de su visión de mundo (*Facundo*

381-2), exageración, claro, que hace a la esencia de la literatura, y es parte integral de la noticia sensacionalista periodística. Para Sarmiento la *vida* (la biografía) era capaz de sintetizar todos los acontecimientos significativos de la Historia de su sociedad y su tiempo, porque la vida de un individuo elegido (Facundo o él mismo) era símbolo y substancia de la Historia, que estaba sometida a la lucha dialéctica entre el atraso y el progreso, la barbarie y la civilización (*Recuerdos de provincia* 80). Para nosotros, que meditamos sobre estos conceptos a más de ciento cincuenta años de ocurridos los hechos de que hablan esos libros, la civilización y la barbarie, nociones que Sarmiento tan obstinadamente trataba de diferenciar, son menos absolutas: podemos entender mejor su punto de vista, porque podemos, desde nuestra óptica privilegiada, ubicarlo en su contexto humano e intelectual.

Si nuestro escritor luchó tanto por separar la civilización de la barbarie es porque íntimamente sabía que en su sociedad y en él mismo ambas estaban demasiado cerca. La conciencia que tenía de su defectuosa formación autodidacta, su sentimiento de inferioridad por su falta de títulos académicos, su sentido de la improvisación, la tiranía de su temperamento fogoso y dogmático, su manera vehemente y atropellada de escribir, nos muestran a un hombre que, comparado a aquellos intelectuales europeos que él trataba de emular y que confrontó personalmente en sus *Viajes*, fue irremisiblemente y por fatalidad de su destino el *Otro* americano.

La enérgica condena sarmientina de la barbarie se une a la fascinación ante el personaje de Quiroga, el hijo de las llanuras salvajes de América, al que elevan los vientos de la historia. La misma ambigüedad siente en ocasiones frente a la sociedad casi colonial en que se crió: el rechazo de la barbarie primitiva y medieval de su región se transforma en amor cuando tiene que hablar de la etapa colonial de *su* familia, de *su* madre y sus tíos eclesiásticos.

Sarmiento vivió desgarrado entre dos sociedades y dos tiempos. Su escritura, paradójicamente, fundó *el presente político* de la literatura argentina. Como periodista, habló a los nuevos lectores de un mundo en transición, de un hecho actual inédito y contemporáneo: el caudillismo y las guerras civiles de su patria. En el *Facundo*, su primer libro, encontramos al país, su geografía, su gente, el arte gauchesco, la sicología del hombre rural, el cuadro de las ideas de los hombres ilustrados, los ideales europeístas de las elites educadas argentinas. Y encontramos al escritor Sarmiento como espectador y personaje hablándole directamente al lector de su presente político, en el que participa como militante.

Precisamente porque habla desde un interregno, temporal, espacial y también literario (la nueva literatura de su patria estaba en formación en esos años[8]), Sarmiento debe crear su propio tiempo "poético", apropiarse de un espacio literario inédito: está explicando una situación social y humana absolutamente original y tratando de describir al Otro. Es el mundo del Otro americano el que emerge del texto: el mundo de Facundo, el caudillo bárbaro, y el discurso y la voz del argentino Sarmiento, el escritor nuevo, que está forjando *su* literatura. Como dice en *Recuerdos de provincia*: "A mi progenie, me sucedo yo." (254). Es éste el momento en que Sarmiento da substantividad a su yo y lo sitúa en el presente político, ante un mundo aún por hacerse: ese yo y esa voz fundan una conciencia político-literaria nuestra (que se parece a nosotros). Por eso la seguimos escuchando, aún nos habla. Desgarrados hoy por muchas de las dicotomías que angustiaban a Sarmiento, todavía percibimos en la sociedad en que vivimos esa simultaneidad de atraso y de progreso que describía el ilustre sanjuanino. Reconocemos, sin embargo, que estas tensiones conflictivas que observamos, lejos de ser condiciones irreversibles de la realidad y de la Historia, forman parte de una manera de interpretar el mundo que caracteriza a la Modernidad.[9]

---

[8]   Esteban Echeverría, en su respuesta al artículo de Alcalá Galiano sobre el presente y porvenir de la literatura hispanoamericana, incluido en su "Ojeada retrospectiva sobre el movimiento intelectual en el Plata desde el año 37", reafirma su idea de que la literatura latinoamericana debe ser democrática y política, reflejando una preocupación americana, y de que en ese momento no hay gran literatura en Argentina, porque la sociedad se encuentra en una época de transición y no existen escritores profesionales (*Dogma Socialista* 107-11).

[9]   Sarmiento nos fundó la literatura y nos comunicó la interpretación de su realidad. Si el proyecto político de Sarmiento y la Generación del 37 se cumplió parcialmente después de la caída de Rosas, es porque era uno de los proyec-

Bibliografía citada

Albarracín Sarmiento, Carlos. "'A mi projenie me sucedo yo' Sarmiento en sus *Recuerdos de provincia*". Sylvia Wendts, Marta Royo, eds. *Homenaje a Aída Barbagelata*. Buenos Aires. Tomo 2: 395-426, 1994.

Alberdi, Juan Bautista. *Grandes y pequeños hombres del Plata*. Paris: Garnier, 1912.

Anderson, Benedict. *Imagined communities Reflections on the Origin and Spread of Nationalism*. New York: Verso. Revised Edition, 1991.

Echeverría, Esteban. *Dogma Socialista*. Buenos Aires: Editorial Perrot. Edición de Carlos Alberto Erro, 1958.

Gálvez, Manuel. *Vida de Sarmiento*. Buenos Aires: Emecé, 1945.

Palcos, Alberto. *El Facundo. Rasgos de Sarmiento*. Buenos Aires: Editorial Elevación. Segunda edición corregida y aumentada, 1945.

Rojas Paz, Pablo. *Alberdi, el ciudadano de la soledad*. Buenos Aires: Losada, 1941.

Romero, José Luis. *Las ideas políticas en Argentina*. México: Fondo de Cultura Económica, 1956.

Rosas, Juan Manuel de. *Gramática y Diccionario de la lengua pampa (pamparanquel-araucana)*. Buenos Aires: Ediciones Albatros. Edición de Manuel Gálvez, 1947.

Sarmiento, Domingo Faustino. *Facundo*. Madrid: Cátedra. Edición de Roberto Yahni, 1990.

——————. *Recuerdos de provincia*. Madrid: Anaya & M. Muchnick. Edición de María Caballero Wangüemert, 1992.

——————. *Viajes*. Buenos Aires: Editorial de Belgrano, 1981.

Verdevoye, Paul. *Domingo Faustino Sarmiento Educar y escribir opinando (1839-1852)*. Buenos Aires: Plus Ultra, 1988.

---

tos políticos viables, y quizá inevitables, teniendo en cuenta hacia dónde marchaban en el siglo XIX las fuerzas productivas de la humanidad. Sarmiento comprendió que las comunidades no son islas, y vio que la sociedad pastoril quería detener el tiempo, que era conservadora y se aferraba a un modo de vida arcaico que ya no tenía asidero en el mundo moderno. Pero para destruir ese modo de vida, creyó Sarmiento, había que destruir al gaucho, que era incapaz de cambiar, porque era consecuencia (y causa) de la barbarie.

Paseo artístico y goce intelectual
en "Divagación" de Rubén Darío

E n el poema "Divagación", fechado en "Tigre Hotel, diciembre de 1894", en momentos en que el ilustre poeta nicaragüense lideraba en Argentina esa primera etapa de su Modernismo que denominamos parnasiana (porque elegía explícitamente a la poesía francesa de esa tendencia como modelo), Darío muestra que el "divagar" cultural es fuente de inigualable goce estético y uno de los modos de exaltar la sensibilidad del poeta modernista. Brinda al lector un mundo literario sutil, cargado de evocaciones que rememoran las grandes obras del arte occidental legitimadas por el gusto francés, árbitro no cuestionado del sentir poético universalizante durante la segunda mitad del siglo XIX.

El divagar, el hablar sin seguir un asunto (que también tiene el sentido de vagar, de andar sin rumbo fijo), establece un cambio considerable en la actitud hacia el mundo del sujeto poético, con respecto a las poéticas en boga en esos momentos. La poesía romántica heroica, por ejemplo, proponía un sujeto que, llevado e impulsado por su destino, luchara contra la adversidad y se impusiera: en él triunfaban su voluntad de vivir y el afán de poder; en este poema, en cambio, el sujeto parnasiano se abandona pasivamente a sus impulsos, a la espera de la llegada de la diosa del amor que se confunde irremediablemente con la musa poética. Ser amado implica recibir un don, como también lo es merecer la divina inspiración; el amor, para el escritor modernista, es fundamentalmente amor por la belleza, materializada en la imagen escultórica, la forma poética y el ritmo. También se distancia este divagar de la meditación y el pensamiento romántico, patético o sublime, según las circunstancias.

El yo lírico que divaga mantiene una actitud poética expectante hacia su entorno, del que desea recibir algo (y lo logra). Presiente la llegada de la diosa del amor y la belleza. La percibe como una forma infinitamente plástica, que asumirá los trajes (las máscaras) de diferentes culturas. Estas culturas "internacionales" invocadas y descriptas, conforman, como lo demuestra Arturo Marasso (43-52) en su erudita investigación sobre el poema, un complejo sistema de referencias y alusiones a las lecturas y estudios de autores de la nueva poesía y del ensayo cultural francés, que había llevado a cabo Darío en esos años. Es el gusto "internacional" impuesto por Paul Verlaine, René Ménard, los hermanos Goncourt y otros. La evocación hiperculta, intelectualizada de un periplo cultural al gusto francés, en que Venus se apodera de diferentes máscaras, más que dramatizar la interacción de los sentimientos dentro del mundo, busca demostrar la sensibilidad cultural y literaria sofisticada que anima al poeta. Constituye en su momento un original aporte de la nueva poesía modernista hispanoamericana a la literatura contemporánea, dominada hasta entonces por el gusto romántico y neorromántico.

El yo poético, en su fantasear y divagar "decadente", mantiene una posición implícita de disenso con el gusto poético que había prevalecido en Argentina, sostenido por el prestigio de los escritores de la llamada "segunda generación romántica", como Olegario V. Andrade y Ricardo Gutiérrez. El Modernismo resultaba además una manera radicalmente distinta de abordar la literatura, comparada a otras expresiones literarias contemporáneas que buscaban reflejar y expresar su realidad social, como el Naturalismo de la narrativa de Eugenio Cambaceres, y el criollismo costumbrista, en pleno desarrollo, de Fray Mocho y de Payró. Estos parecían aceptar un diálogo crítico con la ideología positivista y liberal dominante en los círculos oficiales del gobierno para tratar de definir una literatura nacional. El primer Modernismo, en cambio, se preocupaba más por cultivar una sensibilidad cosmopolita, internacional, y negar todo utilitarismo: se situaba más allá de la lucha cotidiana y la contienda política, en su muy criticada "torre de marfil".

La nueva filosofía estética modernista –puesto que el Modernismo no se resignó a ser simplemente un nuevo lenguaje poético y una nueva forma de hacer poesía, sino que propuso una interpretación estetizante de la vida que se extendió a la filosofía política y moral y a su visión de la historia– habría de hallar, sin embargo, secretas afinidades de sensibilidad y gusto con un género narrativo que, sin renegar del espíritu científico moderno, daba a la fantasía plena libertad; que era cientificista en apariencia pero no se sometía a las reglas de verosimilitud del realismo o el naturalismo: el relato fantástico. El Modernismo y la literatura fantástica imponen, cada uno dentro del lenguaje que le es propio en la lírica y en la narrativa, una manera muy libre de fantasear, de divagar, una forma sorprendente de estar en el mundo y de pensar su realidad (o irrealidad), de enorme trascendencia para la literatura que les siguió en el siglo XX, especialmente en Argentina.

En su "divagación" Darío combina el paseo cultural y la ensoñación hedonista, uniendo el placer sensual al goce intelectual. Aquí el intelecto adquiere un papel fundacional para esta nueva poesía, que dialoga con aquella cultura que elige como interlocutora –particularmente la francesa contemporánea, y aquellas otras que los poetas parnasianos franceses habían considerado valiosas por su sentido misterioso y exótico– de manera abierta y exhibicionista, mostrando el saber como un bien cultural que esta elite se apropia. La cultura es considerada propiedad y riqueza, y no sólo fuerza espiritual. En *Prosas profanas* Darío cultiva voluntariamente una visión superficial y antitrascendente de la cultura, en abierta rebelión contra la poesía lírica romántica. Reemplaza el patetismo romántico por el goce "decadente", expresado en la fiesta galante, donde reina la alegría y la risa triunfal. Esto no le impide, sin embargo, celebrar el amor. El amor y la risa se confunden en un canto a la vida; se puede "amar" y se puede "reír", y también se puede "amar reír", como cuando dice el poeta a la diosa: "Y pues amas reír, ríe, y la brisa/ lleve el son de los líricos cristales/ de tu reír, y haga temblar la risa/ la barba de los términos joviales." (552)

La música acompaña al poeta en su "divagar" cultural. No sólo hace mención directa de escenas musicales –orquestas que tocan, un "bandolín" que suena, el canto– sino que también notamos la importancia dada al sonido en la cuidada factura de su verso, en los efectos rítmicos buscados con la rima y en los grupos vocálicos y consonánticos que elige para alcanzar una determinada melodía. Entre todas la artes: las verbales, las plásticas y la música, la poesía modernista considera a la música el arte suprema, aunque rinde culto inusual a la imagen escultórica y plástica. El poeta modernista siente una vehemente necesidad de apropiarse de los más sutiles juegos poéticos de la tradición de todos los tiempos y aún inventar otros propios, o combinar metros y figuras de manera inusitada, dando lugar a una verdadera enciclopedia del saber poético. Logra gran dominio del verso y de la forma. La búsqueda del virtuosismo formal lleva a Darío por un camino perfeccionista que no tiene fin, donde ningún poema se considerará convenientemente terminado ni perfecto ("Yo persigo una forma que no encuentra mi estilo..." dice en un poema de 1901, y aclara: "Y no hallo sino la palabra que huye..."). La perfección suprema yace en el plano ideal: en la idea inalcanzable de lo bello. El poeta va en peregrinación hacia esa Idea, que reúne todos los atributos de una divinidad a la que debe uno sacrificar todo. El poeta es entonces una especie de santo laico, en el mundo materialista de fin de siglo, dominado por la idea del progreso liberal ilimitado.

Notamos en el pensar finisecular modernista un cultivo voluntario de la indeterminación y la ambigüedad: ciertamente Darío no creyó en ideologías autoritarias. Su mito cultural fue el de la adoración del arte. Su utopía fue vivir en otro mundo, a contramano de gran parte de la sociedad contemporánea. Esta rebelión secreta sólo podía estar en manos de la elite, a la que Darío consideró una verdadera aristocracia, pero del espíritu y la cultura. Para ser poeta no era suficiente expresar emociones, había que ser culturalmente un exquisito, musicalmente un dotado para el ritmo. Además el poeta tenía que crear en su poema un mundo con su propio decorado de fantasía. Sus imágenes iluminaban las superficies, las formas plásticas y escultóricas. Se ambientaba la forma artística buscando integrar todas las artes en un complejo orquestado, que creara simultáneamente un impacto musical y visual en el lector. El poeta, para no ser tildado de superficial, exhibía su elaborado mundo y saber intelectual, su erudición literaria. Mostraba los

deseos contrapuestos que lo animaban, esa ambigüedad que lo llevaba a rechazar el mundo materialista del positivismo finisecular, pero
amar sus productos culturales sofisticados, resultado precisamente de
la riqueza material; que lo impulsaba a buscar el mundo de las ideas
puras, pero expresarlo no a través de conceptos e ideas desnudas, sino
a través de imágenes impuras y recargadas, llenas de color, sonido y
de figuras poéticas que trataban de despertar el placer de los sentidos.

El momento de la "divagación" surge cuando el sujeto poético se
abandona a su propio sentir para recibir a la diosa del amor y la belleza. Esta se presenta en medio de una escenificación fastuosa, su piel
despide suaves perfumes. Pasa Diana en busca de Adonis, seguida de
palomas y acompañada de "una fuga de leopardos". Esta escena mito-
lógica, descrita en el poema, tiene mucho en común con las escenas
representadas por la pintura parnasiana algunas décadas antes en
Francia y con el arte difundido por los hermanos Goncourt (Marasso
46-7). El lapso temporal transcurrido podría hacer pensar en un Darío
no del todo actualizado, que adoptaba los cambios artísticos europeos
con un cierto atraso (el Parnaso se difundió en Francia en la década
del sesenta, y fue rápidamente, si no olvidado, sustituido por el
Simbolismo en la década del ochenta), pero debemos tener presente
que Darío se arrogaba el privilegio de ser árbitro del gusto, por lo
tanto podía escoger aquello que seleccionaba del arte "importado" –en
este caso francés– que considerara mejor para expresar su propia sensibilidad. J.R. Jiménez (62) habló de una especie de fijación de los
poetas latinoamericanos al arte descriptivo parnasiano, actitud que
Jiménez no encontraba en españoles como Antonio Machado y él
mismo, más interesados en el espiritualismo simbolista. La poesía
modernista de Lugones, Herrera y Reissig y este libro de Darío en particular, *Prosas profanas*, muestran la enorme deuda de estos poetas
hacia la corriente culteranista y descriptiva parnasiana de la poesía
francesa, no muy feliz y lograda en Francia, y que capitalizó el gusto
poético en el Río de la Plata, dando aquí una producción poética única
que superó en sofisticación y calidad a todo lo que se había producido en poesía lírica hasta ese momento (Pérez 65-75).

El paseo cultural que propone Darío en "Divagación" desdeña una
visión histórica positivista o liberal del hombre: el mundo del arte

busca imponer su propia realidad, en este caso una realidad fantástica. Darío presenta una visión escenificada de varias culturas, que no se reduce a alegoría. Crea situaciones propias de una farsa o una comedia sentimental, cuadros animados por personajes coloridos y exóticos que participan de la "fiesta galante". A la fiesta asisten los exquisitos y en ella el arte tiene el papel protagónico: el cortesano vive fiel al credo del arte, la belleza es su religión. Estos personajes están presentados sin dejo trágico, permanecen ajenos al dolor. Es un mundo gozoso.

El yo lírico mantiene un diálogo virtual (sin recibir respuesta ni aprobación alguna) con la "presencia" presentida pero invisible de la diosa del amor y/o musa poética inspiradora. Le habla empleando el subjuntivo y el futuro, dando un sentido posible pero incierto a lo que invoca y expone. Trata de persuadir y seducir a la diosa, de atraerla a su juego. Describe sus visiones: ve escenas de distintas culturas. La primera mencionada es la de Grecia, donde presencia una estilizada bacanal. La segunda, una fiesta galante, tomada de los motivos pictóricos de los cuadros de corte del siglo XVIII, en especial los de Watteau, que ya habían imitado los poetas parnasianos franceses (entre ellos Verlaine, en su época parnasiana) (Marasso 46-7). Darío procura enmarcar el arte dentro del mundo del arte, donde cualquier referencia a un mundo real social cotidiano queda cada vez más alejada, hasta resultar casi imposible. Crea una atmósfera artificial sumamente apreciada por los lectores entendidos, demostrando un total dominio de su poética. Es una atmósfera fantástica en la que presenta con imágenes plásticas un mundo imaginario. En la fiesta galante Darío hace convivir a los personajes cortesanos del siglo XVIII francés, con los grandes creadores de la antigüedad griega (Fidias, Sócrates, Anacreonte), con los artistas y escritores de la Francia contemporánea (Verlaine, Houssaye), con personajes literarios de novela (Monsieur Prudhomme, Homais). Recordemos que para los modernistas, Francia, y más exactamente París, además de ser una gran ciudad cosmopolita, era considerada la capital internacional del arte. Por eso dice Darío: "Amo más que la Grecia de los griegos/ la Grecia de la Francia..." y "Verlaine es más que Sócrates; y Arsenio/ Houssaye supera al viejo Anacreonte./ En París reinan el Amor y el Genio:/ ha perdido su imperio el dios bifronte." (553)

La cultura griega queda eclipsada por la cultura moderna de Francia, que se ha apropiado del esplendor de la antigua cultura y representa su espíritu más cabalmente. Darío exhibe con ostentación su visión eurocéntrica de la cultura, si bien en los versos siguientes del poema hace diversas referencias al arte del Oriente. Las culturas que selecciona y describe –sean Japón o la India– ya estimularon previamente la imaginación exotista francesa y están en boga en la época, formando parte del imaginario y aún del decorado del fin de siglo. Son obras de arte que aluden, en profusión intertextual, a estilos de diversas épocas, canivalizando con espíritu consumista moderno los artefactos culturales entonces de moda, resultado muchas veces de los nuevos descubrimientos arqueológicos que las aventuras imperialistas europeas por Asia y África traían al alcance del hombre culto y también del ciudadano común (Said 1-4).

Luego de concluida la visita poética a Francia, el primer país europeo en opinión de Darío, el paseo artístico por el que el poeta lleva a la diosa, y a sus lectores, continúa en otros países de Europa. En las ocho estrofas que conforman la tercera parte del largo poema se refiere a Italia, Alemania y España. Ignora a Inglaterra, y rescata de los países mencionados los períodos culturales que a él le interesan: el medioevo y el Renacimiento florentino. En el caso de Alemania, el país más extensamente tratado, después de Francia[1], Darío alude sucesivamente a personajes que aparecían en la temática poética del Romanticismo alemán, como Loreley y Lohengrín (este último especialmente popularizado en la ópera del admirado Wagner, modelo de compositor "moderno" para los nuevos modernistas latinoamericanos) y a los poetas más prestigiosos y admirados: Goethe y Heine. Es interesante que mientras hacia la cultura de Francia Darío expresa una admiración incondicional, tiene para Alemania una crítica; pregunta la

[1]   Esto es fácil de entender dada la fama contemporánea de Heine. Éste introdujo en el verso neorromántico de la segunda mitad del siglo un sentido musical y lírico excepcional, que influenciara en nuestra lengua a la poesía del popular poeta español Bécquer, el cual contaba con numerosos imitadores en América.

voz poética a la diosa si desea un amor alemán, pero aclara: "que no han sentido/ jamás los alemanes". Cae en el estereotipo de considerar a los alemanes fríos, incapaces de un amor sincero.

Muy distinta será la forma como caracterice a España: representa a España a través de las populares imágenes del torero y la gitana; no nombra a ninguno de los poetas contemporáneos, ni siquiera a Bécquer ni a Campoamor. Sabemos que Darío consideraba a la poesía hispanoamericana más innovadora que la peninsular, si bien reconoció el valor de la poesía del excelente parnasiano español Salvador Rueda, con quien mantenía amistad y le dedicó su poema "Pórtico", en 1892, para su libro *En tropel*. El nicaragüense subestimaba en esa época el arte y la cultura española, por considerarla imitativa y sin originalidad, y porque además resistía la modernización del gusto poético. Su actitud hallaba eco en los jóvenes poetas rioplatenses, que simpatizaban con este sentimiento antipeninsular, históricamente sostenido ya por los liberales argentinos (como Sarmiento y Juan M. Gutiérrez, y los integrantes de la generación del 80, que los sucediera en el protagonismo nacional político y cultural) que habían sido eficaces conformadores de la cultura nacional y contribuyeron a fijar sus pautas y orientaciones estéticas.

Darío hace una especie de "bajo relieve" de las escenas culturales, dotándolas de animación y gestualidad –el modelo de esta poesía explicativa y descriptivista son las artes plásticas y decorativas– y escoge figuras del imaginario contemporáneo que el lector entendido puede descifrar con cierta facilidad. Todas las escenas culturales quedan extrapuestas y "exotizadas", por así decirlo, pero lo propiamente exótico, para Darío, es lo "Oriental", lo no europeo. España, como vimos, caía casi al límite, dando credibilidad al dicho de que Europa empezaba después de los Pirineos. En esta "divagación" cultural no aparecerá lo americano: lo nacional, lo autóctono (temática que sí desarrolla en otros poemas de *Prosas profanas*), ni lo nacional "mítico" o "mitificado", que podría haberse encarnado en figuras indígenas, de incas, aztecas, mayas, etc., y "folklóricas", como el gaucho. Tampoco aparecerá lo contemporáneo urbano, la cultura de esa gran capital que se estaba gestando en Buenos Aires, gracias al auge material, la tecnificación acelerada y el aporte inmigratorio masivo. Darío deja expresamente de lado el "fin de siglo" local en su paseo cultural. Su "divagación" es una suerte de meditación sobre la cultura global, impuesta por el gusto francés contemporáneo, y de relevamiento de la misma.

Los amores exóticos a los que se va a referir el poeta son los de "Oriente": China, Japón, India y aludido al final casi del poema, Jerusalén. El poeta invita a la diosa del amor y la belleza a que se transforme en su amante oriental, que tome los ropajes, las máscaras que él le sugiere. El amor parece la culminación de la ceremonia poética y al mismo tiempo se confunde con ella. Las suntuosas escenografías muestran su irrealidad: es el mundo del arte. La literatura mediatiza cualquier realidad posible. Cuando habla de la China, introduce la figura de Gautier, y dice: "Gautier adoraba a las princesas chinas". Queda claro que la China a que se refiere es la China literaria del poeta francés. El amor de Gautier hacia las princesas se confunde y es uno con su amor a la literatura y a la belleza: el gran amor, al que se rinde culto, es la poesía. Y en la moderna inspiración poética la cultura francesa ocupa el centro irradiante.

Si bien el amor aparece idealizado, como una esencia que adopta diferentes ropajes culturales, el descriptivismo modernista de gusto parnasiano toma un matiz "materialista" destacado, exponiendo la sensibilidad contradictoria finisecular.[2] El desarrollo de un gusto materialista y consumista expresa una nueva situación social: la de una sociedad materialmente rica, rodeada de objetos de consumo caros, importados en su mayoría (como podemos comprobarlo visitando los anticuarios de Buenos Aires en San Telmo, que coleccionan muchas de estas piezas de decoración de fines del siglo diecinueve).

Es ésta una poesía substantiva, que describe y nombra, creando una imagen artística, que reemplaza cualquier imagen real; dice por ejemplo: "Como rosa de Oriente me fascinas;/ me deleitan la seda, el

---

[2] Darío dramatiza esta contradicción entre lo espiritual y lo material en su libro siguiente, *Cantos de vida y esperanza*, en el poema "Yo soy aquél que ayer no más decía...", en la figura del sátiro, cuya parte inferior es sensual y animal, pero su torso es bello y humano, contradicción que refleja la idea cristiana de que en el ser humano luchan su parte elevada e intelectual y su parte inferior, baja y carnal.

oro, el raso." y "…torres de kaolín, pies imposibles,/ tazas de té, tortugas y dragones,/ y verdes arrozales apacibles!" (554). Esos mundos plurales son mundos "objetuales", constituidos de objetos enriquecidos por la labor y la capacidad creativa del hombre. Para este primer Modernismo el hombre en sí, desde un punto de vista moral, no se caracteriza ni por su capacidad política ni por su práctica social. Aquí no interesa la igualdad ante la ley ni hay reclamos de justicia: el hombre interesa como ser estético, como fuerza capaz de buscar y de crear belleza. Es un mundo estetizado donde esa belleza es el valor máximo. Se puede evocar una sociedad democrática o idealizar una sociedad imperial de Oriente, siempre y cuando esa cultura tenga suficientes imágenes bellas que ofrecer. En eso consiste el exotismo: en descubrir al otro por lo raro, por lo extraño, por lo brillante, por lo diferente a lo de uno.

Lo propio, para Darío, es lo europeo; ni siquiera hace falta nombrar a América, que para él es una extensión cultural y espiritual de Europa. Para los europeos, y para Darío, China, India, etc., son culturas exóticas. La imaginación de Darío como vemos no está nada alejada del gusto de su época: más bien lo impone y lo generaliza. Podemos encontrar estas fantasías no sólo en las poesías de *Parnaso contemporáneo*, las antologías publicadas en Francia de esa poesía descriptiva y antirromántica que se denominó luego parnasiana (Decaunes 7-39), sino también en las óperas de Verdi y en la arquitectura y la decoración del período, donde abundaban los cuadros y los frescos con fiestas galantes y escenas de culturas "exóticas". Esa decoración se conocía también en Buenos Aires, en los muebles y la nueva arquitectura.

Todas las escenas culturales de "Divagación" están rodeadas de un especial dinamismo. Las imágenes sugieren un mundo en movimiento. Darío introduce efectos lumínicos y emplea colores vivos, creando cuadros de un dramatismo que trata de conmover al lector con su decoración fastuosa. El lector se convierte en espectador. Pide a la diosa, por ejemplo, que lo ame con un "…amor hindú que alza sus llamas/ en la visión suprema de los mitos/ y hace temblar en misteriosas bramas/ la iniciación de los sagrados ritos…" (555). La imagen del fuego acompaña la de los mitos, transformados en visiones. Darío

exhibe en sus imágenes un saber nada despreciable. El poema modernista se escribe desde el saber, desde el conocimiento, poniendo la
experiencia humana en segundo plano. Un conocimiento en cierta
forma rebajado por el sentido de decoración de la imagen, ya que integra un despliegue de comedia en que priva la ironía propia de toda
imagen exótica distanciadora y extrañante.

La diosa de la belleza que viene a amar al poeta –podemos presu-
mir que el poeta necesita de este amor para inspirarse– no es una musa
nacional. Distanciándose de otras corrientes literarias –el teatro, la
narrativa costumbrista– que buscaban crear una literatura de sentido
nacional, el Modernismo se declara internacional en ese fin de siglo
en el Río de la Plata (lo cual va a ser revisado y criticado posterior-
mente, en particular por Lugones). Dice Darío: "Amame así, fatal,
cosmopolita,/ universal, inmensa, única, sola/ y todas: misteriosa y
erudita…" (556). Esa es la musa modernista parnasiana: misteriosa y
erudita. Y la erudición contribuía a crear la imagen de un intelecto
poco práctico, que no trataba de ser funcional ni útil. Era un intelecto
enriquecido, que acumulaba saber y lo exhibía. El poeta modernista
formaba parte –a pesar de la crítica que pudiera hacer a la cultura de
su tiempo– de esa elite cultural promovida y sustentada por las elites
liberales, temerosas de lo popular y prejuiciadas contra la baja cultura, sea la cultura del criollo o la del inmigrante pobre. El Modernismo,
si bien podía inquietar por su antipositivismo, por su desprecio hacia
lo social y político, por su búsqueda de un arte aristocratizante y puro,
coincidía con el espíritu de la época en su defensa de una cultura elevada y de elites, lo cual terminó conquistando el sentir oficial, al punto
que los máximos poetas modernistas –Darío y Lugones– fueron los
encargados de celebrar en 1910 las glorias del Centenario. El
Modernismo se alinea, ideológicamente, con aquella corriente de la
cultura argentina que desconfía de lo popular (que se inicia, creo, con
la Generación del 37, que tan mala experiencia tuviera con la muy
popular dictadura rosista, y continúa con la muy mimada –en comparación– Generación del 80) y asigna la custodia de la cultura a un
grupo de elegidos, que subestima a las masas, aún cuando éstas puedan ostentar un espíritu libertario y democrático.

La exhibición del saber intelectual del poeta provoca en el lector
un goce artístico, completando ese matrimonio cultural entre el poeta
y el lector, que refleja en otro plano la unión buscada del poeta con la
diosa de la belleza. Al final del poema ésta se transforma en su "reina
de Saba", su "tesoro", y el poeta custodia su sueño. La experiencia de
la lectura toca a su fin. Se ha completado el paseo artístico. El poeta
ha elevado la sensibilidad del lector mediante su verso musical y
exquisito, su lenguaje culto y refinado, y el mundo imaginario raro y
decadente que seducía al público finisecular. Pero por sobre todo ha
creado una gran poesía, dentro de la tradición poética europea inicia-
da en el Renacimiento, con elaborado uso de figuras y un uso sabio de
la métrica y la rima. Una gran poesía que marca, paradójicamente, el
epígono de esa tradición poética, que pocos años después las vanguardias iban a arrancar de su autocontemplación, al introducir un
nuevo sentir poético y una nueva manera de hacer poesía.

Bibliografía citada

Darío, Rubén. *Poesías completas*. Madrid: Editorial Aguilar. Undécima
    edición a cargo Alfonso Méndez Plancarte y Antonio Oliver Belmás,
    1975.
Decaunes, Luc. *La poésie parnassienne Anthologie*. Paris: Seghers, 1977.
Jiménez, Juan Ramón. *El modernismo; notas de un curso (1953)*. Madrid:
    Editorial Aguilar. Edición de Ricardo Gullón y E. Fernández
    Méndez, 1961.
Marasso, Arturo. *Rubén Darío y su creación poética*. Buenos Aires:
    Editorial Kapelusz, 1954.
Pérez, Alberto Julián. "La "enciclopedia" poética de Rubén Darío."
    *Modernismo, Vanguardias, Postmodernidad Ensayos de Literatura
    Hispanoamericana*. Buenos Aires: Ediciones Corregidor, 65-75,
    1995.
Said, Edward. *Orientalism*. New York: Vintage Books, 1979.

Darío: su lírica de la vida y la esperanza

En 1905 se publica en España *Cantos de vida y esperanza* de Rubén Darío. El libro, junto con *Prosas profanas*, 1896 y 1901, contiene la producción poética más destacada e influyente de su carrera literaria. Darío le encargó la preparación de la publicación a su joven amigo y admirador Juan Ramón Jiménez, como lo ha estudiado con detenimiento José María Martínez ("Para leer *Cantos de vida y esperanza*" 27). Este libro sobre la vida y la esperanza es también un testimonio del dolor y la duda que asaltó al poeta durante aquellos años. Ese estado espiritual de Darío encontró su reflejo en el estado espiritual por el que atravesaba la patria que sintió más cercana entonces: España.

Cantos de vida y esperanza, como todo libro de poemas no concebido como obra orgánica, es heterogéneo, y recogió lo que Darío consideraba su mejor producción de la época (Zimmermann 193-6). Si bien incluyó algunos poemas anteriores a 1901, fecha de la segunda edición de *Prosas profanas*, con sus "Adiciones", el grueso de los poemas fue escrito entre 1901 y 1905. Durante esos años ocurrieron cambios importantes, tanto en la vida de Darío como en el mundo hispánico. Primero, la desastrosa guerra de 1898 entre Estados Unidos y España terminó la etapa colonial e imperial española en el nuevo mundo, y llevó a ésta última a replantearse el valor y sentido de su historia, y su destino como nación. Sus escritores, particularmente los miembros de lo que se ha llamado la Generación del 98, iniciaron un proceso de análisis espiritual de sus circunstancias, y se preguntaron por el ser español. Darío fue a España enviado por el diario *La Nación* de Buenos Aires en 1898, y parte de su tarea era observar este proceso y escribir sobre él. Muchas de las crónicas que publica sobre la vida y la cultura española las recoge en sus libros de ensayos: *España con-temporánea*, 1901 y *Tierras solares*, 1904. Paralelamente, reflejará sus preocupaciones por la situación española en poemas como "A Roosevelt", 1904, indignada respuesta en defensa de la hispanidad ante la arrogancia imperialista del presidente norteamericano, y en su "Letanía de nuestro señor don Quijote", escrita para la conmemora-ción del tercer aniversario del *Quijote* en 1905.

Darío y España

De 1898 en adelante Darío vive en la península ibérica por perío-dos relativamente cortos, estableciendo su residencia más permanen-te en París, desde donde viaja a España y otros países de Europa, lle-vado por sus actividades como periodista corresponsal de *La Nación* de Buenos Aires y diplomático, ya que en 1903 es nombrado Cónsul de Nicaragua en París (Torres 937-40). Espiritualmente se mantiene muy cerca de España: ve en París a poetas españoles, como Manuel Machado, y se ha unido a una mujer de Avila, Francisca Sánchez, que le dará tres hijos, de los cuales sólo uno sobrevivirá (Torres 493-96). La madre patria es el centro de la hispanidad, a la que Darío se pro-pone seducir y conquistar con su talento y su poesía. El crítico espa-ñol Juan Valera había sido uno de los primeros en aplaudir su arte ori-ginal e innovador, cuando publicó *Azul*... Al visitar España en 1892, como miembro de la delegación de su país, Nicaragua, para la cele-bración del cuarto Centenario del Descubrimiento de América, había conocido a muchos de sus escritores, entre ellos José de Espronceda y Ramón de Campoamor, glorias del romanticismo español. Frecuentó los salones de Emilia Pardo Bazán y Juan Valera, autores reconocidos y críticos de peso en esos momentos; visitó al erudito Marcelino Menéndez y Pelayo y se hizo amigo del orador y político Antonio Cánovas del Castillo (*Autobiografía* 71-92).

En este segundo viaje que iniciara en 1898 conocerá y frecuentará a un grupo diferente de escritores: los jóvenes innovadores, los nue-vos prosistas y poetas: Valle Inclán, los hermanos Machado, Jacinto Benavente, Juan Ramón Jiménez, Francisco Villaespesa, entre otros

(*Autobiografía* 124-5). A pesar del apoyo que recibiera de los jóvenes su poesía sólo sería aceptada por una minoría en España, y Darío nos dice, en su "Prefacio" a *Cantos de vida y esperanza,* que había encontrado la expresión poética "anquilosada" al llegar allí (333). Andrés González-Blanco, que escribiera un excelente estudio crítico de más de cuatrocientas páginas sobre la obra del poeta para la publicación de las *Obras escogidas* en 1910, cuenta que los principales diarios españoles no aceptaban publicar su poesía durante los primeros años del nuevo siglo, aunque sí aparecían sus colaboraciones en las revistas de sus jóvenes amigos, como *Helios* de J.R. Jiménez y *Alma española,* dirigida por Azorín ("Estudio preliminar", volumen 1: CXCIX-CCII). En 1910 la situación había cambiado, comenta el crítico, la poesía de Darío parecía haber triunfado definitivamente en el gusto del público español y *El imparcial* y el *Heraldo* de Madrid publicaban sus poemas.[1]

En cada lugar en que había vivido Darío había sabido crear relaciones de compañerismo y amistad con escritores y artistas, particularmente en Chile, donde publicó *Azul...* en 1888, el libro que iniciara el período de su reconocimiento por críticos destacados como gran poeta del mundo hispánico, y en Argentina, donde publicó *Prosas profanas* en 1896, sobre el que el joven crítico y filósofo José Enrique Rodó, destinado a ser la gran voz continental en defensa de la hispanidad, escribiera en 1899 un ensayo excelente (Rama 105-7). En sus crónicas directamente, e indirectamente en su poesía, Darío observó estas sociedades en las que vivió y trabajó, y reflexionó sobre su grado de modernidad y el estadio de su cultura. El poeta asimilaba con facilidad las influencias más diversas de lugares y de personas. Su relación con estas sociedades no era sencilla: si bien Darío admiró la

---

[1]   Dice González-Blanco: "Si hace poco todavía... ¡en 1904!, Rubén Darío sólo tenía un grupito de admiradores y amigos, los cuales se quejaban, y con razón, del silencio de la prensa respecto a las idas y venidas del poeta. Mucho hemos adelantado en cinco años, puesto que este espacio de tiempo ha debido de transcurrir para que los grandes rotativos (*El Imparcial* y *Heraldo* de Madrid...) publicasen poesía del lírico de Nicaragua. Así se ha conseguido que lo que hace poco era exclusivo patrimonio de una capillita y de un cenáculo trascienda hoy al gran público... (CCI-CCII)".

vocación de modernidad de estos países, criticó en ellos todo lo que consideraba vulgar y antiestético.

Darío fue a vivir a grandes ciudades, especialmente las capitales, islas de modernidad en un período de grandes cambios. Tanto Chile como Argentina se contaban entre los países más progresistas de Hispanoamérica durante esos años. Triunfaba el positivismo, que celebraba a la sociedad mercantil. El poeta fue testigo del crecimiento urbano de Santiago y Buenos Aires, que de "grandes aldeas" se habían convertido en centros cosmopolitas, algo que él no había podido experimentar en Centro América, cuya sociedad aún no había logrado salir de un estado pre-capitalista de desarrollo. Las relaciones sociales en Centro América respondían a una dinámica muy diferente que la que encontró en Sur América. En Nicaragua la vida cultural se desarrollaba alrededor de círculos muy limitados, controlados por las familias de la oligarquía. No contaba con grandes ciudades ni centros cosmopolitas comparables a los de Chile y Argentina. En Sur América Darío pudo trabajar para grandes diarios, como *El Mercurio* de Chile y *La Nación* de Argentina, que eran líderes del periodismo hispanoamericano (Arellano 25-32). 1898 cambió la historia de los países de lengua hispana. Estados Unidos se perfiló como un poder amenazante para Latinoamérica y la reacción no se hizo esperar. En 1900 Rodó publicó *Ariel,* que serviría para canalizar todos los temores de la juventud ante el avance imperialista, e inició una reacción "espiritualista" contra el "materialismo" yanqui (Castro 87-90). Hispanoamérica buscó definirse como una "potencia" espiritual y cristiana, "latina".

Darío fue reconocido y aceptado por los jóvenes poetas de Buenos Aires, no todos ellos argentinos (como no lo era el boliviano Jaimes Freire) ni capitalinos (como no lo era el provinciano Lugones), como un creador único y una personalidad continental (*Autobiografía* 110-4). Pronto la poesía de éstos empezó a reflejar muchos de los hallazgos temáticos y formales del nicaragüense (Torres 416-7). Darío predicaba el individualismo y se decía posesor de una estética ácrata, que rechazaba este tipo de liderazgo, pero sus aportes y sus logros eran tantos que era imposible para los jóvenes poetas apartarse de su influencia. Todos los que lo conocieron, tanto en Hispanoamérica como en España, como lo indica Alberto Acereda en su estudio sobre la influencia de Darío en este país, se rindieron ante este superdotado de la lírica, y se mantuvieron fieles a esa amistad a lo largo de los años, reconociéndolo como el poeta mayor del Modernismo ("Rubén Darío en la poesía española del siglo XX" 46-9).

En su poesía de los años de Buenos Aires, profana, lúdica, despreocupada, burlona, encontramos el "espíritu" de esa ciudad en esos momentos optimistas en que la expansión económica, acompañada por una vigorosa transformación social, era aparentemente ilimitada. La poesía "modernista" argentina posterior a Darío se desarrolló en gran medida siguiendo sus ideas poéticas, aceptando la asimilación de los modelos franceses, mayormente parnasianos, que el nicaragüense había adaptado a las necesidades del idioma (Pérez 65-75). Su poesía "española", que escribiera en los años en que se mantuvo espiritualmente cerca de España, a partir de 1898, cuando fue enviado por *La Nación* a Europa, refleja un cambio de sentir fundamental en relación a la poesía de *Prosas profanas* (Martínez, *Los espacios poéticos de Rubén Darío* 32-7). Ese cambio fue una respuesta a la crisis espiritual profunda que Darío observó en España y que lo llevó a replantearse su poética en su ostracismo parisino.

Los poetas españoles que estuvieron cerca de él en esos años, como J.R. Jiménez y los hermanos Machado, observaron en su propia poética un proceso espiritual análogo al de Darío, como queda testimoniado en los libros mayores que escribieron en esa época: *Soledades, galerías, otros poemas*, 1907 de Antonio Machado, *Alma*, 1900 de Manuel Machado y *Elegías*, 1910 de Juan Ramón Jiménez. La clave de la "conversión" poética de Darío, tal como él la plantea en su nuevo libro, *Cantos de vida y esperanza*, fue un cambio interior profundo que dio a su vida un nuevo sentido cristiano.

Crítica e identidad

En el poema liminar que abre la primera sección del libro, titulada "Cantos de vida y esperanza", "Yo soy aquel que ayer no más decía…"Darío hace una presentación autocrítica de su papel como "modernista". Es una comparación entre el poeta que había sido al escribir *Prosas profanas* y el que era en esos momentos. El resultado es una autobiografía espiritual. Su poesía, dotada de imágenes exquisitas y de un lenguaje de una sonoridad sensual única en nuestra lengua, incorpora fácilmente el análisis intelectual, la crítica literaria y la meditación existencial. El poeta habitaba en "un jardín de sueño,/ lleno de rosas y de cisnes vagos...". Este era el período cuando "la torre de marfil" había "tentado su anhelo", imagen que muchos tenían de él, como vate "parnasiano" y escapista. Pero nos confiesa que esa imagen es errónea: él es un poeta que siente y sufre; en el pasado había ocultado su alma sensible que, sin embargo, había sido el motor de esa poesía que habían juzgado superficial.

El lector queda convencido de su sinceridad. Darío se muestra como poeta confesional y poeta del dolor humano. El artista, en esta etapa, es una especie de santo laico. Tan dedicado a su arte, se convierte a una nueva verdad: el arte es vida, es esperanza y es también sufrimiento. El centro de este arte es el hombre cristiano del nuevo siglo, el hombre moderno "latino" y "pan-latino" que tiene una sensibilidad diferente. El lenguaje de Darío es más directo, si bien no renuncia a la metáfora original y novedosa. Su verso se vuelve conceptual y explicativo. Habla de cosas presentes, reales, y no meramente de un mundo imaginario: los "cisnes" le sirven ahora para interrogar a la historia, no para huir de ella.

Darío adquiere en esos momentos una nueva conciencia de la temporalidad. Se percibe a sí mismo como un ser arrastrado por la vorágine del mundo, en circunstancias históricas graves que comprometen el futuro. El mundo hispánico parece estar indefenso ante la amenaza del imperialismo norteamericano. En la breve guerra de tres meses entre Estados Unidos y España en 1898, esta última pierde sus colonias. La derrota es rápida y absoluta y los hispanos comprenden que están a merced de los apetitos imperialistas del coloso del Norte. Rodó declara que los "latinos" son superiores porque representan una espiritualidad elevada y un sentido estético de la vida que solo los grandes pueblos pueden tener, y los norteamericanos, a pesar de su poder político y económico, son un pueblo materialista con un alma empobrecida (Castro 50-8).

Darío hace su defensa poética del mundo hispano en 1904, en su poema "A Roosevelt", en que el presidente imperialista norteamericano, el "Cazador" que había dirigido la guerra contra España para pasar después a ser presidente de su país por dos periodos consecutivos, aparece como el interlocutor al que apostrofa: "Eres los Estados Unidos,/ Eres el futuro invasor/ De la América ingenua que tiene sangre indígena/ Que aún reza a Jesucristo y aún habla en español" (360). Darío presenta al mundo hispanoamericano como un mundo ingenuo, donde reina la paz y la poesía. Lo une su lengua, su catolicismo y su identidad mestiza. Ese mundo está indefenso frente al "Cazador" imperialista, y sólo Dios puede protegerlo. El poema queda inscrito, como dice Darío en el "Prefacio" del libro, "...sobre las alas de los inmaculados cisnes" (334). El lector, sin embargo, sabe que el poeta está reflexionando sobre una situación histórica que acongojaba a todos. A pesar de su disculpa es un poema político, comprometido con la sensibilidad de la hora (Ordiz 149-53). La posibilidad de una invasión armada de Estados Unidos a los países hispanoamericanos se había materializado ya cuando este país tomara control de la vida de Puerto Rico y Cuba. ¿Dónde terminaría la osadía norteamericana? ¿Invadirían Centro América o quizá México, arrebatarían su soberanía a los países hispanos? El problema era demasiado grave para que un individuo como Darío, cronista cultural y gran poeta, además de diplomático, pudiera ignorarlo.

Para Darío, como antes para Groussac y Rodó, Estados Unidos representaba una forma moderna de la barbarie porque, a pesar de su poder político y militar, argumentaba, sus habitantes no habían podido desarrollar una sensibilidad especial hacia el bien y la belleza (Castro 80-83). En el poema que publica al año siguiente, en la sección de *Cantos de vida y esperanza* titulada "Los cisnes", y que posiblemente haya escrito también en 1904, "¿Qué signo haces, oh Cisne, con tu encorvado cuello...", Darío muestra a un mundo hispánico preocupado y angustiado, que se siente impotente ante la ambición norteamericana. Allí plantea otro aspecto del problema: ¿qué ocurrirá con la lengua? Pregunta Darío, "¿tantos millones de hombres hablaremos inglés?" (380). Se temía que Estados Unidos tratara de convertir a los países hispánicos de América en colonias suyas, y que forzara el uso del inglés, perdiéndose el patrimonio espiritual con el que todos los hispanohablantes se identificaban: la lengua hispana. La resistencia era difícil porque la península ibérica, como la describe Darío, era un poder decadente, caduco, había perdido el sentido del heroísmo, y ya no había "nobles hidalgos ni bravos caballeros" (380). ¿Qué quedaba entonces por hacer? Tener fe. Esperar. El poeta confía pasivamente la salvación del mundo hispano a una fuerza superior divina.

A pesar de su visión pesimista de la situación histórica, Darío mantiene su esperanza cristiana. Esta comunión de catolicismo y humanismo da al mensaje poético de Darío una inusitada vigencia. Es un mensaje cristiano y pacifista, expresado en los más altos términos estéticos. Darío considera más auténtica la vocación religiosa del pueblo hispano católico que la del norteamericano protestante. El pueblo al que los norteamericanos menosprecian tiene "sangre indígena"; ya se había preguntado en las "Palabras liminares" de *Prosas profanas*: "¿Hay en mi sangre alguna gota de sangre de África, o de indio chorotega o nagrandano? Pudiera ser, a despecho de mis manos de marqués..." (*Poesías Completas* 546). Darío, aunque se sentía un legítimo representante de la hispanidad toda, tenía que haber experimentado en carne propia, en su país, en Chile, en Argentina, y en España, los prejuicios raciales implícitos en esas comunidades, subestimando a la persona de ascendencia indígena (González-Blanco CLXXXV-VI). La situación histórica había creado una conciencia fraternal entre los pueblos hispanos que no existía antes de la guerra con Estados Unidos, cuando España había estado luchando por años contra los independentistas cubanos, y se aferraba a su superioridad militar para frustrar los deseos de independencia de sus últimas colonias americanas. La derrota de España hizo que cambiaran los sentimientos de los pueblos hispanoamericanos hacia ella. De repente, en lugar de verla como una nación tiránica, descubrieron su aspecto "maternal": volvió a ser la madre patria, débil, necesitada, y los "hijos" hispanoamericanos compasivamente se le acercaron.

Pesimismo existencial y esperanza cristiana

Este sentido de la temporalidad, y de las limitaciones y la finitud de la vida, da un tono marcadamente patético a las poesías filosóficas "existenciales" de *Cantos de vida y esperanza*. Son un tipo de poesía nueva en la obra del autor. Su verso se aligera de imágenes y metáforas. Darío, tal como lo hacían los Simbolistas franceses, busca la "palabra justa", el vocablo perfecto que traduzca su sentir sin recargar la expresión. El núcleo del poema está en el concepto, en el pensamiento donde medita sobre el sentido de la vida. El poeta confiesa sus sentimientos y sus verdades más íntimas, revela su mundo interior. Habla de sí como de un ser angustiado, que se prepara a enfrentar el "otoño" de su existencia durante su "primavera". En 1905 Darío cumplía 38 años; se había abandonado al alcoholismo y siente que ha mermado su fuerza vital. La vida lo golpea con la pérdida del primer hijo que tiene con Francisca, y poco después con el segundo, Rubén, a quien apodó "Phocas" y le dedicó su poema "A Phocas el campesino"; el niño moriría en junio de 1905 (Torres 523-30).

Son muchos los poemas de este libro en que Darío habla de su sufrimiento, del acabamiento de sus facultades, y presiente el fin de su vida, que habría de ocurrir varios años después, aún siendo relativamente joven, en 1916, antes de cumplir los 50 años. Entre estos poemas, que son los que más atrajeron el interés de los lectores durante el siglo XX, se destacan, además del mencionado "A Phocas el campesino", "Nocturno", "Melancolía", "De otoño" y "Lo fatal". Unos años después de la muerte de Darío, las vanguardias traerían cambios radicales en el lenguaje poético. Los poetas vanguardistas, como Neruda y Vallejo, abandonaron el complejo sistema de versificación que había sido durante tantos siglos la forma fundamental de concebir la poesía en lengua hispana, para reemplazarlo por el versolibrismo. Esta nueva manera de escribir "tocó" estética y emotivamente a los lectores de principios de siglo XX. La crisis política se agudizó cada vez más en España hasta que se desencadenó la guerra civil, de la que los miembros de la Generación del 98, y los poetas modernistas amigos de Darío, como Juan R. Jiménez y los hermanos Machado, serían testigos y víctimas. Estos poemas "existenciales", que expresaban la angustia del hombre moderno, renovaron su vigencia en esas difíciles circunstancias.

Darío nos dice en esos poemas que el hombre es un ser para la muerte, y que luego de venir al mundo vivimos en medio de una agonía terrible. Toda empresa humana parece fracasar y perder su sentido. La juventud engaña al ser humano, le hace creer que la vida es bella: esos sueños son falsos, y pronto el adulto lo descubre. Así le aconseja a su hijo en "A Phocas el campesino": "Tarda en venir a este dolor a donde vienes,/ A este mundo terrible en duelos y espantos;/ Duerme bajo los Ángeles, sueña bajo los Santos,/ Que ya tendrás la Vida para que te envenenes... (420)". El hombre se ha transformado en su propio enemigo. Su hiperestesia se vuelve contra él, y le ocasiona dolor. Darío le pide al hijo que lo perdone porque le ha dado la vida (Jrade 110-12).

Para Darío ese sufrimiento no puede redimir al ser humano. Este es consciente de su "humano cieno" y descubre que va a tientas por la vida; dice Darío en el poema "Nocturno": "...el horror de sentirse pasajero, el horror/ De ir a tientas, en intermitentes espantos,/ Hacia lo inevitable desconocido y la/ Pesadilla brutal de este dormir de llantos/ De la cual no hay más que Ella que nos despertará! (400)". Aún los sueños, la literatura y la poesía no logran mitigar el horror del mundo. La poesía se vuelve su mal. Ha llegado demasiado lejos, ya no puede volver atrás y ser un buen creyente, un hombre simple y sencillo. Dice el poeta en "Melancolía": "Ese es mi mal. Soñar. La poesía/ Es la camisa férrea de mil puntas cruentas/ Que llevo sobre el alma. Las espinas sangrientas/ Dejan caer las gotas de mi melancolía (437)." Se ha hecho demasiadas preguntas, la poesía se ha vuelto el instrumento de su búsqueda y ahora tiene que enfrentarse al vacío de la muerte.[2]

---

[2] Declara Darío en *Historia de mis libros*, 1909, con respecto a estos poemas: "Ciertamente, en mí existe, desde los comienzos de mi vida, la profunda preocupación del fin de la existencia, el terror a lo ignorado, el pavor de la tumba... En mi desolación, me he lanzado a Dios como a un refugio; me he asido de la plegaria como de un paracaídas. Me he llenado de congoja cuando he examinado el fondo de mis creencias y no he encontrado suficientemente maciza la fe cuando el conflicto de las ideas me ha hecho vacilar, y me he sentido sin un constante y seguro apoyo (*Obras completas* I: 223)".

El hombre moderno, aún el cristiano, no parece tener una fe tan intensa en la otra vida como el creyente de épocas pasadas: lo corroe la duda y se llena de angustia (Acereda, "La modernidad existencial en la poesía de Rubén Darío" 156-60). El mundo moderno debilita y amenaza la fe religiosa. El yo se vuelve la base de su propia espiritualidad, y eso enfrenta al hombre con la inutilidad de la propia existencia. Y ese ser agónico se interroga: ¿valió la pena? ¿No hubiera sido mejor no haberse preguntado nada? El hombre contemporáneo, ¿ no sabe demasiado? El saber parece comprometer la salvación personal. La duda destruye toda certidumbre en Darío. Por eso es justo que haya cerrado este libro con el poema "Lo fatal", síntesis de su estado de ánimo ante la existencia en esos momentos. Declara: "...no hay dolor más grande que el dolor de ser vivo,/ Ni mayor pesadumbre que la vida consciente (466)." Y dice sobre el saber y el ser: "Ser, y no saber nada, y ser sin rumbo cierto,/ Y el temor de haber sido y un futuro terror.../ Y el espanto seguro de estar mañana muerto,/ Y sufrir por la vida y por la sombra y por/ Lo que no conocemos y apenas sospechamos,/ Y la carne que tienta con sus frescos racimos,/ Y la tumba que aguarda con sus fúnebres ramos,/ Y no saber adónde vamos,/ Ni de dónde venimos...! (466)". El libro, que se abre con su autobiografía poética y espiritual, termina con esta meditación sobre el ser y el saber, que clausura el saber y le abre las puertas al ser, que bien puede ser infinito, inmortal... Cuando culmina la lucha entre el ser y el estar, el hombre queda a merced de la tentación de la carne y enfrentado al temor del más allá, entre Eros y Tánatos, entre el amor y la muerte. Y quedan sin responder las preguntas sobre el origen y la finalidad de la vida.

Cantos de vida y esperanza es también (particularmente sus poemas existenciales) un poemario sobre la agonía del cristianismo. Qué cerca está Darío de Miguel de Unamuno en esos momentos. Quien empezara a escribir con todo el artificio metafórico y gongorino de un gran renovador de la lengua, queda al final desnudo ante el idioma, confesando la agonía del ser frente al enigma de la vida moderna. El humanismo liberal no ha sido suficiente para Darío. No pudo ser ateo ni creer en la finalidad trascendente de la sociedad laica. Su vida "profana" de los noventa da lugar a la formidable crisis del principio de la nueva centuria. Para expresarla Darío ha tenido que reinventarse como poeta. Y se ha renovado auténticamente, siendo fiel a la tradición poética de su lengua hispana. Si en su poesía de los noventa, aparecía la lección de los grandes maestros franceses del fin de siglo, particularmente Verlaine, en su nueva etapa poética, tan cercana a la sensibilidad peninsular, Darío recoge en su verso la gran lección del renacimiento español: la poesía religiosa y mística de San Juan de la Cruz, la poesía conceptual de Quevedo, entre otros. Darío aúna la lección poética de los franceses con la sabia viva de su propio idioma.

Prosas profanas, 1896, 1901, y *Cantos de vida y esperanza*, 1905, son dos cumbres poéticas de la poesía de nuestra lengua y las dos obras mayores de Darío. Uno de los aciertos de *Cantos...* fue demostrar al lector que el cambio de lenguaje poético correspondía a una auténtica transformación humana. Y no sólo había cambiado el poeta: el mundo hispano había cambiado después del 98. En este libro nos encontramos con un Darío transido por el problema del tiempo, que siente el proceso agónico de la historia, con un filósofo del ser y la existencia. Nos confiesa su decadencia personal, su sufrimiento, sus tendencias autodestructivas. Aparece como ser espiritual y cristiano, que escribe sobre su experiencia personal, sobre su vida. Estoy de acuerdo con Alberto Acereda cuando afirma que Darío inicia la poesía moderna en España y que los hermanos Machado y Juan R. Jiménez escriben a partir del lirismo inaugurado por Rubén ("Rubén Darío en la poesía española..." 47). Para que esta hermandad poética fuera posible, Rubén había bebido antes profundamente del ser hispánico, se había compenetrado del drama y la crisis de España, y la había conocido y reconocido en sus viajes.[3] Gracias a esto pudo ser realmente un poeta de la lengua (a lo que aspiraba) y no meramente un poeta de su patria. Fue el poeta de ese pan-hispanismo que se inaugura después de 1898, y va a crear en los habitantes del mundo hispánico una nueva conciencia de su identidad y del valor de su lengua.

---

[3] Sus artículos de *España contemporánea*, 1901 y *Tierras solares*, 1904, son el mejor testimonio de sus meditaciones sobre España.

Bibliografía citada

Acereda, Alberto. "Estudio crítico". *El modernismo poético. Estudio crítico y antología temática.* Salamanca: Ediciones Almar, 9-106, 2001.
——————. "Rubén Darío en la poesía española del siglo XX (Recuperación de un poeta relegado)". *Letras hispanas* Vol. 2: 46-60, 1997.
——————. "La modernidad existencial en la poesía de Rubén Darío". *Bulletin of Spanish Studies* Vol. 79, No. 2-3: 149-69, 2002.
Arellano, Jorge Eduardo. *Azul...de Rubén Darío Nuevas perspectivas.* Washington: OEA, 1992.
Castro, Belén. "Introducción", José E. Rodó, *Ariel.* Madrid: Cátedra, 9-135, 2000.
Darío, Rubén. *Azul...Cantos de vida y esperanza.* Madrid: Cátedra. Edición de José María Martínez, 1995.
——————. *Autobiografía.* México: Editora Latino Americana, 3era. edición, 1966.
——————. *Historia de mis libros. Obras completas.* Madrid: Afrodisio Aguado, I:193-224, 1950.
——————. *España contemporánea. Obras completas.* Madrid: Afrodisio Aguado, III: 13-373, 1950.
——————. *Tierras solares. Obras completas.* Madrid: Afrodisio Aguado, III: 847-1014, 1950.
——————. *Poesías completas.* Madrid: Aguilar, Edición de Alfonso Méndez Plancarte y Antonio Oliver Belmás. Undécima edición, 1975.
González-Blanco, Andrés. "Estudio preliminar". Rubén Darío. *Obras escogidas.* Madrid: Librería de los sucesores de Hernando. Volumen 1, 1910.
Jrade, Cathy L. *Rubén Darío y la búsqueda romántica de la unidad El recurso modernista a la tradición esotérica.* México: Fondo de Cultura Económica. Traducción de Guillermo Sheridan, 1986.
Martínez, José María. "Introducción". Rubén Darío. *Azul...Cantos de vida y esperanza.* Madrid: Cátedra. 11-98, 1995.
——————. *Los espacios poéticos de Rubén Darío.* New York: Peter Lang, 1995.
——————. "Para leer Cantos de vida y esperanza". *Hispanic Poetry Review* Vol. 1, No. 2: 21-50, 1999.

Ordiz, Javier. "Martí, Rodó y la poesía social de Rubén Darío". Jacques Issorel, *El cisne y la paloma*. Perpignan: CRILAUP/ Presses Universitaires de Perpignan: 139-53, 1995.

Pérez, Alberto Julián. *Modernismo, Vanguardias, Postmodernidad Ensayos de Literatura Hispanoamericana*. Buenos Aires: Corregidor, 1995.

Rama, Ángel. *Rubén Darío y el modernismo*. Barcelona: Alfadil Editores, 1985.

Torres, Edelberto. *La dramática vida de Rubén Darío*. San José: EDUCA, 6ta. edición, 1982.

Zimmermann, Marie-Claire. "El eclecticismo poético de Rubén Darío: heterogeneidad y unidad en *Cantos de vida y esperanza*". Jacques Issorel, *El cisne y la paloma*. Perpignan: CRILAUP/ Presses Universitaires de Perpignan: 193-212, 1995.

El sentido del placer en la poesía de Julio Herrera y Reissig

Siempre me intrigó el placer íntimo que me causa el leer las poesías de Julio Herrera y Reissig, placer que es difícil discernir si es creado por un mero artificio de la sabia escritura poética o por la sensualidad de un poeta que comunica esa sensación a su estilo. Debemos recordar que para los poetas de fines del siglo XIX y principios del XX, todos aquellos que se sintieron identificados con el Modernismo hispanoamericano y el Simbolismo europeo, el estilo era el hombre (Pérez a. 84-95). Julio Herrera escribió una poesía exteriorista que lo hace sospechoso de superficialidad en el mejor sentido de la palabra: poeta descriptivo y antifilosófico, que presenta escenas recargadas y brillantes y evita meditar en su poesía. Para él la poesía es ante todo despliegue visual y plástico, fantasmagoría pseudonaturalista. El sentido de lo orgánico que muestra Julio Herrera (en sus famosas neo-églogas) tiene pocos paralelos en la poesía de la época: sólo Leopoldo Lugones en su *Lunario sentimental* sabrá crear una simbiosis entre explicación naturalista y comentario cultural irónico, en una relación de mutuo extrañamiento (Kirkpatrick 186-189).

Julio Herrera tiene una manera especial de tratar el mundo natural, entendiéndolo poéticamente, reinterpretándolo en sus procesos orgánicos, sometiéndolo a comentarios culturales distanciadores y exhibicionistas del arte consumado del poeta. No sabemos cómo llega a esta necesidad "espiritual" de representar el mundo orgánico (no contamos con ejemplos equivalentes en las otras artes de la época, ni existe en el Río de la Plata una arquitectura comparable a la de Gaudí en Barcelona, con quien sí tiene analogías la concepción de la imagen plástica orgánica de Herrera y Reissig), pero reconocemos el conflicto entre naturaleza y arte en esta etapa de la modernidad en el Río de la Plata. Porque si bien la poesía modernista es un arte "moderno", su modernidad difiere mucho de la modernidad neoclásica de los enciclopedistas y de la modernidad romántica, que indagaba los procesos del yo y el papel de la conciencia en el mundo. El valor del yo cambia radicalmente para la poesía a partir de los cuestionamientos de Baudelaire, que tanto Herrera y Reissig como su compatriota, el Conde de Lautreamont, parecen haber vivido íntimamente. Es ése el momento en que la modernidad manifiesta una fractura en la "buena conciencia" burguesa, se hace evidente la imposibilidad de mantener una consciencia unitaria (como lo demostró Benjamin en su libro sobre Baudelaire) y aparece el conflicto insoluble entre el mundo exterior y la experiencia íntima, que el poeta "resuelve" apartándose de la vida social, transformándose en un "observador" en los márgenes de la sociedad, que ve la vida contemporánea con cierta impasibilidad, ironía y cinismo.

El poeta toma su distancia no sólo con el hecho social sino también con sus propios sentimientos. Es un cronista de su sociedad, un "voyeur", un personaje secundario que participa a ratos, siempre y cuando esa realidad social no duela demasiado ni lo comprometa socialmente. El poeta post-baudelaireano ha renunciado a su papel de héroe y profeta (al que había incitado Víctor Hugo y, en el Río de la Plata, Echeverría y Andrade) y asumido un papel social contradictorio (Pérez c. 50-54). Tiene conciencia de sus impulsos autodestructivos y tanáticos, de los aspectos "morbosos" de su personalidad (como clasificaba la psicología lambrosiana las personalidades consideradas anormales), así como de su capacidad creativa inusual, de su excepcional habilidad lingüística. Sus estados de ánimo, evidenciados en su experiencia poética, pasan de la autonegación al exhibicionismo. Este es el momento en que los poetas hispanoamericanos logran "hispanizar" la gran poesía europea, especialmente francesa, que admiraban e imitaban, y encuentran en la gran tradición barroca de la lengua, sobre todo en la obra poética de Góngora, el exceso, la hipercreatividad metafórica, que distingue la poesía barroca en nuestra lengua. Góngora se transforma para Herrera y Reissig, muy tempranamente, en un referente necesario de su propia poesía: se puede ser un poeta radical en la lengua castellana y sumar metáforas hasta casi hacer desaparecer el referente, por la riqueza de la expresión y la "selva" metafórica (Herrera y Reissig, "Conceptos de crítica" 287-289). Góngora también había demostrado que un poeta podía ser irreverente con la gran tradición clásica que tanto admiraban los renacentistas, crear imágenes de una artificiosidad chocante que cuestionaran la relación entre la armonía clásica y el gusto contemporáneo.

Herrera y Reissig, sabemos por sus numerosas declaraciones, estaba más que disgustado con la sociedad pragmática y progresista que estaba surgiendo en el Río de la Plata, consecuencia del éxito de la política económica desarrollista de la generación positivista, y su culto al progreso y al éxito material ("Epílogo wagneriano a la 'política de fusión'" 297-307). Sentía un profundo desprecio por su sociedad contemporánea. Para él, la vida social de Montevideo denunciaba una sociedad deformada y desnaturalizada, mediocre, provinciana, que negaba el talento y castigaba la originalidad creadora. No se identificó con ningún sustrato nacional, lo que resintieron muchos de sus críticos (de Torre 13). Lo cierto es que desde su "torre de los panoramas", su altillo bohemio, su versión cimarrona de la "torre de marfil" simbolista, no veía la ciudad de Montevideo "real", que podría haber descrito un escritor costumbrista contemporáneo, ni la sociedad uruguaya progresista de fin de siglo. Julio Herrera veía otra cosa: veía lo que negaba. Y afirmaba una ciudad y un paisaje "desnaturalizado", que era su paisaje imaginario propio, que él aportaba al mundo de la poesía de entonces y de ahora, porque una poesía de esa calidad sobrevive felizmente a su tiempo.

Aquí arribamos a la cuestión del valor del placer en la vida y en la obra de Julio Herrera. Es el placer el que salva la unidad orgánica del sujeto, el que logra mantener su salud mental. Julio Herrera protege y resguarda su identidad en el placer (Espina 131-133). Placer erótico, placer poético. Placer que se evidencia en la felicidad del verbo. ¿Cómo goza el poeta y cómo nos comunica ese goce? ¿Cómo nos coloca en la superficie de la escritura y nos sostiene en la felicidad del artificio verbal? Para entender esto tenemos que recordar los cambios que experimentaba la consciencia del sujeto en ese mundo finisecular, que meditaba sobre la percepción, la duración y la memoria, tal como lo explaya Bergson en su filosofía (Bergson 9-64). Julio Herrera construye un tipo de imágenes poéticas cuya efectividad depende de la intensidad y de la duración para comunicarnos el placer que quieren evocar en el lector. Notamos que sus imágenes son constantes en cuanto al uso de recursos lingüísticos: neologismos, palabras inusuales, metáforas que asocian el mundo natural con el cultural y al que el poeta agrega su comentario "crítico", evidenciado a través de la ironía y la burla. En "Neurastenia", por ejemplo, dice el poeta: "Huraño el bosque muge su rezongo,/ y los ecos llevando algún reproche/ hacen rodar su carrasqueño coche/ y hablan la lengua de un extraño Congo." (100) Al hacer rimar "rezongo" con "Congo" fuerza la selección de palabras para buscar la rima. Y al hacer "mugir" al bosque y compararlo con el ganado vacuno crea una acción distanciada de una analogía fácil y natural.

Aquí Julio Herrera está cuestionando el sentido de lo bello, y agregando al poema un elemento grotesco, desagradable, feo. Aparece en el poema un mundo natural bastante extraño y poco relacionado con el paisaje local montevideano. Notamos que lo orgánico está deformado y animizado. El recurso va más allá de la mera personificación poética. El bosque muge, la luna luego tendrá en el mismo poema "la expresión estúpida de un hongo". Lo orgánico está degradado. Y si nos preguntamos por la razón, el poeta mismo nos lo está indicando en el título del poema: "Neurastenia", estado de postración nerviosa. Es el estado nervioso del sujeto, su neurastenia, el que le hace percibir ese mundo "enfermo". Julio Herrera nos comunica un paisaje y una experiencia sentimental desde la perspectiva del sujeto enfermo, que está enfermo del mundo y enfermo a causa del mundo. La enfermedad amenaza la integridad del sujeto orgánico. Habla desde la perspectiva de una consciencia exacerbada por estados emocionales extremos, como pueden ser la enfermedad (conocemos el papel que la enfermedad tuvo en su propia vida, por su dolencia cardiaca de la que era plenamente consciente y que lo llevó a la muerte temprana a los treinta y cinco años) y la alucinación, causada por la droga. Julio Herrera gusta comunicar esos estados enfermizos de percepción, alucinaciones y fantasmagorías, que cuestionan la objetividad del

mundo, su estado de naturaleza, y hacen pasar a primer plano la psicología alterada del sujeto que percibe, dotando a ese mundo de una
representación imaginaria que combina la fantasmagoría con la libertad verbal, en que el poeta puede hacer rimar, por ejemplo, "rezongo"
con "Congo", y luego, decir que la luna tiene expresión estúpida de
"hongo" y el humo hace un fantoche de "sombrero oblongo". Herrera
y Reissig no tiene miedo de dejar deslizar su imaginación poética
hacia el disparate y lo grotesco, lo cual parece ser una necesidad constante de su universo poético (Villavicencio 392).

Este poema "Neurastenia" tiene todos los elementos que podríamos esperar de un poema descriptivo-dramático: el paisaje nocturno,
que Herrera siempre prefiere en sus poemas, y le permite introducir
acontecimientos naturales expresivos e inesperados (sonidos extraños,
el humo), y los personajes: un hombre, sujeto poético del poema, y
una mujer, que será el objeto del deseo del hombre. No sólo la relación entre el sujeto y el paisaje aparece desnaturalizada, sino que el
hombre y la mujer mantienen una relación "objetual": una relación de
poder y dominio. El hombre es el "sacerdote" poderoso, el supremo
neurótico infantil y caprichoso, que le ordena a la mujer que se arro-
dille, y va a celebrar "la misa". En esa misa herética termina tomán-
dole con su mano un seno, el objeto consagrado, que se transforma en
"astro niño". Es una comunión histérica y fetichista, en que las palabras de consagración son: "¡Oh, tus botas, los guantes, el corpiño…!"
El rito neurótico muestra la liberación de la pasión a través del goce
compulsivo, impera el principio supremo del placer extático, que el
poeta comunica al lector.

Herrera y Reissig no es un poeta metafísico y "trascendental" y no
nos habla en su poesía de sus verdaderos pensamientos: los oculta, los
reprime. No filosofa, sino que viste sus imágenes, en un supremo
esfuerzo histriónico, para ocultar cualquier fondo conceptual. ¿Y el
pensamiento dónde está? Aquí sí se reconoce simbolista: está en el
ritmo. Pero no es un pensamiento propio, personal: es la Idea, con
mayúscula, a la que el poeta indirectamente se aproxima. La Idea es
un Dios y no se le puede descorrer el velo para ver su rostro. El castigo sería terrible, quizá el Silencio, la esterilidad poética. El poeta que
busca la Idea en el Mundo y desea hallar el alma del Universo, que se

esconde en el ritmo de las cosas, es un ser que está a punto de cometer un sacrilegio. Se sabe trasgresor (Kirkpatrick 191-197).

En su poesía, como un exorcismo, encontramos repetidamente escenificada esta situación: el momento de la trasgresión. Esta trasgresión puede generar culpa, pero el poeta, lejos de reconocerla, exhibe, como Baudelaire, su desafío. Es un desafío individual, y que le da valor como individuo. El ser humano está solo ante lo divino. En el momento en que el poeta realiza el ritual de su "misa" pagana y toma con su mano el seno de la bella, compite con Dios. Su fuerza radica en su habilidad para acercarse al pecado, para transgredir conductas sociales "decentes" establecidas. Está escandalizando a sus contemporáneos: no refleja sus sentimientos fielmente en sus obras, con rigor naturalista o realista. Muestra un mundo imaginario deformado y grotesco, compuesto de fantasmagorías que violan el buen gusto poético, aún desde el punto de vista de la poética modernista establecida en el Río de la Plata desde hacía ya varios años, a partir de la publicación de *Azul…*, en 1888, de Rubén Darío, y luego el soberbio *Prosas profanas* en 1896 (Pérez a. 65-75). La vida de Herrera y Reissig resultó marginal en un momento en que los poetas modernistas disfrutaban de buen reconocimiento público. Rodó, admirador de Darío, y autoconfeso "modernista", lo ignoró. Julio Herrera y Reissig resultó demasiado aún para los mismos modernistas (Guillermo de Torre 13).

Su registro poético abarca tanto extensas composiciones, "fantasmagorías" fabulosas como "La vida" y "La torre de las esfinges", como una numerosa y casi increíble colección de sonetos, que lo colocan entre los mejores sonetistas de nuestra lengua (Amestoy 103-109). En sus sonetos aborda temas "eglógicos" o pseudo-eglógicos, en los que lleva a cabo un sistemático trabajo de demolición de la tradición naturalista del soneto, y temas amorosos y eróticos. Los paisajes de Julio Herrera, resultan –por la importancia que había adquirido el tratamiento del paisaje en el arte de la época, tanto dentro de la poesía como dentro de las artes plásticas (pensemos en la pintura impresionista)– críticos y sintomáticos de su relación conflictiva con su mundo literario y social. Arqueles Vela estudió hace algunos años el tratamiento "decadente" que hacía Herrera y Reissig del paisaje y de los temas eróticos y, comparándolo con el de Lugones, concluyó que este último era un poeta más intelectualista, menos sensual que el uruguayo (Vela 218-20). Lugones comunica un placer más intelectual. Julio Herrera un placer más sensual y físico.

En la colección de sonetos de "Los éxtasis de la montaña", Herrera reescribe en clave modernista la poesía bucólica y costumbrista. Poemas como "La vuelta de los campos", "La huerta", "La iglesia", "El cura", hablan de la vida de aldea (que es más una aldea castellana, o una aldea de "otra época", que un pueblo de la campaña rioplatense), expresando gran ternura hacia la vida simple del campo. Sin embargo, hace evidente en todo momento que está reescribiendo una tradición, y que el placer se deriva de la reescritura (Vilariño XXIV-XXVI). Herrera pinta un paisaje por momentos simbólico y por momentos icónico, haciendo consciente al lector de que se trata de una pintura y no de una imitación de la naturaleza (Espina 156-160). Así, en "Claroscuro", por ejemplo, el poema se llena de "gestos" y signos, y las "palomas violetas" salen de las paredes de las casas que están "arrugadas" y oscuras (12-13). Los personajes criollos, como el cura o el arriero, conviven con personajes mitológicos y otros tomados de las Escrituras. Todo lo que es imagen plástica es susceptible de ser animado y participar en la fabulación: en "La iglesia", los santos, la pileta bautismal, aun los animales domésticos contribuyen a animar una grotesca comedia rural (13).

En sus sonetos amorosos Herrera es casi siempre serio y trágico, pero en los sonetos campesinos tiende a la comedia. El poeta hace dialogar a los elementos de la naturaleza: en "La huerta", una "mítica Majestad" le pone el dedo en los labios a "la noche", llamándola a silencio, mientras "la huerta" sueña (12). En la fábula participan las míticas Hécuba e Iris, desprovistas de ningún sentido trágico: al poeta parece interesarle más el aspecto decorativo y extrañante de estos personajes, que no pueden confundirse con seres históricos de carne y hueso. Ayudan a "desnaturalizar" la naturaleza (Camurati 304). A resaltar el sentido del artificio verbal. El poeta crea un paisaje artificial, artesanal. Pero el placer que nos comunica en sus versos se debe tanto a la invención metafórica y al ritmo, como a la anécdota: el poema exhala ternura, delicadeza. Uno no puede dejar de leer sin detenerse a cada momento para decir: ¡qué lindo! Julio Herrera sabe comunicarnos lo bello, sabe extasiarnos, nos está brindando un instante de placer, que tanto apreciamos los lectores. Placer intenso, placer sensual.

El poeta descompone lo material en imágenes "interpretadas", comentadas, acotadas: es un mundo de anécdotas humanas. Es el paisaje sentido. En ese comentario vivimos los lectores la sensibilidad del poeta. En la selección del mundo natural que el poeta interpreta "estéticamente". No le interesan las implicaciones filosóficas ni morales del espacio bucólico. Le interesa sí mostrar en él lo colorido y lo bello, lo armonioso y lo plástico, lo sensual y lo grotesco. Con esos elementos compone su propio paisaje eglógico. A diferencia de otros poetas contemporáneos, como Rubén Darío y Antonio Machado, Herrera presta poca atención al sentido trascendente de las ideas. La autocompasión confesional parece ser extraña a su temperamento, a pesar que por su enfermedad y su sufrimiento personal tenía motivos auténticos para quejarse (de Torre 7-34). Para él la poesía era un sacerdocio, el mundo del arte un sitio ideal donde el ser sensible podía salvarse. Vivía perdido en ese mundo. Negaba, en cambio, su dolor personal y sus circunstancias. Notamos en esto un cierto ascetismo. Un sentido profundo del sacrificio que debe hacer el artista para llegar a expresar su don poético.

Como ocurre en la creación de la metáfora, una figura que tanto apreció, en la que se reemplaza el objeto por otros que lo representan, Julio Herrera cambió el mundo "real" por aquellas ensoñaciones que lo aludían en su aspecto más sensual y brillante ("Concepto de crítica" 287-89). La poesía para él fue una serie de ropajes y de máscaras. No vivió en Montevideo sino en sus ensoñaciones. Podemos imaginar que fue un sufriente que en su dolor encontró gozo. Pero no fue el único en pasar por esta experiencia: artistas como Verlaine, pensadores como Nietzsche, alternaron entre la expresión del dolor y la exaltación egocéntrica de su grandeza. Herrera ocultó su sufrimiento y su miedo a la muerte con singular pudor. A veces, al leer su poesía, nos quedamos con la sensación extraña de sentir que no sabemos quién es el que está hablando.

Herrera ejecuta un trabajo de verdadera "traducción" de los temas de la poesía amorosa de su época a una clave moderna propia, a su "estilo". Los traduce a las peculiaridades de su visión, en la que tienen un papel muy importante el sentido lúdico y la sorpresa. Este estilo demuestra su inefable originalidad como poeta, originalidad que tanto apreciaban los poetas modernistas y simbolistas. Existe un estilo "Herrera", como existe un estilo "Darío" y antes hubo un estilo "gongorino". El estilo de Herrera es irrepetible, porque es en sí un estilo extremo que, sin buscar conscientemente la parodia, contempla lo deforme y llega a lo grotesco. Intentar repetirlo sería caer irreparablemente en la parodia. Herrera se mueve en ese margen. Su arte es un arte terminal, que culmina una manera de escribir, la lleva a su límite. Sin querer, la clausura. Por eso notamos en su poesía todo el peso de un modo de escribir anterior al suyo: el de los modernistas que lo antecedieron. Siendo el modernista de por sí un arte autoconsciente, Herrera tiene que escribir aceptando la presencia del modelo de grandes poetas consagrados, como Gutiérrez Nájera y Darío.

Herrera no especula con las posibilidades metapoéticas del verso. Su interés está en expresar su goce del mundo, que comunica al lector a cada momento. No cae en el intelectualismo. Su secreto es la sensualidad extrema de la imagen. Herrera compone escenarios animados que son una maravilla de color, y donde el hallazgo poético es constante. Dice en "Anima clemens": "Palomas lilas entre los alcores,/ gemían tus nostalgias inspiradas;/ y en las ciénagas, de astro ensangrentadas,/ corearon su maitín roncos tenores." (46). La estrofa es irreducible a sus elementos, pero nos muestra su felicidad verbal, que es la que hace a la gran poesía. Aquí Herrera comparte su don con otros grandes poetas de la lengua, su admirado Góngora, y el argentino Lugones, con quien su mundo poético tiene muchas cosas en común.

En un espacio social finisecular transformado por los cambios materiales, la poesía de Herrera refleja sutilmente ese mundo multifacético en que vivían los habitantes del Plata a principios del siglo XX: la riqueza creciente de sus sociedades, el victorioso eurocentrismo, la diversidad y la relativa tolerancia política. Herrera nos ofrece un arte rico y multidimensional. Pertenece a una generación nueva, que no ha vivido las limitaciones del mundo de sus padres liberales y positivistas, que lucharon por traer el progreso material a su sociedad. Es parte de una juventud desencantada ante los aspectos pragmáticos negativos del progreso, sobre todo la superficialidad cultural, el consumismo (Kirkpatrick 31-36). Pero su desencanto supone la relativa afluencia de la sociedad finisecular rioplatense, considerable si se la compara con la austeridad de la misma algunas décadas antes.

Es una sociedad que está en un estado de rápida transformación social, económica y cultural. El cambio cultural niega el sentido selectivo y aristocrático de la cultura. Esa sociedad amplía su base social popular y ofende el gusto selecto de las elites. El gusto popular es más torpe y rudo, y los jóvenes poetas aristocráticos sienten desencanto. Le tienen miedo a la mediocridad, a la vulgaridad, y se aíslan en un proceso psicológico de rechazo. Juzgan negativamente el cambio social, muestran su desilusión, que los separaría seguramente de la sensibilidad de las nuevas generaciones de jóvenes inmigrantes y de su problemática social. Además de lo popular, Herrera rechaza lo nacional, que preocupaba a los liberales y a los positivistas (Serna Arnáiz 132). Para él, la sociedad podía darse el lujo de ser "internacional", cosmopolita. No siente su identidad nacional amenazada, como sí la sentirían muchos de sus contemporáneos, en particular Leopoldo Lugones, que pasaría de la poesía del *Lunario sentimental*, 1909, a una poesía nacionalista y localista. Herrera cree en el valor universal de la poesía y la lengua, y en el sentido trasnacional de la experiencia, en esos centros líderes de la modernidad, que eran las jóvenes ciudades hispanoamericanas en rápido ritmo de crecimiento urbano.

Herrera hereda de todo un siglo de arte poética el enfrentamiento manifiesto en la cultura de las burguesías hispanoamericanas entre el arte popular y el arte selecto de las minorías cultas, que muestran la desconfianza hacia lo popular, y el deseo de las elites pequeño-burguesas de crear un arte distinguido, incuestionable, que las representara. Arte difícil, su poesía tiene, sin embargo, una enorme fuerza emocional, y gran capacidad para impactar la sensibilidad del lector común. Como reconoció Darío, y sucedió en la práctica, aún un arte exquisito como el de los modernistas finalmente habría de llegar al pueblo (Pérez b. 93). Ese temor hacia lo popular subsiste, no obstante, en su visión de mundo y en su actitud ante la vida. El temor a contaminarse, a enfermarse de vulgaridad.

Lo que debemos rescatar de la poesía de Herrera y Reissig, aunque parezca mentira decirlo, es el placer de su lectura. La felicidad del hallazgo verbal se repite en cada poema del gran uruguayo. Su paleta de figuras y colores, de texturas y superficies, comunica una sensualidad que colma los sentidos del lector. Su mundo de fantasía amplía nuestro imaginario con sus encantaciones, que están más allá de lo verosímil y nos instalan en la autenticidad de un mundo poético puro, tan puro como puede llegar a serlo un mundo poético construido de un lenguaje contaminado con su propio sentido de realidad. Herrera resemantiza el lenguaje común con su arte inigualable, dándole a éste un sentido poético nuevo en la historia de la poesía. Arte irrepetible, la poesía de Julio Herrera y Reissig está allí para que la gocemos los lectores. Esto nos ha dejado: un placer único, un sentido nuevo del gozo y el placer de la lectura. ¿Por qué es tan importante que enfaticemos el sentido del placer en su poesía? Porque tengo para mí que eso es lo que lo animó en su escritura, porque siendo él seguramente un hombre acosado por temores e inseguridades propias de su vida, buscó hacer del placer y la sensualidad el principio supremo de su arte. En ese goce nos comunica su éxtasis modernista.

Bibliografía citada

Amestoy, Beatriz. "El universo imaginario de Herrera y Reissig". *Cuadernos Hispanoamericanos* 531 (1994): 103-109.

Benjamin, Walter. *Charles Baudelaire A Lyric Poet in the Era of High Capitalism*. Verso: London. Traducción de Harry Zohn, 1983.

Bergson, Henri. *Ensayo sobre los datos inmediatos de la conciencia*. Madrid: Francisco Beltrán. Traducción de Domingo Barnés, 1925.

Camurati, Mireya. "Notas a la obra de Julio Herrera y Reissig". *Cuadernos Hispanoamericanos* 269 (1972): 303-316.

Espina, Eduardo. *Julio Herrera y Reissig Las ruinas de lo imaginario*. Montevideo: Editorial Graffiti, 1995.

Herrera y Reissig, Julio. *Poesía completa y prosa selecta*. Caracas: Biblioteca Ayacucho. Edición de Alicia Migdal, 1978.

Kirkpatrick, Gwen. *The Dissonant Legacy of* Modernismo *Lugones, Herrera y Reissig, and the Voices of Modern Spanish American Poetry*. Berkeley: University of California Press, 1989.

Pérez, Alberto Julián. a. "La 'enciclopedia' poética de Rubén Darío". *Modernismo, Vanguardias, Postmodernidad Ensayos de Literatura Hispanoamericana*. Buenos Aires: Corregidor, 65-75, 1995.

—————. b. "El estilo modernista". *Modernismo, Vanguardias, Postmodernidad...* 84-95.

—————. c. "Los comienzos poéticos de Darío: Romanticismo y Parnaso". *Modernismo, Vanguardias, Postmodernidad...* 50-64.

Serna Arnáiz, Mercedes. "El positivismo latinoamericano Positivismo y modernismo: encuentros y desencuentros". *Cuadernos Hispanoamericanos* 529/30 (1994): 129-137.

de Torre, Guillermo. "Estudio preliminar". Julio Herrera y Reissig, *Poesías completas*. Buenos Aires: Editorial Losada, 7-34, 1942.

Vela, Arqueles. *Teoría literaria del Modernismo Su filosofía, su estética, su técnica*. México: Ediciones Botas, 1949.

Vilariño, Idea. "Prólogo". Julio Herrera y Reissig. *Poesía completa y prosa selecta...* IX-XL

Villavicencio, Laura N. de. "La distorsión en las imágenes en la poesía de Julio Herrera y Reissig". *Cuadernos Hispanoamericanos* 309 (1976): 389-402.

Jorge Luis Borges: el oficio del lector

El aprecio del público lector por las obras literarias de Jorge Luis Borges (1899-1986) ha ido en constante aumento desde 1962, cuando el argentino ganara el Premio Internacional de Editores Formentor, junto al escritor irlandés Samuel Beckett, reconocimiento que lo colocara en el circuito literario internacional como a uno de los autores más destacados. La fama de Borges creció año a año a partir de ese momento hasta transformarse en un clásico de la literatura internacional, mérito extraordinario para un escritor latinoamericano y que sólo alcanzaran durante el siglo veinte, además de él, figuras de la talla de Pablo Neruda, Octavio Paz, Gabriel García Márquez. Desde esa época se han multiplicado los estudios sobre su obra –su poesía, sus ensayos, sus cuentos– particularmente en Estados Unidos y Europa. En 1999, cuando se celebraron los cien años de su nacimiento, la colección Benson de Literatura Latinoamericana de la Universidad de Texas, una de las más completas del mundo, citaba 446 libros escritos sobre Borges, y la base de datos de la Modern Language Association de Estados Unidos citaba 1890 artículos críticos publicados sobre su obra.

Quisiera en las páginas siguientes revisar algunos de los logros extraordinarios de Borges en su obra y tratar de entender su papel como lector. El escritor Borges consideró que la lectura, el saber y aun la erudición eran el don más precioso que había recibido. Me concentraré particularmente en los cuentos y ensayos del Borges maduro de las décadas del cuarenta y del cincuenta, cuando brillaba con los logros de su arte y cuando su invención genérica y su pensamiento original estaban en su plenitud. Borges publicó *Ficciones*, en 1944, y esta fecha marca un hito en nuestras letras, por cuanto ese libro de cuentos es considerado por muchos críticos, entre los que debo incluirme, uno de los más revolucionarios trabajos literarios de nuestro tiempo. Es una obra que obliga al lector a modificar su manera de leer "ficciones", y a cambiar su concepto de lo que es un cuento. El libro es una síntesis "perversa" de ficción y ensayo (algo que podríamos llamar "ensayo ficticio") que combina invención literaria con comentario crítico intertextual, desdibujando los límites de lo que consideramos escritura de ficción y literatura crítica.

Borges creó un tipo de ensayo ficticio breve que es vehículo de comprensión crítica, meditación filosófica e invención literaria. Analiza las presuposiciones culturales de las Vanguardias, desconstruyendo el sistema de creencias de diversas ideologías, y refracta esos sistemas desconstruidos en el espejo invertido de la sátira de ideas. Observando críticamente las ideas de la modernidad, nos obliga a dudar de las virtudes de nuestro tiempo.[1]

Comentaré brevemente algunos cuentos para ver cómo Borges nos guía con mano maestra por su propio mundo literario, introduciéndonos en su invención fantástica. "Tlön, Uqbar, Orbis Tertius", el narrador-personaje descubre una secta que crea un mundo totalmente diferente al nuestro, basado en una concepción filosófica puramente idealista, anti-materialista, que negaba la existencia de la materia y afirmaba la actividad mental y la libre creación de ideas como la única fuente de vida. El narrador, "Borges", explica la transformación que

---

[1] A Borges le gustaba subrayar los conflictos éticos: los intelectuales pueden estar discutiendo aparentemente ideas puras de una manera desinteresada, pero bajo esta humilde apariencia hay un mundo de competencia, egoísmo y odio. Los hombres, impulsados por sus ideologías, transforman el mundo en una pesadilla. La fe causa más daño que el escepticismo. Por esa razón, para Borges, el escéptico es sabio, humano y éticamente justificable. Los hombres destruyen llevados por su fe. Lo que los empuja no son las ideas puras, sino el interés propio, la envidia y la competencia. Su consecuencia es muchas veces el desastre. Uno de sus cuentos más logrados, "Los teólogos", muestra la rivalidad secreta de dos teólogos que disimulan su odio en una disputa doctrinaria, hasta que uno de ellos acusa al otro de herejía y logra hacerlo ejecutar. Al final del cuento, que tiene lugar en el cielo, el narrador explica que el segundo teólogo descubrió que para Dios, él y su rival eran parte de una misma identidad (*O.C.* 556).

esta secta produjo con respecto a la percepción y comprensión del mundo. Comenta irónicamente cómo, una vez que el mundo de las ideas reemplazó a la vieja realidad material, lo que llamamos "realidad" "cedió", explicando que era una carga tan pesada para todos que "anhelaba ceder" (*O.C.* 442). Tlön es un mundo creado por los seres humanos para satisfacer los caprichos humanos. Su gente vive en un medio donde las cosas son constantemente transformadas por la mente. Esta negación radical de lo real, explica el narrador, en lugar de privar a los hombres de finalidad, de un objetivo vital, multiplicó esos objetivos. En ese mundo, la fantasía y la ficción son valores absolutos y todo es posible. En ese mundo cada hombre y cada mujer pueden llegar a ser Dios.

La historia tiene muchas capas de significado, imita esos textos sagrados que exigen una lectura hermenéutica. Uno de esos significados es el alegórico. Tlön no es un mundo muy diferente de nuestro mundo mental. Esos solitarios hacedores de fantasías son un reflejo de aquellos que hacen de la creación una profesión, particularmente los escritores y los artistas. Cada uno de nosotros disfruta y sufre esa omnipotencia mental que nos lleva a buscar grandes logros y descubrimientos... y a los desastres mayores...[2] Tlön fue concebido para fascinar a los hombres, y hasta cierto punto, para curarlos de un exceso de realidad. Es una suerte de antídoto poético. A diferencia de los mundos totalitarios, órdenes perfectos, creados para consolidar un poder e imponer una nueva historia, una idea determinada de lo que es el tiempo, Tlön es un laberinto que expresa simultáneamente las ideas de caos y de libertad. Es una alegoría sobre los poderes creativos de la mente, sobre el triunfo de la mente y de la idea sobre la materia. Tlön inaugura una nueva metafísica en que la creación depende enteramente del hombre: es una creación humana y no divina, en que el hombre finalmente logra transformarse en el Dios de su creación.

Borges hace de los sueños una parte integral de su literatura. En una conferencia que diera a sus setenta y siete años, titulada "La pesa-

---

2   "Hace diez años –dice el narrador– bastaba cualquier simetría con apariencia de orden –el materialismo dialéctico, el antisemitismo, el nazismo– para embelesar a los hombres". (*O.C.* 442)

dilla", dijo que los sueños eran formas literarias originales. "...los sueños son una obra estética, quizá la expresión estética más antigua", afirma Borges (*Siete noches* 231, *O.C.* III). En los sueños hay personajes, situaciones escenográficas específicas. Desarrollan una trama que se apodera completamente de las emociones del soñador. La literatura puede tener la estructura de los sueños. Estudia diferentes concepciones que interpretan el significado de los sueños, y nos da una explicación sobre su actividad secreta y la dificultad de contar los sueños al despertar, que nos hace recordar las interpretaciones y estudios de Freud, aun cuando Borges prefería las explicaciones psicológicas de Jung (*Siete noches* 221-231, *O.C.* III). Concluye que los sueños son una parte substancial y significativa de la vida del hombre. El soñador, para él, hace un trabajo cuando sueña; hay fuerzas psíquicas poderosas que actúan en el soñador cuando sueña, semejantes a las fuerzas que actúan en el poeta cuando escribe. El ser humano puede no entender todas estas fuerzas pero el lenguaje se está expresando a través de él. Podemos llamar a estas fuerzas, como en la poesía, la musa creadora, o el espíritu santo, como aparece en la tradición bíblica, pero son fuerzas espirituales que el ser humano no controla, sino que es controlado por ellas. El hombre es poseído por sus sueños.

El acto de escribir es como el acto de soñar. El escritor se siente poseído por fuerzas que no puede explicar completamente. El soñar es una parte esencial de la vida mental y espiritual del hombre, el sueño y la literatura son inseparables. Borges cree que los escritores han aprendido mucho de los sueños y que nuestra cultura materialista sobrestima la importancia de la razón y subestima el valor de los sueños. Pero un escritor no puede hacer esto, aún un escritor intelectual como él. Los sueños tienen un papel central en las expresiones literarias de aquellas culturas que están en su fase mítica. Porque, dice Borges, "...en el principio de la literatura está el mito, y asimismo en el fin" ("Parábola de Cervantes y de Quijote", *O.C.* 799).

El final de una cultura, como en su cuento "El inmortal", no es la iluminación o el logro total, no es una teleología. Como en la concepción de mundo de aquellos Gnósticos condenados y heréticos que él tanto admiraba, Borges vio la creación como algo falible, como el sueño de un Dios imperfecto. El ser humano es una criatura muy limitada. Equipado con un sistema de signos pobre, un lenguaje articulado, piensa que puede resolver el enigma del universo ("El idioma analítico de John Wilkins", *O.C.* 708-9). Pero el universo es inescrutable y nadie puede adivinar su orden secreto o el plan de Dios para su creación. La cultura que se inicia en el mito termina en el mito. La ciencia puede hacer muy poco para revelar el enigma del universo, según Borges, porque el hombre no posee la clave final de lo que es el universo. Así el mito provee una respuesta provisoria sobre el origen de la vida o su trama secreta. En una de sus historias, "Las ruinas circulares", Borges nos muestra la creación de un mito: nos presenta a un mago que crea un hijo que no sabe que ha sido creado por el mago. Crea a este hijo soñándolo e imponiendo su sueño en el mundo. Dedica este hijo al dios del fuego. Los nativos lo adoran. Al final entendemos el significado del círculo, del círculo "hermenéutico" que nos abraza y nos aprisiona: cuando el fuego alcanza al mago y se da cuenta que el fuego no lo ha consumido, comprende que él no es diferente a su hijo: él también es un sueño. ¿Y quién es el soñador? ¿Dónde está ese Dios elusivo? El mundo de Borges parece estar formado de sueños dentro de sueños. Y digo que este círculo es "hermenéutico" porque su círculo de vida no es un círculo "real" –Borges es un idealista radical–; su círculo es un círculo de símbolos, un círculo de significados. El hombre, para Borges, está perdido en un mundo de lenguajes. Su destino final es ser un signo dentro de un universo indescifrable. Dentro de este universo los sueños pueden ser una clave, pueden contener un mensaje.

Los seres humanos siempre estamos buscando claves y mensajes que prometen descifrar el enigma del universo. En "La escritura del Dios", Borges nos presenta un relato sobre un sacerdote maya que es el último custodio del templo dedicado a uno de los dioses en Guatemala. Encarcelado por el cruel conquistador Alvarado, el sacerdote yace en la oscura celda, sólo para descubrir que, para un Dios omnipotente, su prisión y su vejez no son un obstáculo para que éste pueda revelarle la verdad: la escritura secreta del Dios, el enigma del universo (*O.C.* 596-9). Como en la tradición de la cábala, la palabra escrita, la escritura, puede contener a Dios. El personaje de "La escritura del Dios" no es el único de los personajes de Borges que descifre las palabras de Dios o contemple el Universo. Probablemente la más famosa de sus historias en la que el autor realiza un milagro literario sea "El Aleph". En "El Aleph" el personaje-narrador, "Borges", puede observar dentro de una pequeña esfera de unos pocos centímetros de diámetro todo el universo, y en éste cada criatura, sin reducción de tamaño y de manera simultánea. Percibe la suma del tiempo: el pasado, el presente, el futuro. Ve inclusive su propia muerte (*O.C.* 624-6).

En los cuentos de Borges el hombre siempre busca a su Dios, a su creador. En "El milagro secreto" un escritor judío va a ser ejecutado por los nazis en Praga durante la Segunda Guerra Mundial y, antes que lo fusilen, le pide a su Dios un favor personal: que le dé suficiente tiempo para terminar su último, y el que él considera su mejor, trabajo literario: su drama en verso "Los enemigos"(*O.C.* 510). La literatura puede justificar la vida del hombre. Muchas veces parece ser la única justificación posible. Si el escritor tiene algún tipo de deber ético, éste es para Borges el deber de escribir, de dar su mensaje, de decir su verdad. Es una versión personal de la ética protestante que él valora. El hombre literario de Borges no se salvará simplemente reconociendo sus faltas, sino que tiene que actuar en el mundo.

La historia comienza con un sueño, un sueño que se vuelve realidad: la enemistad entre dos "familias" que quieren destruirse. Durante su última noche, antes del fusilamiento, tiene otro sueño. En su sueño Dios le concede su pedido: le da un año de vida para concluir su drama. A último momento ocurre el milagro: el tiempo se detiene y él tiene un año más para terminar su obra. Un año para terminar su trabajo –en su mente– mientras las armas apuntan hacia él, y después que un año transcurre en su memoria y él termina su drama, el escritor judío muere, asesinado por las balas nazis de la infamia. Los personajes literarios que crea Borges son siempre criaturas patéticas perdidamente enamoradas de su oficio: escribir. Para ellos el escribir encierra la justificación total de su existencia. Es la única cosa importante, la única cosa "real" en sus vidas. Averroes, Pierre Menard o el personaje de "El milagro secreto" valoran a la literatura por encima de todo.

Borges en sus obras indica que todas las explicaciones, las filosofías y las interpretaciones metafísicas que da el hombre sobre el mundo tienen un aspecto imaginario, fantástico. Existe, por lo tanto, un espacio común para la filosofía y la literatura. Ambas son derivaciones del lenguaje y de los sueños. La metafísica, dice Borges con ironía, "...es una rama de la literatura fantástica" (*O.C.* 436). No puede ser a la inversa porque no existe verdad fuera del lenguaje. El hombre, sin embargo, es un ser vivo imbuido de metafísica y poesía que vive en el flujo temporal, y ésta es la más grande paradoja. "El tiempo es la sustancia de que estoy hecho –dice el autor–. El tiempo es un río que me arrebata, pero yo soy el río; es un tigre que me destroza, pero yo soy el tigre; es un fuego que me consume, pero yo soy el fuego. El mundo, desgraciadamente, es real; yo, desgraciadamente, soy Borges." ("Nueva refutación del tiempo", *O.C.* 771). El tiempo, para él, es el amo supremo.

En la búsqueda de la verdad y en su peregrinación vital, sus personajes siempre hallan algo que no esperaban encontrar: se encuentran a sí mismos. El hombre busca fundamentalmente una cosa: conocer su propio rostro, saber quién es. El hombre busca en el mundo cosas fuera de sí mismo. Pero una vez que descubre *su* rostro... reflejado en *otro* rostro, por ese Otro que es él, entonces su búsqueda termina: ya ha encontrado la verdad. Así le ocurre al Sargento Cruz, el policía perseguidor del cuento "Biografía de Tadeo Isidoro Cruz (1829-1874)" cuando se ve reflejado en el bandido que estaba persiguiendo: se vuelve contra sus propios hombres y defiende al enemigo con su vida, y toda su existencia queda justificada en ese acto, porque en ese momento realmente supo quién era. "Comprendió –dice el narrador– su íntimo destino de lobo, no de perro gregario; comprendió que el otro era él..." y "Cualquier destino, por largo y complicado que sea, consta en realidad *de un solo momento*: el momento en que el hombre sabe para siempre quién es (*O.C.* 562-3)." En el "Epílogo" que escribiera a *El hacedor*, 1960, anota la siguiente parábola: "Un hombre se propone la tarea de dibujar el mundo. A lo largo de los años puebla un espacio con imágenes de provincias, de reinos, de montañas... y de personas. Poco antes de morir descubre que ese paciente laberinto de líneas traza la imagen de su cara (*O.C.* 854)."

En su famoso poema "Arte poética" sintetiza todas estas ideas metafísicas y literarias, y habla de la sensación de ser un escritor perdido en el tiempo con sólo un valor para consolarse: el arte. Se siente un soñador perdido en el mundo buscándose a sí mismo. Dice: "Mirar el río hecho de tiempo y agua/ y recordar que el tiempo es otro río,/ saber que nos perdemos como el río/ y que los rostros pasan como el agua./ Sentir que la vigilia es otro sueño/ que sueña no soñar y que la muerte/ que teme nuestra carne es esa muerte/ de cada noche, que se llama sueño./ ...A veces en las tardes una cara/ nos mira desde el fondo de un espejo:/ el arte debe ser como ese espejo/ que nos revela nuestra propia cara." (*O.C.* 843). No hay entonces una verdad permanente y definitiva, pero los hombres no pueden dejar de buscarla, en un gesto metafísico que parece ser nuestra esencia. Al final hallamos una verdad inesperada: nuestra propia cara. Secretamente, esto es lo que buscábamos, según Borges: encontrar nuestra elusiva identidad, que sólo se puede revelar por medio del lenguaje. Por esta razón Shakespeare se transforma para Borges en un sujeto paradigmático: el actor que trató de ser cada hombre, que encontró que las palabras son la esencia del mundo, que sintió que ese mundo era vano e irreal. Y quien después de ser cada uno de nosotros descubrió que era nadie: que era "todo y nada". Cansado de sí mismo, según Borges, cansado de no ser alguien, Shakespeare dejó el teatro y se transformó en un empresario retirado, que buscó en los negocios la realidad que le había sido negada en el arte ("Everything and nothing", *O.C.* 803-4).

Esta es la filosofía personal de Borges. Esto es lo que él quiso presentar: no una filosofía con mayúsculas, sino una filosofía personal, como una forma de consolarse ante un mundo inconocible. El hombre puede llegar a conocer su propia cara, su destino personal, si tiene suerte, en un momento final de iluminación, de descubrimiento místico. Encontrar esa verdad –y Borges nos da muchos ejemplos en sus cuentos, como el caso de Dante, a quien Dios le reveló en un sueño antes de morir "el secreto propósito" de su vida (*O. C.* 807)– es el único consuelo del hombre. Es una verdad particular, su "destino secreto", que no será racional y necesariamente entendido por él: la unión mística del personaje con la divinidad dentro de sí.

En el caso de Shakespeare en "Everything and Nothing" la divinidad le comunicó una terrible verdad final: él no era nadie y tampoco lo era su Dios (*O.C.* 804). El hombre es sólo un sueño, el producto de una divinidad deficiente, como la divinidad en la que los herejes Gnósticos, que tanto admiraba Borges, creían ("Una vindicación del falso Basílides", *O.C.* 213-6). A medida que el personaje se va aproximando a la verdad su voluntad y su deseo disminuyen. Muchos personajes, como el mago de "La escritura del Dios" o el narrador de "El Aleph", una vez que se han acercado a la divinidad o a la verdad revelada y entran en contacto con ella, pierden la voluntad para actuar en el mundo. Esta negación de los deseos personales nos hace pensar en la concepción budista del nirvana, que Borges conoció muy bien (*O.C.* III 242-53). El personaje cae en una situación de apatía que compromete la estabilidad de su mundo, que pierde de pronto su significado. La búsqueda de significado es una de las obsesiones del hombre de letras, sea éste escritor de ficciones o filósofo. Ambos comparten el mismo poderoso medio de expresión: el lenguaje. Pero las ideas del filósofo, insiste Borges, usualmente tienen una vida más corta que las fantasías del escritor de ficciones. Y las dos –filosofías y fantasías– son igualmente fantásticas ("Avatares de la tortuga" *O.C.* 258).

Borges fue el creador de grandes argumentos interesantes, inolvidables, como "La biblioteca de Babel", donde la biblioteca se transforma en un universo de pesadilla en el que el bibliotecario busca a Dios, o "Las ruinas circulares", donde un mago sueña a un hombre y lo impone a la realidad, para descubrir después que él mismo es tan irreal como el hombre que había soñado, sólo un sueño soñado por otro ser que también había sido soñado... Tramas circulares, tramas que se repiten a sí mismas, tramas que se vuelven laberínticas y un símbolo de la visión de Borges del Universo; tramas que resaltan la importancia de la forma en la narración, narraciones incluidas dentro de otras narraciones que crean una sensación de vacío, como en el mencionado "Las ruinas circulares". ¿Qué mejor manera puede tener un escritor de inscribir su visión del mundo y sus sentimientos de estar perdido en el universo, que el uso de este procedimiento ingenioso y simbólico?

Sus argumentos son extraordinarios, y no solamente las tramas fantásticas, como las dos mencionadas, sino también las realistas y psicológicas, como la del cuento "Emma Zunz", en el que una joven concibe un plan –que incluye el venderse como prostituta a un extranjero– para matar al hombre que arruinó e, indirectamente, causó la muerte de su padre, y lo lleva a cabo, vengándose y haciéndose justicia por su propia mano, sin ser descubierta por la policía. Si Borges le da gran importancia a la trama, también considera fundamental problematizar el género literario. Muchos de sus cuentos –especialmente de entre sus cuentos fantásticos– tienen poco en común con lo que previamente había sido llamado "cuento", y lo que aún hoy se considera cuento. Esto no significa que él haya sido el único escritor que necesitara ampliar los límites de un género literario para acomodar sus propias necesidades. Muchos otros escritores antes que él –Voltaire, Poe, Whitman, Sarmiento, Unamuno, Kafka, Joyce– consideraron necesario inventar su propia clase de género para expresar su visión personal del mundo. El género literario empleado, como ellos lo habían recibido, no era capaz de expresar todo lo que ellos querían decir, por lo que tuvieron que modificar el instrumento literario y adaptarlo a sus necesidades, ejerciendo considerable violencia sobre la tradición literaria. Felizmente, nuestro llamado "mundo occidental" se enorgullece de su talento innovador y le da la bienvenida a las nuevas técnicas literarias. ¿Quién no siente como un gran logro la invención de Poe del cuento policial, el cual sirve para propósitos diversos a distintos escritores, incluido Borges? En cada relato Borges tuvo que considerar la cuestión de género, junto a la cuestión de la trama y los personajes. El género no fue algo dado para él, tuvo que inventar su propio modo, su propia forma, para expresar sus intereses. En sus cuentos incluye tanto personajes humanos como ideas (dándole muchas veces a estas ideas más importancia y trascendencia en el cuento que al destino de los personajes) (Pérez 220).

El hallazgo principal de Borges en materia de género es el papel que un ensayo interpretativo o explicatorio puede tener en una trama ficcional. Su ensayo tiene una forma especial, que usualmente incorpora una parte biográfica (Alazraki 323-33). El narrador –que muchas veces se llama "Borges", como el autor real– se enfoca en un personaje particular o en un grupo y cuenta su historia, lo que incluye una descripción de sus ideas, y de su concepción del mundo. "Funes el memorioso", "El inmortal", "Los teólogos"... todos estos cuentos famosos incluyen una extensa explicación y discusión de las ideas de los personajes. Su mundo mental se vuelve una fuerza fundamental en su destino. Borges nos lleva a un mundo de ideas tan complejo, rico y dinámico, que prácticamente se transforma en el centro narrativo de la historia. El relato cuenta la manera en que los personajes se vinculan a ese mundo de ideas, muchas veces contra su propia voluntad, volviéndose víctimas del poder de la mente. Funes, de "Funes el memorioso", por ejemplo, es un gaucho ignorante que logró tener una memoria absoluta luego que un accidente lo dejara paralítico, y es capaz de muchas hazañas mentales, tal como aprender el latín con la sola ayuda de un diccionario y poder recitar pocas horas más tarde secciones de la *Naturalis historia* de Plinio para admiración del narrador "Borges", pero este don se vuelve una tortura para el personaje que se está "hundiendo" bajo el peso del mundo real (*O.C.* 488-90).

La vida de la mente se vuelve el centro principal de atención para Borges en sus cuentos. Opera en un medio metafísico donde el tiempo, el espacio y el ser son los valores más importantes. Estos cuentos son como espejos de ideas y nos permiten observar estas ideas, asociadas a hechos relacionados con nuestras experiencias del mundo, aún cuando la idea que la historia cuenta –el caso del hombre con una memoria absoluta– sea fantástica. Borges crea argumentos o fábulas que le dan apoyo literario a la idea. Presenta al gaucho Funes en su rancho en un medio creíble, un hombre paralizado por un accidente de trabajo a quien su madre atiende. Pero luego la explicación del fenómeno mental pasa a ocupar el centro de la narración y el narrador pone toda su atención en la descripción de la vida mental de Funes, explicando cómo opera su memoria absoluta.

Muchas de las ideas presentadas son increíbles: la idea de que pueda existir un gaucho con memoria absoluta, por ejemplo. Estas tramas extraordinarias se multiplican y en otros cuentos encontramos eventualmente ejemplos fantásticos tan radicales como la existencia de un hombre inmortal, en "El inmortal"; un hombre que observa la totalidad del universo dentro de una pequeña esfera en el sótano de la casa de un amigo poco confiable, en "El Aleph"; un hombre a quien le dan un libro infinito, sin principio ni fin, en "El libro de arena". Son tramas fantásticas y extraordinariamente inventivas. Muchas veces Borges encuentra una manera de expresar su visión en una alegoría inolvidable, como en "La biblioteca de Babel", donde podemos visua-

lizar en la biblioteca infinita su idea de un cosmos monstruoso. O en
"La casa de Asterión", donde aparece el personaje mítico del laberinto –el minotauro–, un buen símbolo del hombre perdido en un universo que no puede entender, y que no lo entiende. El minotauro está buscando a un dios que lo libere de su destino, aún cuando tenga que
enfrentar la muerte, que le parece la liberación, y un destino menos
horrible que la angustia de ser un monstruo atrapado en un laberinto,
incapaz de encontrar una explicación satisfactoria al misterio de la
vida.

Cuando leemos los cuentos de Borges quedamos convencidos que
su imaginación como escritor de ficción tiene mucho en común con la
imaginación de filósofos y teólogos. Toma de la metafísica situaciones y argumentos para sus cuentos fantásticos (Sarlo 54-5). Al des-
plazar las áreas usuales de influencia de las ideas –ideas que son por
lo general accesibles tan sólo a los lectores de filosofía se vuelven
parte del interés de esos consumidores de maravillas y fantasías que
son los lectores de literatura– y al presentar estas ideas dentro de tramas fantásticas que también pueden ser leídas como parodias o sátiras, Borges desplaza dentro de su literatura el lugar que el discurso
filosófico ha ocupado comúnmente en la mente del lector de literatura. No presenta a su lector fantasías libres y espontáneas sobre la vida
contemporánea sino tramas bien organizadas y armadas. Borges ubica
sus cuentos en los lugares más inesperados (usualmente distantes también en el tiempo), como las junglas de la India, Babilonia, Praga, un
rancho pobre en las pampas argentinas, donde los personajes inician
viajes por paisajes fantásticos o se pierden en la oscura geografía de
las pesadillas.

Borges es el creador original no sólo de un tipo especial de cuento fantástico pero también de una filosofía fantástica, una filosofía de
la ficción que ha seducido a muchos pensadores, como Michel
Foucault, quien expresó su admiración por él en *Les mots et les cho-
ses* (Alazraki, *Jorge Luis Borges* 11). En uno de sus ensayos, "Nueva
refutación del tiempo", Borges enmarca irónicamente su visión de la
filosofía metafísica, diciendo que si hubiera publicado su refutación
en el siglo dieciocho hubiera merecido un lugar "en las bibliografías
de Hume", pero escrita en el siglo veinte, después de Bergson, su refu-

tación era inofensiva y sólo representaba el punto de vista melancólico de un argentino perdido en la metafísica (*O.C.* 757). Las ideas metafísicas perturbadoras de sus cuentos son comúnmente exageradas o deformadas, y responden a una visión paródica de esas ideas, que altera el desarrollo esperado de la trama, sorprendiendo y chocando al lector, y distanciándolo de sus propios sistemas de creencias, de sus certidumbres sobre el mundo. "Tlön, Uqbar, Orbis Tertius", por ejemplo, presenta un mundo absolutamente idealista que refleja y se burla de nuestra propia concepción materialista simplista del mundo, invirtiendo sus premisas y consecuencias. "El inmortal" se transforma en una meditación sobre los efectos que el tiempo tiene sobre la identidad personal y todos los logros de la inteligencia humana, analizando un caso hipotético: la experiencia de un hombre inmortal, que es el mismo Homero.

Podemos leer muchos de sus cuentos y muchos de sus ensayos como bromas filosóficas perturbadoras. Borges no sólo observa con humor las filosofías, sino que también se burla de los filósofos y los escritores de ficción. Le gusta analizar sus conductas y sus circunstancias temporales. Sus escritores y filósofos no están más allá del tiempo y del espacio, sino que están perdidos en ese tiempo y espacio, buscando explicarlos, pero con poco éxito. Pierre Menard, el escritor simbolista, quería ejecutar una labor imposible: escribir el *Quijote* a través de sus propias experiencias, sin tratar de ser Cervantes y sin copiar el *Quijote*; Averroes, el famoso erudito árabe, viviendo en una cultura que no aceptaba la personificación de otros seres humanos, trataba de imaginar el significado que había tenido la palabra "drama" para Aristóteles. Borges discute filosofías y conceptos muy importantes para nuestra cultura, como idealismo y materialismo, gnosticismo, la cábala; también comenta o alude a escritores clásicos de la literatura occidental, como Cervantes, Shakespeare, Homero, Dante, y al autor clásico nacional argentino José Hernández, y a textos religiosos sagrados, particularmente del *Viejo* y del *Nuevo Testamento*.

Borges pensaba que el hombre de letras escéptico tenía que ser un estudioso que estuviera por encima de las disputas ideológicas y de las luchas de facciones, dedicado al estudio tranquilo y al comentario de los libros escritos por otros. Éste para él era el supremo ideal del hombre de letras: ser bibliotecario, comentarista, traductor, maestro. Esas profesiones respetaban nuestra civilización, la civilización del libro. Durante su vida Borges llegó a ser todas estas cosas: fue Director de la Biblioteca Nacional, fue Profesor de Literaturas Inglesa y Norteamericana en la Universidad de Buenos Aires, fue traductor de la obra de muchos autores ingleses y norteamericanos, como Virginia Wolf, William Faulkner y Walt Whitman al español, y fue uno de los más refinados comentaristas y críticos de literatura que haya tenido el país, como podemos comprobarlo leyendo sus numerosos ensayos sobre tópicos de literatura norteamericana, inglesa y argentina especialmente (Vázquez 207-19).

Su concepción del comentario de libros y de la explicación de ideas forma la base de su estilo literario. Su prosa, como la prosa de todo comentador, es abierta, rica en ideas y sugerencias, un vehículo para el conocimiento y la erudición, que refleja su comprensión del mundo. Es una voz personal que no se coloca en el centro de lo escrito: el centro es el trabajo de otro, el comentarista anota su voz al margen, enmarcando el texto central, explicando su significado y su intención. En el comentario siempre podemos percibir un homenaje al Libro con letras mayúsculas. Es evidente en los cuentos de Borges el enorme respeto que siente el escritor por el lector. En sus propias palabras, él se considera a sí mismo más un lector que un escritor (Burgin 4). Con frecuencia comentaba con humor que se habían escrito ya demasiados libros. Creía más en la literatura que en el escritor individual, el autor. Borges trató de escapar al concepto romántico del autor individual como genio creador. Su concepción del papel del escritor tiene más en común con la práctica de los escritores de libros religiosos y los escritores barrocos, como Saavedra Fajardo, que con los escritores contemporáneos a él: el autor es un sirviente de la palabra. La palabra escrita tiene un aura sagrada. La literatura debe ser respetada como una creación del lenguaje que pertenece a la comunidad. La literatura viene primero y el autor después. Y consideró a la lectura una actividad más civilizada que la escritura. Se reconoció a sí mismo mejor en aquellas páginas que había leído que en aquellas que escribió, como lo afirma en su famosa fantasía confesional "Borges y yo" (*O.C.* 808).

Para Borges el acto de leer adquiere un significado casi religioso y sagrado. Es una actividad trascendental. Como pensador escéptico Borges podía creer que la verdad es inalcanzable por medios humanos, pero confiaba en el poder de la palabra, que para él era una expresión directa del "espíritu" (*Nueva antología personal* 10). El lenguaje y la literatura tienen vida propia, más allá de los individuos que la animan. Y dado que la palabra tiene que ser interpretada, las confusiones y los errores de interpretación pueden tener consecuencias trágicas. Un cuento bellamente poético sobre la interpretación errada del texto bíblico es "El evangelio según Marcos", en el que unos gauchos analfabetos escuchan a un estudiante de medicina ateo leerles el Evangelio en voz alta en una estancia de las pampas argentinas, durante una tormenta que los inmoviliza en el lugar, e identifican al lector con la figura de Cristo; deciden repetir el sacrificio y, después de humillarlo y rechazarlo, tienden al estudiante en una cruz y lo crucifican. En "Deutsches Requiem" el nazi Zur Linde es un lector ávido que aplica las lecciones aprendidas de sus maestros literarios y filosóficos a fines crueles y perversos, y mata a su admirado poeta judío David Jerusalem para destruir sus propios sentimientos de piedad. El teólogo de "Tres versiones de Judas" interpreta erradamente el texto bíblico, y llega a la conclusión de que Judas era el representante de Dios en la tierra y no un mero traidor, transformándose en la víctima de su propia interpretación herética.

Para Borges el papel del lector es el de un intérprete, que establece un significado que es siempre evasivo, gracias a su intuición y comprensión. Si no hay una verdad definitiva en la vida, según Borges, tampoco hay un significado último, porque el lenguaje es incapaz de penetrar en el misterio del universo. Esto da más trascendencia a la literatura. La literatura es ficción, forma y juego con el lenguaje. Ahora podemos justificar sus declaraciones de que la metafísica es una rama de la literatura fantástica.

Borges fue un gran lector y un estudioso autodidacto. Dijo en *An Autobiographical Essay* que el factor más importante en su educación había sido la biblioteca de libros ingleses de su padre (*The Aleph and other stories* 209). Borges creció en un ambiente bilingüe, en su casa hablaban inglés y castellano. Su padre era un libre pensador que no creía en la educación formal, y no envió a Borges a la escuela regular hasta que no tuvo nueve años de edad. Hasta ese momento estudió en su casa. Su única educación formal posterior fue la educación secundaria que recibió en Suiza durante la primera guerra mundial, en el prestigioso Colegio de Ginebra. Fue un período de su vida muy importante. En el selectivo colegio las clases se impartían en Francés y se daba prioridad al estudio del Latín. Aun cuando sus primeros libros de ensayos muestran el trabajo de un joven escritor considerablemente erudito, no fue hasta mucho después, cuando tenía 56 años, que fue invitado en su país –durante el gobierno de una junta militar desgraciadamente– a integrarse al profesorado de la prestigiosa Universidad de Buenos Aires como profesor de Literaturas Inglesa y Norteamericana.

Es evidente en sus cuentos que Borges no fue un simple lector de literatura sino un intelectual aplicado, que se interesaba en cuestiones de filosofía, teología, literatura y ciencia, y usaba todas estas disciplinas para crear tramas ingeniosas. El crítico norteamericano Harold Bloom dijo en un artículo, muy francamente, que, más que un escritor de literatura, consideraba a Borges un investigador erudito (Cañete 365). En los escritos de Borges se entremezclan la erudición y la invención de ficciones. Los lectores tienen que meterse en el problema planteado por el cuento, seguir sus ideas y desentrañar sus paradojas literarias. Para comprender bien "Pierre Menard, autor del *Quijote*", por ejemplo, necesitamos entender los intereses literarios de un escritor simbolista como Menard a comienzos del Siglo Veinte, el valor que tenía la noción de autor para un simbolista, el significado del *Quijote* como obra clásica, las contribuciones de Poe, Baudelaire y Mallarme al Simbolismo, y cómo éstos entendieron la relación entre lectura y escritura. Al mismo tiempo, necesitamos recordar que Borges escribió ese cuento en 1937, cuando el Simbolismo era ya una tendencia literaria históricamente superada, y el Vanguardismo estaba en su apogeo. Si el lector no sigue la polémica que plantea Borges, "Pierre Menard…" puede parecer una extravagancia literaria. Por supuesto que podemos preguntarnos si el autor no espera demasiado de sus lectores, o si no los está guiando a cuestiones filosóficas y de teoría literaria que no son del interés de todos. La literatura de Borges requiere usualmente un lector iniciado, un lector con una cultura literaria profunda y seria, especialmente para leer con provecho los libros que publicó durante las décadas del cuarenta y cincuenta, cuando estaba en la cima de su genio literario –*Ficciones, El Aleph, Otras Inquisiciones, El hacedor*– y que son hoy sus trabajos más admirados. Muchos lectores consideran a Borges un escritor para escritores, un escritor del que otros escritores pueden aprender (Burgin 129). El fue conciente de esta dificultad de su literatura y muchas veces confesó que la "vida" había estado ausente de su vida, que había aprendido más de los libros que de sus experiencias personales (*O.C.* 177).

A pesar de su complejidad, hay en los cuentos, ensayos y poemas de Borges una eminente calidad literaria que desafía a los lectores y les promete una valiosa recompensa a cambio de sus esfuerzos. Yo me inicié en su lectura de adolescente, cuando aún no podía descifrar sus ricas alusiones literarias. Pero me sentí interesado y recompensado, aún cuando sabía que no tenía una formación adecuada para entender bien sus escritos. Con los años sus cuentos fueron brindándome nuevos significados, nuevas recompensas. El hecho de que muchos de sus cuentos estén organizados en forma de ensayo, no significa que él deseara que sus lectores los leyeran principalmente como ensayos de aprendizaje. Borges daba gran valor al placer de la lectura. Se consideraba a sí mismo un lector hedonista, alguien que leía para gozar, y recomendaba a sus estudiantes de la Universidad que leyeran de la misma manera (Vázquez 216-7). La lectura no valía la pena para él si no se podía derivar un placer de ésta.

Los comentarios de Borges sobre literatura y filosofía que encontramos en sus cuentos son muchas veces burlas y bromas, sátiras que quieren entretener al lector, hacerlo reír. Pero sus bromas son serias, porque Borges se ríe de la cultura, de nuestra cultura, de su cultura. Se ríe de sus presuposiciones, de sus limitaciones, de su insistente ceguera ideológica. Al mismo tiempo insiste en que no quiere enseñar, ni indoctrinar, ni moralizar con su literatura (Burgin 116). Fue un escritor lúdico, que quizá no disfrutó del placer de vivir, pero que ciertamente gozó al máximo el placer de leer. Él quería que sus cuentos se leyeran como lo que son: literatura, esto es *su* literatura. Iban más allá del mundo monológico del ensayo. La literatura tiene la habilidad de

producir significados múltiples, crea un diálogo con sus lectores.
Borges ilustra esto en uno de sus cuentos: "La busca de Averroes", en
una discusión que sostiene un grupo de hombres cultos. La literatura
es tal, dice el personaje, que las figuras del lenguaje –como la metáfora– no se gastan con el uso; el tiempo y las generaciones de lectores
sólo agregan nueva profundidad a sus muchas connotaciones y alusiones (*O.C.* 582-8). Este es el secreto del lenguaje literario: es inagotable, sigue produciendo nuevos significados para nuevas generaciones de lectores. Para Borges no había nada más importante en la vida
que la literatura y el lenguaje. Para él, los sueños y las ideas, la literatura y la filosofía, eran simplemente expresiones de los poderes creativos de la mente, atributos del mundo del lenguaje humano (*O.C.* III
256-7).

Borges comenzó su carrera literaria como poeta ultraísta de vanguardia durante la década del veinte; cuando desarrolló su prosa, en la
década del treinta, ya se había desilusionado con las vanguardias y sus
ideales. Desarrolló su prosa mientras criticaba activamente a las vanguardias y el papel central que éstas daban a la metáfora en la creación literaria, su experimentalismo vacío (Pérez 218-9). Igualmente
criticaba el estilo regional de los escritores criollos nacionalistas. Por
supuesto que él mismo había cometido esos pecados antes. Durante
sus primeros años como escritor había homenajeado suficientemente
a la literatura "criolla", llena de color local y personajes típicos nacionales (Rodríguez Monegal 203-13). Porque desconfiaba del espíritu
moderno de las vanguardias, su fe en el progreso del arte, en la superioridad del futuro sobre el pasado, su creencia en la experimentación
constante, Borges se ha transformado a lo largo de los años en un
escritor fundamental para entender las posibilidades de establecer
nuevas formas en el arte, que no repitan el pasado moderno de una
manera vacía, sino que busquen superarlo: lo que llamamos el arte
postmoderno (de Toro 31-6). Su práctica de una literatura intertextual
crítica, que privilegiaba la lectura por encima de la escritura y buscaba manera lúdicas de aproximarse a la expresión literaria; una literatura formalizante, que hundía sus raíces en el pasado literario, auto-
rreflexiva y analítica; una literatura de ideas, satírica, que sabía reír;
una literatura que dislocaba los géneros establecidos y yuxtaponía la

seriedad metafísica a la comedia de las aventuras fantásticas, ha abierto avenidas para los escritores jóvenes y ha creado en todo el mundo formas nuevas de aproximarse a la creación literaria. Creo que su concepto de la literatura ha cambiado eso que nosotros llamamos literatura. Como con otros grandes creadores literarios, como Edgar Allan Poe y Walt Whitman, Franz Kafka y James Joyce antes que él, Borges introdujo cambios radicales en el instrumento que usó para expresarse. Así, la literatura hoy, y en particular la literatura postmoderna y la estética postmoderna, le deben a Borges su reconocimiento como a un revolucionario de la forma literaria.

Bibliografía citada

Alazraki, Jaime. "Estructura oximorónica de los ensayos de Borges". Jaime Alazraki. *La prosa narrativa de Jorge Luis Borges*. Madrid: Gredos, 3ra. edición aumentada. 323-33, 1983.

──────. editor. "Introducción". *Jorge Luis Borges*. Madrid: Taurus, 11-18, 1976.

Borges, Jorge Luis. *Obras completas 1923-1972*. Buenos Aires: Emecé, 1974.

──────. *Obras completas*. Tomo 3. Buenos Aires: Emecé, 1989.

──────. *The Aleph and Other Stories 1933-1969 Together with Commentaries and an Autobiographical Essay*. New York: E. P. Dutton & Co., Edited and translated by Norman Thomas di Giovanni in collaboration with the author, 1970.

──────. *Nueva antología personal*. Buenos Aires: Emecé, 1968.

Burgin, Richard. *Conversations With Jorge Luis Borges*. New York: Holt, Rinehart and Winston, 1968.

Cañete, Carlos. *Conversaciones sobre Borges*. Barcelona: Ediciones Destino, 1995.

Christ, Ronald. *The Narrow Act. Borges' Art of Allusion*. New York: New York University Press, 1969.

Pérez, Alberto Julián. "Desarrollo de los procedimientos narrativos en la obra literaria de Jorge Luis Borges". Alberto Julián Pérez. *Modernismo, Vanguardias, Postmodernidad Ensayos de Literatura Hispanoamericana*. Buenos Aires: Corregidor, 210-227, 1995.

Rodríguez Monegal, Emir. *Jorge Luis Borges A Literary Biography.* New York: Paragon House, 1988.

Sarlo, Beatriz. *Jorge Luis Borges. A Writer on the Edge.* New York: Verso, 1993.

de Toro, Alfonso. "Fundamentos epistemológicos de la condición contemporánea: postmodernidad, postcolonialidad en diálogo con Latinoamérica". Alfonso de Toro, editor. *Postmodernidad y postcolonialidad Breves reflexiones sobre Latinoamérica.* Frankfurt am Main: Verlag/Iberoamericana, 11-49, 1997.

Vázquez, María Esther. *Borges Esplendor y derrota.* Bacelona: Tusquets Editores, 1996.

Borges en la década del sesenta

D urante la década del sesenta Jorge Luis Borges (Buenos Aires 1899 - Ginebra 1986) logró un gran reconocimiento internacional como escritor. En 1961 compartió con Samuel Beckett el Premio Formentor del Congreso Internacional de Editores, en 1962 el gobierno francés lo nombró Comandante de la Orden de Letras y Artes y en 1968 fue designado miembro honorario de la Academia de Artes y Ciencias de los Estados Unidos de Norteamérica (Rodríguez Monegal 453-5). Borges comprendió que su voz había conquistado un lugar especial en la historia de la literatura, que las invenciones de *Ficciones* y *El Aleph*, la peculiar forma genérica de sus cuentos, sus planteos metafísicos, sus juegos fantásticos habían seducido a los lectores más cultos de Europa y Estados Unidos. Lo leía un público envidiable, que lo reconocía como maestro de escritores, y alababa su sabiduría literaria. Su visión crítica e irónica, distanciada, de la literatura ("Pierre Menard, autor del Quijote"), la cultura ("El inmortal") y la historia ("Deutches Requiem") sorprendió a los lectores europeos. Éstos podían verse en el espejo deformado que les brindaba un sudamericano, que los conocía íntimamente.

Borges había sido un buen viajero en su adolescencia y juventud, cuando vivió en España y Suiza varios años (Vázquez 45-62). Sus dificultades económicas personales, sumadas a la crisis económica y monetaria de la Argentina durante las décadas siguientes le impidieron continuar esa promisoria y enriquecedora experiencia internacional. Recién en la década del sesenta, Borges, ya anciano, vuelve a viajar. Visita diversos países europeos y los Estados Unidos de Norteamérica. La prestigiosa Universidad de Harvard lo invita a dar un curso de poesía auspiciado por la Fundación Charles Eliot Norton

en 1967 (Rodríguez Monegal 398-411). Paradójicamente, este Borges
que tenía la posibilidad de viajar podía ver muy poco, estaba casi
totalmente ciego, aunque su bilingüismo inglés-castellano le abría las
puertas de todos los países de habla inglesa, que reconocían en él al
ensayista erudito y al escritor innovador.

A lo largo de pacientes años de estudio y lectura Borges había
logrado una formación intelectual envidiable y originalísima, heterodoxa y bastante exótica, como lo testimonian sus ensayos y cuentos.
Individualista extremo, defendió la libertad del escritor de guiarse por
su propio gusto de lectura y su curiosidad, sin dejarse llevar por obligaciones éticas o por intereses políticos. Él se denominó "un lector
hedónico", un lector que leía por puro placer ("Paul Groussac", *O.C.*
233). Sus hábitos de lectura y de estudio, sin embargo, cambiaron con
los años. Al comienzo de su carrera literaria, en la década del veinte,
Borges no era un lector tan libre. En sus primeros libros de ensayos
(*Inquisiciones*, 1925; *El tamaño de mi esperanza*, 1926; *El idioma de
los argentinos*, 1928) descubrimos un lector meticuloso y bastante
ordenado, que revisa con fruición la literatura hispanoamericana y
española, que lee libros ingleses y norteamericanos y que procura
expresar sus opiniones sobre las cuestiones literarias de su hora.
Borges es ultraísta, comete los excesos de los que se retractaría más
tarde: creer demasiado en una teoría o en una doctrina, exagerar el
poder renovador de la metáfora, confiar en la superioridad de su época
y juzgar con dureza a los escritores del pasado.

Durante la década del treinta Borges introdujo importantes cambios en su práctica literaria: transcurrido el período de su poesía ultraísta juvenil, cultiva especialmente el ensayo crítico, cuyo estilo se
vuelve más original (González 11-26). Es un ensayista demasiado
inventivo, el afán fabulador del poeta lucha y hasta cierto punto entra
en conflicto con el estudioso y el crítico. En *Evaristo Carriego*, 1930,
el historiador y el intérprete de la cultura de los bajos fondos de
Buenos Aires convive con el estudioso de la poesía popular de
Carriego. En *Discusión*, dos años más tarde, su curiosidad fantástica
lo lleva a analizar la imaginación desatinada de los teólogos en "La
duración del infierno". Y en 1935, publica *Historia universal de la
infamia*, un volumen "barroco" (como lo denomina en el prólogo de

1954) de biografías disparatadas (*O.C.* 291). A su modo estaba experimentando con la prosa narrativa. En ese campo tuvo que labrarse su propio camino: Poe y Kafka podían ser modelos inspiradores, pero fue su guía principal en esta etapa su fe en su destino literario, en su imaginación y en su lucidez crítica. Borges tuvo que inventar su propia forma genérica para expresar lo que él quería: sus paradojas literarias, sus sueños, sus burlas al tiempo en el que le tocó vivir. Ya no era el joven vanguardista el que escribía, sino el adulto escéptico y desengañado, que creía haber vivido poco pero había leído y pensado mucho. Podemos agregar que había pensado a su modo, desde su ciudad natal, Buenos Aires, y había pensado bien. Como un argentino irreverente que proclamaba su derecho de sentirse universal y de tocar temas diversos, como siempre habían hecho los escritores europeos, sin resignarse a una literatura regionalista, localista. Sus temas podían ser el mundo propio, pero también el ajeno; si mira con sorna la cultura argentina ("Funes el memorioso"), también puede reírse del sentimiento de superioridad alemán ("Deutsches Requiem") y burlarse del pensamiento europeo: su teología, su metafísica ("Los teólogos", "El Inmortal").

Llegado a la década del sesenta ese ciclo feliz de su búsqueda como escritor está consumado. Luego de la publicación de *Ficciones*, 1944 y *El Aleph*, 1949, que labran su fama, y publicados sus variados ensayos de *Otras inquisiciones,* 1952, donde reflexiona sobre los temas más diversos de la literatura y la filosofía ("El idioma analítico de John Wilkins", "Kafka y sus precursores", "Nueva refutación del tiempo") y se muestra como pensador original y profundo, Borges enfrentó otros problemas. Sus dificultades laborales y políticas durante el peronismo, y su creciente ceguera limitaron su actividad literaria. Durante la década del cincuenta Borges fue perdiendo su habilidad de leer por sí mismo y de escribir. Pronto se vio obligado a depender enteramente de otros, en particular su madre, que se vuelve su lectora y amanuense. Así se va acostumbrando a sus nuevas circunstancias: empieza a dictar textos breves. A la caída de Perón tiene la posibilidad de ingresar a la Facultad de Filosofía y Letras de Buenos Aires: en 1956 lo designan profesor de Literatura Inglesa (Woodall 173-82). Un año antes, en 1955, lo habían nombrado Director de la Biblioteca

Nacional. Borges, que siempre había sido un lector atento y estudioso, se transforma en académico, y escribe ensayos para el medio universitario: con la ayuda de María Esther Vázquez publica *Introducción a la Literatura Inglesa*, 1965, y una nueva versión de *Antiguas Literaturas Germánicas*, de 1951, que titula *Literaturas Germánicas Medievales*, 1966; con Esther Zemborain de Torres publica su *Introducción a la literatura norteamericana*, en 1967.

Este Borges anciano y viajero, reverenciado y famoso, es también un conferenciante respetado, que lucha por vencer su timidez, y da numerosas entrevistas a sus admiradores. Cultiva el diálogo socrático. Se suceden los libros en que Borges comenta sobre diversas literaturas y nos habla de sí: *Entretiens avec Jorge Luis Borges,* de Jean De Milleret, 1967; *Conversations with Jorge Luis Borges*, de Richard Burgin, 1968; *Diálogo con Borges*, de Victoria Ocampo, 1969. Quizás el hecho literario más importante en su vida en estos años es su regreso a su primer amor, la poesía. Si bien sus cuentos fantásticos son hijos de su imaginación poética, Borges había prácticamente abandonado el género que le había dado buena fama en el mundo hispánico como introductor del Ultraísmo en Argentina, en la década del veinte, cuando publicara *Fervor de Buenos Aires*, 1923; *Luna de enfrente*, 1925 y *Cuaderno San Martín*, 1929. Los libros que publica durante la década del sesenta serán muy distintos a los de esa primera etapa: junto a los poemas en verso incluye relatos breves o fábulas poéticas. Su prosa se ha unido al verso: el fabulador de relatos brevísimos es también el autor de poemas narrativos y líricos. En 1960 publica *El hacedor*; en 1964, *El otro, el mismo*; en 1969, *Elogio de las sombras*.

Durante las décadas del cuarenta y del cincuenta había publicado poemas ocasionales, ciñéndose a la rima y a la métrica. En sus nuevos libros se inclina por la poesía medida y rimada, como lo comprobamos en "Poema de los dones", "El reloj de arena", "Los espejos", "La luna", todos escritos en cuartetos endecasílabos. Este hecho nos resulta significativo ahora, en los comienzos del siglo XXI, en que diversos poetas se han sumado a este deseo de rescatar, de manera selecta, los artificios poéticos del pasado literario, desechados a principios del siglo XX, cuando el verso libre desplazó la preferencia por el verso medido y rimado. El uso contemporáneo selectivo de la métrica parece ser una manera postmoderna de criticar a, y de tomar distancia de, la modernidad vanguardista. Borges eligió tempranamente regresar al verso medido, su poema "La noche cíclica" es de 1940. Luego coincidirán en su búsqueda en Hispanoamérica otros poetas más jóvenes, como el peruano Carlos Germán Belli, y el argentino Héctor Piccoli.

Borges fue uno de los primeros vanguardistas que criticó de manera meditada y convincente lo que consideró excesos de la poética vanguardista y modificó, consecuente con su crítica, su propia manera de concebir la literatura y de escribir. A fines de la década del veinte Borges se alejó del Ultraísmo, pero no negó el papel histórico que habían tenido las vanguardias en el desarrollo de la literatura contemporánea. En 1941 publicó su cuento "Examen de la obra de Herbert Quain", en que se burlaba del afán experimental exagerado del escritor vanguardista imaginario Herbert Quain, supuesto autor de *April March*, 1936, fragmento de novela "regresiva, ramificada" (*O.C.* 462). En 1940 escribió el poema filosófico "La noche cíclica" en cuartetos endecasílabos. Su regreso a la métrica, tan vilipendiada por los vanguardistas, prefigura su nueva intención poética, que sostendría en los libros de poesía publicados en la década del sesenta. El desencanto de Borges con el credo vanguardista, con su ortodoxia, en la década del treinta, fue una rebelión individualista que lo llevó a tomar distancia de los otros escritores vanguardistas de primera hora. César Vallejo y Pablo Neruda también dejarían al margen la poética vanguardista en esa misma época, para adoptar una poética muy distinta a la de Borges. El realismo socialista que éstos abrazaron respondía a un criterio anti-individualista. El Partido Comunista en el que militaban requería que los poetas escribieran para las masas, haciéndolas conscientes de su opresión histórica y su potencial revolucionario. La poética de los vanguardistas fue considerada elitista, pequeño burguesa, solipsista. Años después, durante la década del cincuenta y del sesenta, diversos artistas abrazaron muchas de las premisas vanguardistas, iniciando una recuperación de sus valores, que asumió un sentido neo-vanguardista. Todo el experimentalismo de la novela latinoamericana de la década del cincuenta y el sesenta (novelas como *Pedro Páramo* de Juan Rulfo y *Rayuela* de Julio Cortázar) forma parte de esta corriente revisionista que recuperó los valores literarios vanguardistas.

Borges repudió cualquier tipo de presión ideológica sobre su obra. Creía en la libertad individual del escritor. Los objetivos políticos partidarios no debían influir en las elecciones del escritor. Su rebelión individualista no sólo lo llevó a rechazar el comunismo y el marxismo, sino también los nacionalismos. Y éstos últimos fueron una tentación para Borges. En su obra de juventud el cosmopolitismo vanguardista convivía con cierto nacionalismo y orgullo local. Borges amaba Buenos Aires y su lenguaje se contaminó de criollismo. Perteneció al grupo de la revista *Martín Fierro* y fue amigo de Ricardo Güiraldes. Sus primeros libros estudiaban con cuidado la literatura argentina. Junto a la literatura inglesa y norteamericana leía la literatura de su país. Más tarde publicaría ensayos sobre la poesía gauchesca, sobre Lugones, sobre *Martín Fierro*. Su primer cuento, "Hombre de la esquina rosada", 1933, era un alegato criollista y fue muy bien recibido en los medios literarios (Woodall 92). Estaba aún fresca entonces la gloria de Güiraldes, y parecía que Borges era capaz de proponer un cambio de estilo y renovar los relatos criollos, interpretados ya no por gauchos, sino por compadritos orilleros. Pero nada estaba más alejado de su intención. Como lo expresa en "El escritor argentino y la tradición", el legado literario nacional no es la literatura costumbrista criolla, sino la literatura de todo el mundo. Borges no recomienda el color local (*O.C.* 267-74).

Su individualismo y su desencanto con la literatura que se escribía en el país en ese entonces lo llevaron a separarse de sus compañeros de generación. Va por un camino distinto al de aquellos que abrazan el comunismo revolucionario o tratan de escribir para las masas, como Raúl González Tuñón. Se distancia de los nacionalistas, en momentos en que la influencia de Lugones estaba aún viva. Esta resistencia a las ideologías será más severa cuando el peronismo populista invada la escena nacional, con su carga de demagogia y oportunismo (Rodríguez Monegal 354-62). Borges, como muchos de los intelectuales y escritores de su tiempo, Cortázar y Sábato, y su amigo Bioy Casares, entre ellos, se rebelan contra el peronismo (González 169-99). Borges toma una actitud escéptica, de descreimiento y duda, ante el fenómeno. No sólo desconfía del hombre Perón sino también de la historia que éste representa. Las doctrinas que prometen salvar al hombre, como el nazismo, que tan bien satiriza en "Deutches Requiem", terminan engendrando monstruos. Muchos intelectuales de izquierda no perdonarán a Borges su actitud de distanciamiento y negación de la política. También lo atacarán los nacionalistas y peronistas. Su actitud personal les parecía escapista, y consideraban que su literatura, sus cuentos fantásticos y sus ensayos eruditos se evadían de la realidad. Sus paradojas y bromas filosóficas no tenían para nacionalistas y marxistas gran valor. Borges, consideraban, era un escritor prescindible y poco argentino (Vázquez 199).

En la misma década del treinta en que rechazaba el compromiso ideológico del escritor, Borges idealizaba las virtudes de la literatura fantástica. Creía que una literatura que diera vuelo a la fantasía, a los sueños, al mundo imaginario, podía transformarse en el mejor vehículo para expresar la subjetividad del escritor (Rodríguez Monegal 314-20). El escritor y el soñador buscaban (Borges identificaba literatura y sueño) conocer el sentido de su vida, descubrir su verdad. Un escritor de cuentos fantásticos podía hacerse las preguntas más inocentes y necesarias, recrear con sus juegos la metafísica y la religión. Podía discutir y comentar obras literarias, hacer convivir su texto con los grandes textos de la literatura mundial. Esta poética de su madurez literaria es muy distinta de la que defendía en su época ultraísta. Borges se arrepiente de los excesos de su juventud. Se autocensura y no permite la reimpresión de sus primeros libros de ensayos. Corrige constantemente su poesía juvenil. En los años sesenta, el Borges que ha triunfado, el Borges celebrado en todo el mundo, no es el Borges ultraísta, sino el Borges escéptico, crítico y maduro, el autor de los cuentos fantásticos de *Ficciones* y *El Aleph*. Borges puede mirar hacia atrás y contemplar su propia fama. Su mensaje ha llegado a los grandes centros literarios del mundo. Su nueva poesía refleja esta paz y seguridad.

Su poesía de los años sesenta es, como su cuentística, individualista. Elige su forma poética según su gusto, haciendo caso omiso de la moda, o el gusto poético contemporáneo. Desea ser fiel a sí mismo. Medita con franqueza, nos comunica sus dudas filosóficas y cae en la confesión personal. En el prólogo de *Elogio de las sombras*, 1969, nos advierte que no se cree poseedor de una estética, y que las estéticas son "abstracciones inútiles"; tiene oficio de escritor, un saber que se lo ha dado el tiempo y la práctica (*O.C.* 975). Logra en estas poesías una sinceridad muy especial, que no percibimos en su prosa. A veces cae en el sentimentalismo y en el tono elegíaco. Aspira a conversar humildemente con el lector. En su poesía filosófica: "El reloj de arena", "La noche cíclica", "Adrogué", "El poema de los dones", medita sobre el sentido del tiempo y el destino personal, y sobre la literatura, indisolublemente unida a su vida. En esa literatura encontró su destino. Así nos lo confiesa en su texto "Borges y yo" y en tantos textos y poemas dedicados a poetas que admira y a amigos personales suyos: "Parábola de Cervantes y de Quijote", "Una rosa amarilla", "In memoriam A.R.", "A un viejo poeta", "A Luis de Camoens". Muchos de sus poemas son discursivos y cuentan anécdotas fantásticas, como "El golem" y "La luna".

Uno de los poemas que mejor nos habla de esta etapa creativa suya es "Arte poética", donde Borges trata de sintetizar lo que él entiende es la poesía y el arte. Cree que el arte es fundamentalmente tiempo, el lenguaje no puede escapar su condición temporal; la poesía es sueño, y de poco podemos estar seguros más allá de las apariencias de las formas del sueño y del arte en el mundo idealista que nos propone. La poesía también es destino, y nos va dando una identidad a medida que la escribimos, nos dice quienes somos. En palabras del poeta: "A veces en la tarde una cara/ nos mira desde el fondo de un espejo;/ el arte debe ser como ese espejo/ que nos revela nuestra propia cara (*O.C.* 843)". Además la poesía testimonia el destino del hombre: pasar, morir. Es al hombre como un Otro. El arte debe ser sencillo, "de verde eternidad, no de prodigios".

Vemos en esta poesía un Borges preocupado por su destino personal, que él resuelve en una peculiar metafísica en la que el yo se disuelve en el devenir, es una ilusión y un sueño, que a veces se parece a una pesadilla. La muerte nos libera de la pesadilla de "ser", promete un final y el olvido benéfico. En la experiencia personal confluye la historia de todos los que han sido antes de nosotros, si bien el hombre no puede escapar a su destino. Dice Borges en "El despertar": "Entra la luz y asciendo torpemente/ de los sueños al sueño compartido/ y las cosas recobran su debido/ y esperado lugar y en el presente/ converge abrumador y vasto el vago/ ayer: las seculares migraciones/ del pájaro y del hombre, las legiones/ que el hierro destrozó, Roma y Cartago./ Vuelve también la cotidiana historia:/ mi voz, mi rostro, mi temor, mi suerte./ ¡Ah, si aquel otro despertar, la muerte,/ me deparara un tiempo sin memoria/ de mi nombre y de todo lo que he sido!/ ¡Ah, si en ese mañana hubiera olvido! (*O.C.* 894)".

Borges siente que el hombre está preso de su destino. El minotauro, el monstruo que vigila un laberinto que no comprende, no vendrá a liberarlo de la pesadumbre de ser. El hombre está encerrado en un laberinto sin salida. Dice en el poema "Laberinto": "No habrá nunca una puerta. Estás adentro/ y el alcázar abarca el universo/ y no tiene anverso ni reverso/ ni externo muro ni secreto centro./ No esperes que el rigor de tu camino/ que tercamente se bifurca en otro,/ que tercamente se bifurca en otro,/ tendrá fin. Es de hierro tu destino/ como tu juez. No aguardes la embestida/ del toro que es un hombre y cuya extraña/ forma plural da horror a la maraña/ de interminable piedra entretejida./ No existe. Nada esperes. Ni siquiera/ en el negro crepúsculo la fiera (*O.C.* 986)".

Borges gusta de definir en muchos de sus poemas la compleja esencia de las cosas. Así escribe "El poema del cuarto elemento", "El tango", "Texas", "El hambre", "España", "El mar". El mar, para él, no es un qué sino un quién. Dice: "¿Quién es el mar? ¿Quién es aquel violento/ y antiguo ser que roe los pilares/ de la tierra…? (*O.C.* 943)". La pregunta es retórica, pero Borges la contesta: descubrirá quién es el mar y quién es él "…el día ulterior que sucede a la agonía". Para este poeta maduro la muerte parece ser la respuesta posible a todos los enigmas, aunque ella misma sea un enigma. Este sentido elegíaco se repite en numerosas meditaciones. Borges ama meditar sobre los pequeños objetos y los hábitos cotidianos, y sobre las cosas que siente como suyas: un libro, una llave, las monedas, que un día lo despedirán de este mundo y durarán más que él. Son los objetos que nos sobreviven, privados de conciencia y "…no sabrán nunca que nos hemos ido (*O.C.* 992)".

Borges nos presenta un mundo impredecible y misterioso, y el hombre que lo habita no entiende qué sucede. Esa perplejidad es fuente de su filosofía metafísica. La metafísica está muy lejos de ser algo del pasado: como actitud filosófica es insoslayable, y el poeta es quién mejor la vive en sí. Para Borges la metafísica es verdad en él: se pregunta por la divinidad, por el ser, por el tiempo, por el universo, por la muerte, por el infinito. Pocas veces, sin embargo, el poeta se acerca a la vida cotidiana de su patria para comentar sobre su historia presente, aunque su patria esté siempre en él como sentimiento. Así, cuando va a New England en 1967, siente nostalgia de su Buenos Aires tan celebrado y compone un poema, que concluye, invocando a su ciudad natal: "Buenos Aires, yo sigo caminando/ por tus esquinas, sin por qué ni cuándo (*O.C.* 982)".

Hay momentos especiales en que Borges nos confiesa sus limitaciones y debilidades, las formas de su destino, como en "El poema de los dones" y en "Elogio de las sombras". Nos dice que no comprende el designio de su Dios, que es tan misterioso para sus criaturas. Nos acercamos a un Borges íntimo, su yo poético se confiesa con pudor pero sin vergüenza. Siempre está convencido de que parte de su destino es aguardar la muerte. Los años sesenta también le traen el amor carnal: en 1967 se casa con Elsa Astete de Millán, que había conocido en su juventud. El amor siempre le había sido esquivo al poeta. Borges encontrará muy difícil el compartir sus sentimientos con su esposa, de quien se divorciará en 1970. Borges disfruta durante estos años de numerosos viajes, de los que deja testimonio en sus poemas: "New England, 1967", "Texas", "A Israel", entre otros. Durante sus viajes rinde testimonio de su admiración hacia los poetas de las diversas lenguas, con quienes siente secreta afinidad. Visita Estados Unidos de Norteamérica, Inglaterra y varios países de Europa, Perú, Colombia, Chile, Israel.

El Borges de la década del sesenta es un Borges que agradece los dones recibidos, que está en paz consigo mismo. Ha perdido la vista, pero tiene su querida poesía, de cuyo sentimiento nunca estuvo distante. Es un Borges "clásico", que critica su "barroquismo" juvenil, y mira con escepticismo y desconfianza las doctrinas estéticas. Más que creer en sí mismo cree en la vida de la literatura, ese mundo de afinidades secretas que lo une con individuos de todos los tiempos, a través de la magia del idioma.

Obras citadas

Borges, Jorge Luis. *Obras completas 1923-1972*. Emecé: Buenos Aires, 1974.

——————. *Obras completas en colaboración*. Emecé: Buenos Aires, 1979.

González, José Eduardo. *Borges and the Politics of Form*. New York: Garland, 1998.

Rodríguez Monegal, Emir. *Borges Una biografía literaria*. México: Fondo de Cultura Económica, 1987. Traducción de Homero Alsina Thevenet.

Vázquez, María Esther. *Borges Esplendor y derrota*. Barcelona: Tusquets Editores, 1996.

Woodall, James. *Borges A Life*. New York: Basic Books, 1996.

Sara Gallardo, *Eisejuaz* y la gran historia americana

L a novela *Eisejuaz*, 1971, de la escritora argentina Sara Gallardo (1931-1988), cuenta, en primera persona, sucesos de la vida del indio mataco Eisejuaz, o Lisandro Vega, su nombre cristiano. Es singular que una escritora porteña haya logrado recrear la voz de un hombre indígena, distante de su experiencia individual, tanto por su género como por su mundo socio-cultural. Posesionarse de la voz de un otro, cuando ese otro no pertenece al mundo social del escritor, y más aún cuando es radicalmente distinto y casi imposible de imaginar, como es el caso de un indio mataco del monte salteño para una escritora criada en un grupo social de clase alta de Buenos Aires, es un logro narrativo extraordinario. Tiene la virtud de abrir la conciencia del personaje hacia los lectores deseosos de saber de ese otro poco conocido. Aquellos escasos escritores felices que han logrado representar con autenticidad este tipo de personajes en el mundo de las letras, como José Hernández en su *Martín Fierro*, José María Arguedas en *Los ríos profundos* y Juan Rulfo en muchos cuentos de *El llano en llamas*, tienen grabados sus nombres con letras de oro en la historia de sus literaturas.

El lector latinoamericano, hospedado por lo general en centros urbanos que simulan escapar del subdesarrollo y del atraso y tratan de remedar la vida europea, siente, como afirma Rodolfo Kusch, que vive en un mundo "inauténtico" (*O.C.* I:604-9). En ese mundo se ignora lo más profundo del ser americano. Ese ser bárbaro americano, "primitivo", al que le tememos, nos seduce con su carga ancestral, y opera en nosotros como un deseo inconsciente, que retorna con la fuerza de lo negado. Nos recuerda que vivimos en América, y que América es una pregunta a la que todavía no hemos logrado darle respuesta satisfactoria y que conforma, en la vida intelectual de los distintos países que componen el continente, uno de los núcleos o filosofemas más constantes de nuestro discurrir.

Para la escritora Sara Gallardo el estar fuera de sí, y el ir hacia el otro, fue parte de su experiencia vital. En sus otras novelas, *Los galgos, los galgos*, 1968, y *La rosa en el viento*, 1979, también crea narradores hombres en primera persona, y en la última, además, aparece un personaje indio mapuche. Elena Vinelli, en el prólogo a la reciente reimpresión de *Eisejuaz*, caracteriza a la autora como "nómada" y "errática" (Vinelli 8-9). Sara Gallardo vivía viajando, desplazándose, de Buenos Aires a Europa, a América Latina, a Medio Oriente, al norte de Argentina, y residiendo en esos sitios por períodos prolongados, como corresponsal y columnista de diarios y revistas, acompañada por su esposo, Pico Estrada, primero, y luego por el reconocido ensayista H.A. Murena, su segundo esposo. Su experiencia en el norte argentino en 1968 tiene que haberla llevado a meditar sobre el mundo de los matacos. Sara Gallardo ambienta la novela *Eisejuaz* en la selva de Salta, cerca de Orán, donde reside un núcleo de la comunidad mataca.

El núcleo de la obra es la relación de su personaje central con su dios. Lisandro, o Eisejuaz, habita en un mundo sagrado, y para él lo más importante en su vida es su vínculo con la divinidad. El filósofo Rodolfo Kusch había señalado que el habitante original de América vivía aún rodeado del sentido de lo sagrado, y esta relación con los dioses condicionaba su mundo, lo hacía habitable, determinaba su relación con la tierra, con el suelo, y le daba su identidad ontológica, que caracterizaba como una forma del "estar", más que del "ser", que definía al europeo (*Geocultura del hombre americano, O.C.* III: 231-9). En el mundo de la selva el indígena mataco habita en ese "estar", asociado a la tierra, a las divinidades telúricas. Habla su propia lengua: el castellano es una segunda lengua para él, que sólo utiliza con los que no son miembros de su comunidad. Puesto que el que cuenta es un indio mataco, su narración contiene la cosmovisión de ese universo indígena, tal como lo imagina su autora.

Gallardo hace todo lo posible para que la narración sea creíble; le inventa al indio una forma de hablar que supuestamente remeda la forma de hablar de los matacos. Su recreación lingüística no es puramente gramatical, sino también ideológica. Gallardo interpreta el valor y el sentido que tiene el nombre para el mataco. En el capítulo primero, "El encuentro", presenta así al protagonista, quien explica en primera persona: "Yo soy Eisejuaz, Este También, el comprado por el Señor, el del camino largo. Cuando he viajado en ómnibus a la ciudad de Orán he mirado y he dicho: "Aquí descansamos, aquí paramos." Allí mi padre, ese hombre bueno, allí mi madre, esa mujer animosa con el hijo de encargue, allí tantos kilómetros saliendo del Pilcomayo a pies hicimos por la palabra del misionero. Allí mis dos hermanos. Allí yo, Eisejuaz, Este También, el más fuerte de todos. Veo y digo: "Aquí descansamos, aquí paramos." Los lugares no tenían nombre en aquel tiempo (15)." Eisejuaz se da diversos nombres que lo denominan, y tienen que ver con su posición en la cultura mataca y con su singular experiencia con la divinidad. Constantemente se refiere al estar allí; aún antes que las cosas tuvieran nombre su pueblo estaba consciente de ese estar, que lo definía.

Lo que conoce Eisejuaz del mundo de los blancos (incluida la lengua), lo aprendió en el proceso de socialización y adaptación a la comunidad establecida por la misión religiosa en la que vivió desde su adolescencia, y en su trabajo en un aserradero. Si bien habla el castellano con fluidez, no es perfectamente bilingüe, y su castellano tiene marcas de inadecuación gramatical. Gallardo indica esto recurriendo al uso excesivo de los gerundios, o empleando formas inusuales de negación ("Y nada no pasó" 13).

En el comienzo de la novela Eisejuaz se encuentra con el Paqui, el enviado por el Señor, y este acontecimiento motiva el resto de las peripecias de la trama. El Paqui es un hombre blanco, enfermo, inválido. En el momento de conocerlo, Eisejuaz estaba trabajando en un aserradero en el monte. Había estado esperando al enviado del Señor desde aquel día en que su Dios le habló, cuando tenía 16 años. Eisejuaz trabajaba entonces en un hotel de lavacopas y se le apareció el Señor en un remolino del agua de la pileta, y le pidió las manos; le dijo: "Lisandro, Eisejuaz, tus manos son mías, dámelas (19)." La autora no explica qué significa "dar las manos", pero el lector puede imaginar que es entregarse incondicionalmente a la voluntad de su dios, para que ese dios pueda actuar a través de él. Eisejuaz preguntó qué era lo que podía hacer, y el Señor le respondió que antes "del último tramo" iba a pedírselas. Luego se le apareció un mensajero del Señor en forma de lagartija, y le dijo: "Te va a comprar el Señor... le vas a dar las manos... El Señor es único, solo, nunca nació, no muere nunca (20)." Eisejuaz asintió, él iba a darle las manos cuando llegara el último tramo de su camino.

Cuando ve al Paqui, el enviado del Señor, habían transcurrido casi veinte años desde esa primera aparición divina. Eisejuaz iba a cumplir 35 años y vivía su vida en total obediencia hacia su dios, esperando una señal de éste. El mundo de Eisejuaz era un universo mágico y sagrado, en armonía con las criaturas de su suelo, con las que aceptaba compartir la vida, como sus iguales. Su dios le hablaba a través de objetos y animales. El blanco aparece como un intruso en este mundo. El saber del indígena estaba supeditado a su relación de dependencia con su dios. Todo lo que conoce del mundo lo utiliza para cumplir su misión. Eisejuaz es un elegido, porque su dios le habló y le pidió sus manos. Es un hombre muy fuerte, capaz de levantar con sus brazos pesadas vigas y su madre le dice que nació para jefe (19). Cuando aparece el Paqui, Eisejuaz lo acepta, como el enviado divino, al que estaba aguardando. Paqui es un hombre de la ciudad, y Eisejuaz, para él, es un indio, un salvaje.

El blanco en América se aísla y separa de lo indígena, de lo no occidental, recurriendo a sus instituciones europeas, asumiendo hábitos pulcros y formales de vida, que tienen algo de ritual. Importa la cultura occidental, causalista, moderna, y vive dentro de ella como en una burbuja, en su pequeña historia, aislado de América, de la gran historia de América, de la que sólo es un episodio reciente. El nativo americano "hiede", se siente parte de la naturaleza de América, convive con sus animales. América, decía el filósofo Rodolfo Kusch, se hace presente en su "hedor" (*América profunda, O.C.* II: 11). No sólo el indígena huele mal en este caso, sino también el blanco, a quien Eisejuaz lleva a vivir con él a la selva, como un "salvaje". El Paqui es un enfermo inválido que ha sido elegido por el dios de Eisejuaz, aunque no tiene conciencia de ello ni entiende (14). Su dios le pide que lo cuide, y Eisejuaz comprende que ha empezado "el último tramo de su camino".

A partir de ese momento Eisejuaz espera que dios le diga qué hacer con el Paqui. Mientras espera, Mauricia, hermana de su esposa muerta, y su amante, lo viene a buscar. Le dice que el Reverendo de la misión lo llama, pero Eisejuaz le contesta que no puede ir porque ha empezado el último tramo de su camino. El lector entiende que va a entregarse totalmente a su dios y acepta el sacrificio. Así termina el primer capítulo, "El encuentro" y empieza el segundo, "Los trabajos". Cada capítulo de la novela tiene un título descriptivo y simbólico, que le informa al lector la evolución del ciclo religioso de la trama: siguen, entre otros, "La peregrinación", "Las tentaciones", "El desierto" y el último, "Las coronas".

Además de hablar de lo que ocurre en el presente, el narrador intercala escenas del pasado. De este modo la autora nos informa de importantes episodios de la vida de Eisejuaz. Esta no es la vida de felicidad y progreso que ansía el lector liberal de las ciudades, la historia de Europa en América: es la vida de un indígena que sigue sumisamente los designios de su dios ancestral y se enfrenta al horror de lo sagrado, que lo acecha en todas partes (Kusch, *O.C.* II: 27). Su dios lo había elegido, y había elegido su sacrificio, seguramente para salvar a su pueblo. Le había pedido sus manos y éste se las había dado y ahora las entregaba al Paqui. Eisejuaz había convivido en el pueblo y el aserradero con los blancos, que mostraban su incomprensión hacia el mataco. Si se negaba a trabajar, éstos abusaban de él. Los blancos explotaban su trabajo y lo censuraban. También el Reverendo lo despreciaba y lo condenaba, no podía entender a Eisejuaz; le dijo: "Sos un falso. Capataz de campamento traidor. Andate ahora de aquí. Ya irás a la coca, al alcohol, al tabaco, al juego, a enfermarte, a no tener trabajo. Por infiel, por traidor, por mal cristiano... amigo del diablo, veneno del alma de los matacos, de los tobas de la misión (31)."

Una vez que Eisejuaz se supo elegido por el Señor, se entregó al ayuno, casi se dejó morir, esperando señales de su dios. Sólo aceptaba comer después de recibir sus mensajes. No tenía voluntad propia, hacía la voluntad de dios. Porque le había dado sus manos, Eisejuaz podía curar, o dios curaba a través de sus manos; tenía poderes de sanación y era capaz de hacer milagros. El pueblo mataco sufría y vivía en la miseria, pero no trataba de escapar de su situación mediante el trabajo, sólo esperaba ayuda de su dios. Podemos decir, siguiendo a Kusch, que el mataco se dejaba estar, que su ser se realizaba en ese estar, que es estar en América y estar con y para su dios (*O.C.* II: 108-13). El diablo lo acechaba bajo diferentes formas. Eisejuaz estaba siempre pronto a defenderse de él.

La novela comenta indirectamente sobre la situación social de los matacos. Eisejuaz cuenta cómo vinieron varios hombres de Tartagal para incitarlos a que se rebelaran contra sus patrones, y trataban de mostrarles el estado de opresión en que vivían, y la deuda que mantenían con el dueño del almacén que les vendía alcohol. Les explicó el hombre: "...El paisano era el dueño de la tierra, todos lo usan. Los gringos lo usan, le enseñan a hablar en lenguas gringas, a rezar a otro Dios. Todos lo usan. El paisano tiene que ser el ciudadano de honor de la patria argentina... (40)." Eisejuaz, sin embargo, desconfiaba de él, no le creía, le dice que quiere "votos... política", e inicia una gresca para castigar a los caciques que vienen con los hombres, y termina en prisión.

El único interés de Eisejuaz era obedecer a su dios, no creía en la política de los hombres blancos. En aquel momento pensó en buscar a su amigo, el viejo Ayó, Vicente Aparicio, para pedirle consejo, y se fue a pie a Orán a buscarlo a YPF, donde trabajaba. En el camino perdió el sentido de la realidad y lo guiaron los sueños. Años atrás los sueños le habían anunciado la muerte de su mujer. Eisejuaz vive preso de la voluntad de dios en un universo fatal. Cuando llegó a Orán visitó a su amigo Ayó y le contó que no había recibido recientemente señales divinas. Ayó hizo una ceremonia en que quemó semillas, su alma salió de recorridas y cantó; también el alma de Eisejuaz salió de recorridas con el alma de Ayó y, al final, volvieron los mensajeros al corazón de Eisejuaz (54-56).

En una ocasión vino un viejo rengo de su grupo y le dijo que él lo estaba castigando, que parara el castigo. Eisejuaz tenía poderes reconocidos por su grupo. La hija del viejo estaba en el hospital, próxima a la muerte. El viejo creía que se debía a un castigo de Eisejuaz. Éste le dice que no tiene poderes en ese momento, pero el viejo le insiste. Eisejuaz toma alcohol puro y realiza una ceremonia; siente que se ahoga, los mensajeros se apoderan de él. Al final del proceso la niña está curada (60-62). Luego de curar a la hija del viejo, también él se siente curado. Le ha vuelto la fuerza al cuerpo, con el favor de dios. Se le aparece un espíritu, Agua Que Corre: él comprende que vendrá uno que mande el Señor y él debe obedecerle. Se va del aserradero y vive de changas, y se dedica a esperar.

La narración vuelve al momento en que se había encontrado con el Paqui, el enviado. Habló con él y le dijo que sabía quién era: una rata, un miserable que emborrachaba a las mujeres y les cortaba el pelo para venderlo (71). Eisejuaz lo alimenta, pero el Paqui vomitaba la comida. Eisejuaz lo limpia: es un servidor del Señor. Éste le pedía las manos y también el corazón. El Paqui le cuenta su vida de infamias y crueldades. En Rosario torturaron a una muchacha con una vela encendida, vendió pelo de mujeres en Salta, las explotó (74). Le pide a Eisejuaz que le busque un valijín que llevaba con él y, al final, después de mucho buscar, éste lo encuentra. En el valijín tiene cosas sin importancia. Eisejuaz limpia al Paqui y lo atiende. La Mauricia, su antigua amante, hermana de su mujer muerta, aparece y Eisejuaz tiene relaciones íntimas con ella. Le pide al Paqui, inválido, que camine. Éste trata y se cae. Eisejuaz le dice a su dios que cumplirá con su voluntad.

El Señor lo somete a tentaciones: viene un hombre y le pide que vuelva a la misión; él le responde que los mensajeros se habían retirado de él. El hombre le dice que él era el jefe, y lo necesitaban; Eisejuaz le contesta que quizá los tobas y matacos no tenían salvación, que se había terminado su tiempo. Luego aparece su amigo Pocho Zavalía, Yadí; lo quiere llevar con él, pero Eisejuaz le cuenta que el Señor le pidió las manos, y él comprende. La tercera tentación es una mujer que viene y le recuerda episodios de su infancia, cuando unos hombres atacaron su tribu; allí capturaron a un hombre y a una mujer, los torturaron, los desollaron y los mataron. Era un crimen de su familia. Eisejuaz la echa, porque comprende que es la Muerte Vengadora. La cuarta tentación llega por boca del Paqui. Éste le pide que lo limpie y arregle, y que lo lleve a un hotel del pueblo. Así lo hace, y luego llama a los mensajeros, que cree lo han abandonado: baila, y ruega que le expliquen cómo será el cumplimiento, y "los pueblos chicos de bajo tierra" vienen, en forma de viento, y lo tranquilizan. La quinta tentación es una voz que le habla en la canilla del agua: es la voz de la hija del viejo que renguea, a la que él salvó de la muerte, y le dice que está allí para ser su mujer y casarse con él. Eisejuaz le contesta que no puede casarse con ella, porque su vida ya entró en su último tramo.

En un sueño se ve a sí mismo y al Paqui caminando en el monte; comprende que ese sueño encierra un pedido de su dios y obedece. Lo carga en una carretilla, con pocas provisiones y se internan en el monte. Después de diez días de peregrinación llegan a un claro antiguo en la selva. Allí deja al Paqui, y luego de un ritual se instala en el sitio, que es el designado por el Señor. Eisejuaz cuida y alimenta al Paqui con lo que puede, tienen que comer inclusive carne de serpiente. Para alegrar al Paqui trae un loro, luego un mono.

Una noche se hace presente el Malo, el demonio, y pronto se va. Eisejuaz habla constantemente a su dios. El demonio viene varias veces más, pero Eisejuaz, gracias a su fe, lo rechaza. El Paqui se asusta ante lo que él llama "magia" (99). Llegan cinco matacos a su pequeño campamento, vienen desde el río Pilcomayo, a varios días de viaje. Eisejuaz sabe que van a morir. Le pide a Dios por ellos, y éste le devuelve la leche a la mujer, y su hijo se salva. Cuando se van le dejan el perro, para que pueda cazar. El tigre o jaguar ronda el campamento y Eisejuaz le habla, y el tigre no vuelve.

Eisejuaz prácticamente ha raptado al blanco, y éste se queja amargamente de su condición. Un día trata de convencerlo de que lo lleve a la ciudad, y que le conseguirá trabajo en un circo. Eisejuaz tendrá dinero y muchas mujeres. Le dice el Paqui:

> …soy educado, viajé, vendí jabones… Este Paqui que aquí ves hablaría por vos. Vos no hablás castellano. No te acuso, pensando que has nacido entre las fieras del bosque, y que tu idioma se parece a la tos de los enfermos… ¿por qué razón pensás que tu dios te obliga, salvajón mataleones que sos, a cuidar del gran señor, del caballero? Para enseñarte a ser civilizado.

Y para enseñarte a reír, cara de mono. Nunca te reís. Y para bus-
carte un trabajo decente, en un circo o en otro lado (101-2).

El Paqui en ningún momento comprende las razones místicas que
mueven al indígena. Frustrado lo insulta, lo llama "mataco de por-
quería", pero Eisejuaz contiene la rabia y no le hace nada, obedece a
su dios. Una tormenta viene y en medio de la tormenta aparece el
Malo. Cae un árbol y le quiebra la pierna a Eisejuaz. Se entablilla solo
la pierna, que le quedará renga, y caza como puede. El mono se
muere. Estos animales son espíritus hermanos, Eisejuaz los trata como
a iguales.

Encuentran a un cazador armado, moribundo, lo había picado una
víbora. Eisejuaz lo salva, pero una voz en su corazón lo incita a matar-
lo. Mata a un pájaro, desplazando en él el odio que sentía hacia el
cazador. Pronto llegan otros cazadores. Eisejuaz se esconde y el Paqui
habla con ellos: "Me ven robado por un indio que no tiene el juicio
sano... –les dice– Van para tres años que me agarró, no me suelta, me
lleva adonde va (106)." Los cazadores matan al jaguar. Como
Eisejuaz había salvado a uno de ellos, empiezan a llamarlo a gritos por
su nombre. Eisejuaz siente que han roto un tabú: su nombre es sagrado, no debe ser pronunciado en voz alta. Los cazadores se van y se llevan a Paqui. Le habían matado además al loro y al perro, sus amigos.
Aparece un avión en el cielo y entiende que es una señal de su dios:
debe ir a buscar a ése que le encargaron.

Eisejuaz emprende la vuelta al pueblo. En el camino encuentra al
Reverendo, que le muestra un periódico con la foto del Paqui, afeita-
do y vestido, declarando que Eisejuaz lo había raptado y era un salvaje. El Reverendo lo instiga a que deje al demonio. Eisejuaz se niega a
pedir perdón, y éste se va y en el camino tiene un accidente automo-
vilístico fatal. Eisejuaz busca a su amigo, el viejo Yadí, quien le con-
firma que ahora todos lo rechazan y lo odian. Nadie le quiere dar trabajo. Finalmente, una vieja, que asiste en el prostíbulo del pueblo, le
ofrece trabajar a cambio de la comida. Así convive Eisejuaz con las
mujeres abyectas como sirviente. Dos soldados pelean en el prostíbulo, el indio mata al blanco; Eisejuaz lo tranquiliza y le dice que su
espíritu cuidará del suyo, y lo desarma. Asiste a una mujer rubia hija

de gringos, le trae el agua. La vieja la castiga y la mujer se escapa, pero la agarran al mes. Gómez, el bolichero, le pide a Eisejuaz que intervenga, porque hay una prostituta mataca a la que desean dos matacos que van a matarse por ella. Eisejuaz los golpea y la salva: era la misma mujer a la que había ayudado, cuando niña, la hija del viejo rengo. La mujer le dice que está en ese lugar por culpa de él, que no quiso aceptarla y casarse con ella.

Eisejuaz, apesadumbrado, habla con su dios y se queja amargamente; confiesa que todo lo ha dado, que ha obedecido contra sus intereses, sacrificándose para hacer su voluntad. Dice el personaje: "…¿Cómo es esto? …Fui fiel. Fui con aquel blanco aborrecido de mi corazón. Cumplí. No me quejé. Pero me quejo ahora… ¿Cómo aquella que era como la flor tiene que estar en estas cosas? ¿Cómo, por mi obra? ¿Para esto se le salvó la vida? ¿De qué vale entonces el cumplimiento de un hombre fiel?… (121)." La muchacha, en un monólogo, también se lamenta de su suerte, porque ella había jurado entregarse a Eisejuaz, que le había salvado la vida, y éste la rechazó. Su más alto deseo era servir a Eisejuaz como mujer, pero él prefirió irse con el hombre blanco. Su padre la entregó a la gente del prostíbulo. Ella tiene 14 años y Eisejuaz 42 en ese momento. Eisejuaz no la justifica, ella podría haber buscado trabajo como sirvienta. Ambos se saben caídos, ambos lo han dado todo. Eisejuaz le explica que había nacido para jefe, para ayudar a su pueblo bruto, pero el Señor le había hablado y le había pedido las manos, y se había pasado la vida preparándose para cuando llegara el momento. Concluye Eisejuaz: "…Te digo: es difícil cumplir en este mundo de sombras. Pero no podemos llorar por lo que somos. Sólo decir: "Aquí estoy, y en mi ceguera digo: bueno". Así como dice en su ceguera la semilla que nada sabe, y nace el árbol, que ella no conoce (125)." Finalmente, llevados por la situación, se entregan al amor.

Eisejuaz va al hotel del pueblo, donde se entera que el cazador que él había salvado le había dejado dinero. Con ese dinero trata de comprar la libertad de la muchacha mataca, pero Gómez, el dueño del prostíbulo, le dice que no es suficiente. Piensa en matar a Gómez, pero intercede el espíritu de su mujer muerta y desiste de hacerlo. Entonces, convence a la muchacha de que se escape y vaya a Orán, a casa de su compadre Ayó, donde nadie la encontrará. El no puede acompañarla, porque sabe que su dios lo llamará pronto, y que ése será el fin de sus días en esta tierra.

En el último capítulo de la novela, "Las coronas", una mujer viene a buscar a Eisejuaz al prostíbulo donde trabaja. Le dice que está enferma y que quiere que le ayude a ver al hombre de Orán que cura. Luego llega alguien más y le pide lo mismo, porque sabe que él conoce a ese hombre. Eisejuaz comprende que ese hombre es el Paqui, al que llaman santo, y está en Tartagal en ese momento. Dice Doña Eulalia, una anciana enferma dueña del hotel: "...Sé que conocés a ese hombre maravilloso, ese santo. Los árboles han ardido en Tartagal por su palabra. La gente reunida vio aquello, gritó. Se curaron muchos. Algunos malvados se hicieron buenos... Ese hombre viene al pueblo mañana. Sólo te pido: abrime paso hasta él... (135)." Cree que lo trae "la piedad popular". Esa noche Eisejuaz ve a los mensajeros y habla con ellos. Al día siguiente va donde la gente se amontona para acercarse al santo, que cura a los enfermos, y hace andar a los paralíticos. El Paqui yace entre mantas encima de un camión, y dice que el Señor le habló. Al ver a Eisejuaz el Paqui grita y dice que éste lo quiere matar. Eisejuaz deja el pueblo y se va al monte, y hace penitencia por nueve días, hablando con el Señor.

El río empieza a crecer y la gente se asusta. El agua entra en el pueblo y el cementerio y los cajones de los muertos flotan por las calles. El Paqui se había ido y andaba por otros pueblos. Luego vino el frío y muchos murieron, indios y blancos. Se perdió la cosecha. La muchacha mataca que lo ama se le aparece a Eisejuaz con un niño mellizo, que le regalaron, y Eisejuaz se pone a hacer una casa para ellos.

En el amanecer, un día, llega el Paqui a la puerta de la casa (143). Eisejuaz se dirige al sitio cubierto de barro que dejó la creciente del río al retirarse, y allí prepara un lugar sagrado e invoca a Ayó, y le pide consejo. Ayó se aparece cubierto por una piel de jabalí y le dice que vuelva al pueblo, porque los ángeles mensajeros han ido a buscarlos a los dos. Eisejuaz siente que el dorado y el camión blanco lo llaman por su nombre. Vuelve adonde está la muchacha junto al niño mellizo. Una mujer le ha llevado una pala de regalo. El Paqui se ha enfermado y grita que se está muriendo. Una vieja de una tribu enemiga chahuanca le había traído huevos de sapo rococó envenenado. El Paqui los había comido y también Eisejuaz. El Paqui cae muerto. Eisejuaz comprende que ha llegado su hora, su dios lo llama. Ve al espíritu de su compañera muerta, Quiyiye o Lucía Suárez.

Eisejuaz llama a la muchacha mataca "Mensajera del Señor", y le dice que ha visto a aquél que será su marido, y que juntos deben criar al niño mellizo Félix Monte. Cava un pozo con la pala y le pide que al expirar lo entierre junto al Paqui, y bautiza el lugar, diciendo: "Este lugar y estas casas se llaman ahora Lo Que Está y Es… Y sepan que Agua Que Corre es inmortal y los seguirá siempre (147)." Agua Que Corre es el espíritu de Eisejuaz. Este muere y su espíritu se eleva, mientras su carne vuelve al barro. Concluye la novela: "Agua Que Corre se levantó, y una alegría lo llenó, y lo pintó de un color que no puede decirse, y estuvo libre…y gritó. Y se fue. Eisejuaz, Este También, quedó para ser barro y pasto. Y cumplió (147)."

Al morir Eisejuaz se reestablece el equilibrio del mundo. El estar se une al ser, y el niño mellizo, que forma parte de una dualidad divina, donde el bien compensa al mal, como partes iguales de la misma unidad, asegura la sobrevivencia del mundo amenazado, al que Eisejuaz ha salvado. Su dios ha protegido a su pueblo. Eisejuaz dedicó su vida a esperar al enviado de su dios, a ese extraño hombre blanco, el Paqui, que nunca entendió su misión, ni supo que era parte de un anuncio divino del mundo sagrado de los matacos.

Sara Gallardo crea una curiosa cosmología religiosa en esta novela, que resulta creíble para el lector. No sólo describe la mentalidad del indio mataco, a su modo, sino que concibe una prosa narrativa que representa el sentir de esa mentalidad, una prosa que manifiesta la otredad, ejemplificada en el discurso místico de un indígena mataco. En ese discurso se vuelca la subjetividad de la escritora Sara Gallardo, y no es exagerado afirmar que Eisejuaz es ella. Una mujer enfrentada al sentimiento de lo sagrado, que buscaba en su peregrinación vital un punto de equilibrio entre el bien y el mal. Podemos imaginarla también como una mujer compasiva, identificada con un pueblo negado y marginado por la cultura blanca, al que ella muestra como el elegido de dios.

La narración tiene mucho de parábola evangélica, en la que la autora vierte su imaginación novelística. El mundo religioso que presenta es fundamentalmente monoteísta, aunque poblado por "mensajeros" del Señor. La devoción de Eisejuaz hacia su dios es semejante al amor de los cristianos a su dios único redentor. Gracias a su curioso tejido narrativo y a lo sorprendente de su trama, *Eisejuaz* llega al lector. La novela emociona y logra que uno se identifique con ese terror a lo sagrado y a lo nefasto que siente el personaje. Eisejuaz es un personaje singularmente americano. Moviliza lo que hay en nosotros, los lectores de las urbes modernas hispanoamericanas, de reprimido, en medio de nuestras justificaciones y razones.

En nuestras ciudades podemos creernos más allá de lo sagrado, porque el dios cristiano ya no moviliza las conciencias como hace algunos siglos atrás y el mundo indígena americano y sus dioses forman parte de un pasado extinto. Kusch considera que esta autojustificación del hombre urbano moderno busca borrar impulsos innombrables, frente a los que nuestro subconsciente naufraga (*O.C.* II: 76-99) ¿Cómo eliminar el miedo a la muerte, el miedo a lo que no controlamos, ni siquiera con nuestra razón? ¿Cómo no temer al desequilibrio del mundo, al mundo nefasto que se compensa con el fasto, el mal con el bien? El arte, la ficción, recupera ese vitalismo primitivo. El mundo de *Eisejuaz* rebosa de vida. Gallardo no recurre al pintoresquismo ni a lo folklórico ni a lo costumbrista ni a lo conceptual filosófico: narra desde adentro del personaje, seducida por la barbarie americana. Se pone en el lugar del bárbaro, del salvaje.

Gallardo tiene una nueva forma de llegar al otro, encuentra un modo original de apropiarse de su voz: posee ella misma una identidad peregrina, que se desplaza en el espacio, entre culturas y géneros. Su personalidad es fronteriza, y también su narrativa. La acción de *Eisejuaz* tiene lugar en la frontera norte argentina, en el monte de la provincia de Salta, donde viven los matacos. Gallardo se mete en la conciencia del indígena, con la que se identifica: la fusión es literariamente perfecta y convence al lector. Crea un lenguaje nuevo, presenta una realidad no idealizada, una visión de un mundo límite entre lo fasto y lo nefasto, regido por los dioses, en que el hombre nativo se encuentra a merced de la divinidad, cumpliendo su voluntad, entregándose a ella y hablando con esa divinidad, de la que espera una respuesta, un llamado, un signo.

El personaje central es hombre de su pueblo, no tiene un sentido propio individual: ésta es la saga de una comunidad que está más cerca de la verdad y de dios que los lectores de clase media de las urbes modernas, que nos defendemos de lo divino con nuestra conciencia, nuestro yo adquisitivo y nuestro racionalismo. Eisejuaz es un personaje desprendido de sí, que sabe que el enviado de dios, el Paqui, es un blanco enfermo que no comprende su papel y, no obstante, su dios lo ha elegido. Al final de la saga llega el equilibrio a ese universo dual: el mellizo, al que criará la india mataca, que va a juntarse con un hombre blanco, como le anuncia Eisejuaz.

La literatura de Gallardo es una literatura nómada, y sus voces, como dice la proloquista del libro, tienen algo de "místico" o de "psicótico" (Vinelli 6). Son voces múltiples, que representan un mundo donde el sujeto consciente no puede contener al ser. Son las voces del "estar" americano, que reconocía Kusch en las culturas aborígenes (*O.C.* II: 248-54). Al final de la novela, en el sitio en que Eisejuaz, Este También, es enterrado junto al Paqui, el ser se une al estar, el indio se une al blanco, ambos son hijos de la misma divinidad y ciclo cósmico americano, que se llama Lo Que Está y Es.

Sara Gallardo, como Kusch, el filósofo y ensayista, ha abandonado los modos tradicionales del narrar (del filosofar, en el caso de Kusch), para hacer algo distinto. Toma distancia de la narrativa urbana y cosmopolita: todas sus novelas se desplazan de los centros urbanos al campo. Gallardo se busca en otro lado: en los intersticios, en los márgenes, en los otros, en la divinidad sin nombre que rige el mundo. Podemos también pensar que se busca en América, en lo negado de América, en lo reprimido y denigrado: en el mundo de los indígenas. Se busca en el otro sexo, en la voz del hombre que mimetiza en sus novelas con la suya propia, mediante sus narradores hombres, que cuentan en primera persona. Pone en contacto lo que Kusch llama "la pequeña historia", la historia colonial de América continuada por los gobiernos independientes en sus enclaves urbanos "modernos" occidentales, con "la gran historia", esa que sucede en América desde su origen como continente, en que la aparición del hombre americano, negado y olvidado por la pequeña historia, se convierte en un incidente fundamental (*O.C.* II: 151-60).

Esa gran historia absorbe a la pequeña historia, que aparece como una especie de capítulo suyo, y tuerce el destino del ser americano y lo "mestiza" con occidente. Cuando el nativo busca su trascendencia la busca en su gran historia, como hace el personaje de la novela. Eisejuaz siente que vive en el tiempo mítico de América, y sus dioses están presentes, a pesar de la incomprensión del Paqui que no puede entenderlo. La apuesta de Kusch, y parece ser también la de Gallardo, es que esos dioses siempre han estado vivos en América, aunque los occidentalizados hijos de la pequeña historia colonial americana no queramos verlos. ¿Por qué habríamos de necesitar de ellos? Nuestra ignorancia de la gran historia de América, según Kusch, nos lleva a vivir en un mundo escindido, tratando de ignorar a la América profunda, a la "barbarie" americana, que retorna, como todo lo reprimido, para mostrar al americano urbano que vive una realidad falsa. Este hombre jamás podrá conquistar su ser auténtico a menos que responda a la gran pregunta de América, esa pregunta que obsesivamente guía el pensamiento americano desde que el europeo puso su pie en este continente: qué es América, quiénes somos, por qué nos pasa lo que nos pasa, cómo podemos hacer para ser en América?

Eisejuaz es un gran logro literario que todavía no se ha leído bien. Kusch, particularmente su *América profunda*, me ha ayudado a entender esta novela. Y a Kusch tampoco se lo ha leído bien, porque fue un filósofo diaspórico, fronterizo, un filósofo que desafió la razón occidental colonial y buscó el ser americano. Nos resulta difícil a los argentinos acercarnos a lo americano. Este mundo nuestro es dual y está dividido (como los mellizos de que habla Gallardo, como Eisejuaz y el Paqui, el indio y el blanco, el que entrega las manos al Señor y el que sana por el don del Señor) entre la cultura urbana y el mundo ancestral y americano, que Sarmiento caracterizó persuasivamente como la civilización y la barbarie. Kusch habló de la "seducción de la barbarie" (I:17-24). Esa seducción nos llega en la obra de Sara Gallardo también como seducción literaria. Su narrativa presenta un sujeto inusual, el sujeto bárbaro, el salvaje visto desde adentro, con simpatía, con amor. Este salvaje se justifica ante un mundo que no lo comprende, porque el hombre blanco no conoce a su dios, y sólo se mueve por intereses materiales y adora el dinero. Para el personaje Eisejuaz hay otra verdad. Esa otra verdad es América, y se caracteriza por su estar, por su estar-siendo, como decía Kusch (III: 407-18). Aquí Kusch y Gallardo, por vías diferentes, llegan a intuir lo mismo: algo innombrable americano, que contiene el secreto de América. Los dos entienden que esa verdad estaba en el otro negado, que los atraía y los seducía.

Mientras Kusch creó un mundo de conceptos y explicaciones filosóficas singulares, Gallardo nos sumerge en un universo literario excepcional. Su prosa sintética, que evita lo adjetivo y lo barroco, y se concentra en lo nominal, describe ese mundo extraño en que se mueve Eisejuaz y crea una tensión narrativa que atrapa al lector. La trama exótica se impone como una historia posible y uno se mete en el mundo místico del personaje. Gallardo muestra ese lado de América con el que convivimos hace ya muchos siglos, pero que todavía nos resulta ajeno. Un mundo, que, como Sarmiento, intuimos nefasto, aunque ineludible y americano (*Facundo* 55-74). Como cultura aún no hemos madurado, ni supimos unir las dos mitades. Lo fasto y lo nefasto de América están separados en nosotros. Necesitamos entonces, si queremos lograr una cultura vivible, acercarnos desde nuestra literatura urbana, cosmopolita y dependiente a ese Otro que parece estar acechándonos, del lado de la barbarie, y sin el cual nunca estaremos completos como cultura.

Bibliografía citada

Gallardo, Sara. *Eisejuaz*. Barcelona: AGEA, 2000.

Kusch, Rodolfo. *Obras completas*. Rosario: Editorial Fundación Ross. Volúmenes I-IV, 2000-3.

Sarmiento, Domingo F. *Facundo. Civilización y barbarie*. Madrid: Ediciones Cátedra. Edición de R. Yahni, 1990.

Vinelli, Elena. "Prólogo". *Eisejuaz...* 5-9.

El arte narrativo de Ángeles Mastretta
en *Arráncame la vida*

El título de este ensayo encierra una aserción que procuraré justificar, ya que varios críticos han puesto en duda el valor artístico de esta novela (Reisz de Rivarola 142). Este último hecho afecta indirectamente a una amplia franja de la novelística contemporánea que, transcurrido el afán experimental en la novela de las décadas del sesenta y del setenta en Latinoamérica, en que escritores como García Márquez y Cortázar hicieron notables aportes formales al género y crearon un mundo novelístico moderno "nuestro", con un imaginario que nos identifica como latinoamericanos (especialmente el del "Realismo Mágico"), ha recuperado (no diré que ha "regresado a", por las connotaciones negativas que puede tener este vocablo) técnicas narrativas realistas tradicionales (es decir decimonónicas, y recordemos que fue en el siglo XIX, durante el Romanticismo y el Realismo europeo, cuando la novela alcanzó un auge excepcional y rector en la historia del género). La novela ha vuelto a la creación de argumentos narrativos lineales, a la descripción psicologista de los personajes, a la presentación de un mundo novelístico verosímil.

Clara Sefchovich, en un estudio reciente sobre la narrativa mexicana, ve con buenos ojos esta des-estetización del género, ya que el auge del experimentalismo esteticista de los años sesenta y los setenta, para ella, lejos de constituir una norma genérica, fue una excepción (Sefchovich 47-54). Así, el retorno al realismo, al verismo y a la linealidad narrativa, muestra lo que considera una constante de la narrativa mexicana, desde su inserción moderna en el género, con la obra de Fernández de Lizardi, a principios del siglo XIX: la discusión de problemas históricos y sociales relevantes para la comunidad, el cultivo de una narrativa que combina eclécticamente el interés por lo privado y lo público, asociando los conflictos típicos de la cultura de la sociedad civil burguesa y pequeño-burguesa a los conflictos específicos de la experiencia social hispanoamericana, en lo que atiende a lo político y a la lucha por la constitución del Estado nacional independiente moderno. Conformar el nuevo Estado ha sido para los países de habla hispana del continente, más que un comienzo político luego de las luchas independentistas del siglo XIX, un doloroso y lento *proceso*, nunca satisfactoriamente concluido, por insertar a sus países en la comunidad política internacional y resolver sus problemas de identidad, sus problemas raciales y de clase, su limitado crecimiento económico (o sea, resolver las contradicciones del desarrollo desequilibrado en países presionados por sus necesidades políticas internas y las exigencias del desarrollo económico forzado, no siempre acorde con un progreso equitativo de su mundo social).

La novela de Ángeles Mastretta, *Arráncame la vida*, publicada en 1985, nos presenta el mundo político mexicano de las décadas del treinta y el cuarenta, en el período de institucionalización que siguió a la Revolución. Se inserta en la tradición novelística nacional de que habla Clara Sefchovich (54) y muestra los entretelones políticos que rodeaban a aquellos que eran responsables por la consolidación del Estado. Introduce un personaje femenino problemático y conflictivo, "alienado" podríamos decir empleando un término ya no tan favorecido por la crítica, en su lucha por su liberación personal.

Debemos tener en cuenta que, a diferencia de la poesía lírica, la novela moderna no ha sido considerada en lo primordial un género con "obligaciones" estéticas. Si bien novelistas europeos como Flaubert, Proust y Joyce, y en el mundo hispano, Valle Inclán, Asturias, Rulfo, Fuentes y Sarduy, emplearon la novela como vehículo de sus preocupaciones estéticas, privilegiando la invención genérica y la modernización formal por encima, muchas veces, de la "creación de mundo" que siempre ha caracterizado a la novela, no por eso podemos ignorar que para el género, lo estético, por lo general, ha sido juzgado algo secundario, especialmente si tenemos en cuenta a su público lector mayoritario: la pequeña burguesía urbana, en particular las mujeres pertenecientes a este grupo social. Bakjtín (3-4) consideró a la novela un género democrático, "aluvional", abierto y de extraordinario dinamismo, capaz de incorporar todos los discursos de la modernidad en su tejido narrativo y enriquecerse con los aportes de otros géneros menores, como el folletín y el melodrama, y mayores, como el drama y aún la lírica, a los que podríamos agregar, ahora, las contribuciones de los nuevos medios audiovisuales posibilitados por el adelanto tecnológico, como el cine y la televisión. Su idea puede ayudar a explicar el hecho de que la novela, en continua metamorfosis, siendo en el principio un género eminentemente europeo, ha tenido una expansión global, universal extraordinaria; en las últimas décadas hemos visto un desarrollo originalísimo de la novelística, no sólo en Hispanoamérica, sino también en países de África y Asia, que tradicionalmente no se habían destacado dentro de la historia del género.

La novela ha demostrado una capacidad excepcional para sufrir todo tipo de transformaciones sin perder una de sus *cualidades* principales: su habilidad, quizá solo igualada –y posiblemente superada– por el cine, de presentar un mundo social dinámico preferentemente urbano, en el que se manifiestan las preocupaciones individuales y sociales de los personajes. Considerando esto, parece aceptable la tesis de Sefchovich de que la narrativa mexicana contemporánea, en especial la de mujeres (Poniatowska, Esquivel y Mastretta, por ejemplo), continúa la principal línea histórica de desarrollo de la novelística nacional (54). Lo que definiría históricamente a la novela, reitero entonces, no sería tanto su estatus estético, sino su creación de mundo novelesco y, dentro de éste, la presentación de las dos problemáticas que han acompañado siempre al género (independientemente de la manera en que lo hayan abordado o reflejado): los conflictos éticos de los personajes y el estado social del mundo en el que viven.

Sefchovich (47) indica como una característica de la novelística mexicana –característica que yo extendería a la novelística hispanoamericana toda– el énfasis que ha puesto en lo público, en relación a lo privado, es decir, el predominio cualitativo de lo político sobre lo personal y el peso de lo político *en* lo personal, si la comparamos con la producción novelística de países europeos, como Inglaterra y Francia, especialmente durante el siglo XIX. Con el riesgo que implica hacer este tipo de generalizaciones, debemos aceptar que ciertos ciclos de producción novelesca de eminente contenido político que han tenido lugar en Hispanoamérica (como la narrativa moderna sobre los "dictadores", cuyo epítome serían quizá *El Señor Presidente*, 1946, de Asturias, *Yo el Supremo*, 1974, de Roa Bastos y *El otoño del patriarca*, 1975, de García Márquez, sin olvidar novelas tan nuestras como *Amalia* de Mármol en el siglo XIX), son obras muy específicamente hispanoamericanas, que tienen la marca indeleble de nuestra vida social y cultural, y procuran responder de una manera prolífica a las dudas que tenemos los hispanoamericanos sobre nuestra identidad individual y social. *Arráncame la vida,* de Ángeles Mastretta, asimismo, cuestiona seriamente lo político y lo personal e incorpora nuevas problemáticas personales y sociales (en particular, la cuestión de la situación de la mujer en la vida mexicana).

Dentro de las dos opciones narrativas más comunes, la primera o la tercera persona narrativa, Mastretta escoge la primera persona, dando a su novela todas las filiaciones genéricas y discursivas implícitas en su elección –lo autobiográfico y lo confesional, entre otras.[1] La situación espacial especial en que va a situar a su hablante –la casa del Gobernador de Puebla, su dormitorio y la sala de conversaciones políticas– y el papel de la hablante en ese espacio –como esposa del Gobernador– crea en su discurso un sesgo irónico, una "voz doble" (Bajtín 303-5). El personaje narra la historia mientras "dialoga" simultáneamente (en secreto) con el lector, iluminando aquellos aspectos del discurso que éste *debe* escuchar para saber lo que la autora está tratando de comunicarle realmente. Mastretta procura expresar, descubrir, los deseos más íntimos del personaje narrador. Cati, la esposa del General Ascencio, se transforma en el centro de observación de la autora. El comentario del personaje, contando su vida, se enfoca a su vez en la vida del General, quien vive pendiente del mundo político y el poder. Este foco desplazado –de la autora al personaje femenino, al personaje principal masculino, al mundo político mejicano– desplaza-

---

[1]   El personaje narrador está avocado a entenderse a sí mismo y si bien surge del pueblo bajo e inculto, la autora le adjudica preocupaciones pequeñoburguesas de autorrealización y búsqueda de sí.

miento que percibe con lucidez Danny Anderson (15) en su artículo, crea una trayectoria del discurso del mundo íntimo y sexual de la mujer al mundo ajeno, al mundo otro de la política, donde las personalidades y los roles sociales son intercambiables, por cuanto siempre se trata de satisfacer las expectativas de sectores sociales que detentan el poder en su relación con aquellos otros que se dejan dominar por éstos. Los individuos, en la historia que nos presenta Mastretta, siempre terminan asumiendo el papel de dominador o de dominado.[2]

Las acciones en la trama de *Arráncame la vida* son intencionalmente exageradas, lo cual puede resultar chocante y hasta irritante a aquellos lectores que creen que la literatura culta no debe confundirse con la popular. En efecto, la acción de los personajes va más allá de las expectativas de la verosimilitud realista, pero el lector termina por aceptarlo porque la *exageración* se constituye en un elemento integral del "estilo" narrativo de Mastretta. Es imposible leer la novela sin experimentar goce (o rechazo, que sería el sentimiento negativo complementario en este caso) ante ciertos hechos y situaciones desmesuradas: el modo en que el Gobernador Ascencio mata a sus numerosos enemigos políticos y a sus rivales; cómo Cati, su esposa, comete repetidamente adulterio y confiesa su felicidad al hacerlo; la satisfacción sexual que experimenta la protagonista en sus relaciones con su esposo y sus amantes; las infidelidades del General y sus numerosas mujeres e hijos extramatrimoniales. El exceso rodea la historia y se transforma en parte esencial del gusto con que el lector la percibe.[3]

Varios críticos han señalado que la situación en que la autora pone a la narradora y personaje y la manera en que describe su vida nos per-

---

[2]   Cati, como mujer-objeto que se transforma en mujer-sujeto, comparte la sicología de otros oprimidos: sirvientes, obreros, esclavos. Resentimiento, deseos de venganza. Relación ambigua de amor-odio con el poderoso. Limitado sentimiento de culpa.

[3]   El personaje es demasiado –conscientemente– individualista para pertenecer a la trama de un género menor popular (el folletín o el melodrama), y privilegia su placer, frente a cualquier deber familiar. Es personaje de novela que, sin embargo, se mantiene cerca de lo que uno espera de los personajes de las tramas narrativas de la literatura sentimental de consumo. Es una novela que propone una lectura simpática, mimética, catártica, de identificación con el personaje narrador, en un código de comunicación fácil con el lector.

mite clasificar a esta obra como un tipo de *bildunsroman* o novela de aprendizaje (Reisz de Rivarola 143, Anderson 16). Mastretta, efectivamente, nos muestra la vida de la protagonista desde su adolescencia, cuando se casa con el General Ascencio, a fines de la década del veinte en México, hasta principios de la década del cuarenta, cuando el General muere y Cati se vuelve su viuda y consigue su libertad e independencia. El proceso de aprendizaje, que es aprendizaje de los intríngulis de la política oficial mexicana, caracterizada como abiertamente maquiavélica, y aprendizaje del adulterio como manera de satisfacer los deseos sexuales sin comprometer las ventajas de la posición social, nos da una visión (y una versión) picaresca del mundo mexicano moderno. El personaje de esta picaresca aprende cómo sacrificar la moral personal para obtener seguridad y ventajas materiales, en un espacio limitado y carente –el mundo provinciano de Puebla– que sólo deja lugar para el pragmatismo social más extremo, sin asomo de heroicidad. Mastretta, sin embargo, trata este aspecto de la novela sin el cuidado que podría poner un narrador realista –su modelo narrativo es la literatura sentimental y de intrigas para consumo de masas, que concede generosamente al gusto popular– y transforma la traición y el crimen en *espectáculo*.

El personaje-narrador expone las distintas situaciones en que se ha visto envuelto, mezclando la burla a la ironía, con mucho humor y desparpajo. Así, por ejemplo, cuando comenta sobre las demostraciones de afecto entre los hombres: "Son chistosos los señores, como no pueden besarse ni decirse ternuritas ni sobarse las barrigas embarazadas, entonces se dan esos abrazos llenos de ruido y carcajadas. No sé que chiste les verán." (96). El tono burlesco de la narradora, que rebaja siempre los motivos de las acciones de los personajes, y les quita todo idealismo, mostrando su creciente desilusión ante una sociedad que le exige el sacrificar su integridad personal y moral para sobrevivir, aunque con buen provecho, transforma el espectáculo por momentos en sátira grotesca, y en otros en tragedia, creando un tipo contemporáneo de tragicomedia.[4] El personaje narrador no escapa a las bro-

---

[4] La sencillez verbal de la voz narrativa ayuda a que el personaje sea creíble y la historia resulta fácilmente legible. La expresión simple es hasta cierto

mas de la autora, que la obliga a burlarse de sí misma, de su torpeza y sus limitaciones. No obstante, la narradora –Cati– y los personajes de extracción popular con que se relaciona –campesinos, sirvientes, obreros– son capaces además (son los únicos capaces) de auténtica indignación moral ante el mundo cínico y desvalorizado del poder, en el que el fin justifica los medios y se admite el crimen como forma de conservar los privilegios.

La complejidad de la conciencia y de las acciones de los personajes, capaces de hacer el bien y el mal –el mismo General Ascencio, que asesina a sus enemigos políticos, ama a su mujer y la rodea de cuidados paternales– los aleja de la unidimensionalidad de los personajes de la literatura popular de masas. Son personajes que comparten aspectos de la problemática vital existencial pequeño-burguesa: conflictos interiores, angustias, dudas sobre su mundo privado, deseos de liberación personal.[5]

Los momentos de la trama que resultan más convincentes (y entretenidos) para el lector son los de las aventuras sexuales de Cati y sus intrigas matrimoniales, paralelas a las de sus amigas y a las de su mismo esposo, y las intrigas y aventuras políticas del General Ascencio y sus asociados en el poder. A lo largo de la novela estas líneas de acción se entrelazan, y finalmente se enfrentan a distintos obstáculos y dificultades que interrumpen su evolución y provocan conflictos irresolubles que precipitan el desenlace. El General, por ejemplo, descubre poco a poco y con rabia, que su amigo, el Presidente, en lugar de cortejarlo a él como candidato a ocupar la silla presidencial en el próximo sexenio, lo prefiere a Cienfuegos, su rival. Cati comprueba con amargura que su marido, el principal obstáculo

---

punto un artificio retórico para ayudar a persuadir al público. ¿De qué? Del estado de necesidad e insatisfacción, de soledad, en que vive el personaje, que seguramente comparten muchos lectores (y especialmente muchas lectoras).
[5] Cati es un personaje en crisis, en lucha. Eso le da espesor y realidad sicológica como personaje. Es conflictiva y, a lo largo de la novela, vemos desarrollarse su lucha interior. En gran medida, la narración consiste en el despliegue de su drama interno. Notamos que para ella lo personal prevalece sobre lo social. En este sentido el personaje *no entiende bien* lo social y se siente impotente frente a la maquinaria política que sostiene el poder de su esposo.

para que ella pueda conseguir su libertad amorosa y concretar su relación permanente con el músico Vives, el gran amor de su vida, decide sobre su futuro en contra de su deseo: el General hace secuestrar y asesinar al músico sin que Cati pueda impedirlo. Esto no ocurre de manera abierta y expresa, en una situación de hostilidad y competencia directa reconocida entre los esposos, sino como parte de una intriga política: un juego. En ese juego Andrés Ascencio finge no estar en control de la situación y no saber; por fin, él es el que le hace matar el amante a su esposa y gana. Hacia el final de la novela, Andrés empieza a tomar un té de hierbas que Cati sabe puede matar a una persona si se lo bebe con regularidad, pero ella, lejos de prohibirle su ingestión, la facilita y observa cómo su marido se envenena lentamente, mientras disfruta de su venganza y su liberación próxima.

Como en el juego del gato y el ratón, el perseguido y el perseguidor alternan por momentos sus papeles. Ambos tienen como estímulo y fuente de goce la convicción cruel de saber que están provocando un daño. La crueldad y el sadismo, mezclado al interés personal, acompañan las acciones del melodrama sexual y político. La exageración en la caracterización de los personajes y las situaciones llega a un extremo caricaturesco. Personajes y acciones asumen un carácter ejemplar, capaz de brindar un aspecto moral y moralizante evidente, lo cual no quiere decir que haya sido ése el interés primordial de la autora. Es casi un excedente inevitable.

La caricatura implica una lectura crítica. La crítica de Mastretta a su sociedad tiene un carácter renovador en el libro. Aunque solapada en la exageración caricaturesca y en el juego de las traiciones y las infidelidades, el juicio de Mastretta al mundo político mexicano y a la relación despótica entre los sexos, al exagerado machismo, es terminante y lapidaria y constituye una denuncia muy seria, que tiene el agravante de ser articulada por una mujer, víctima real o potencial de esa situación social injusta. El lector percibe dondequiera esa sensación de frustración y rabia que domina el discurso de la narradora, en un medio violento que ella no es capaz de controlar, aunque lucha por manipularlo. Finalmente, encuentra la manera de deshacerse de su esposo y rival.

Si vemos las peripecias que viven los personajes de la novela - Cati, sus hijos, sus amantes, Andrés - observamos que hay en ellos una "evolución" equiparable a la de los personajes de la trama de una novela picaresca. Se enfrentan con situaciones ante las que tienen que emplear la astucia para sobrevivir. La realidad siempre excede su capacidad de previsión.[6] Sobrevivir implica someterse ante la situación personal de desamparo. Aquí la relación paradigmática es la de amo/esclava, maestro/discípula, que mantienen Andrés y Cati. El otro aspecto "picaresco" es la relación que sostienen los personajes (que son todos de baja extracción popular, producto del desplazamiento social posibilitado por la Revolución Mexicana de 1910) con las instituciones. Cati no sólo se desilusiona ante los manejos políticos del partido gobernante y el nepotismo ejercido por su marido, sino también ante el matrimonio y la misma maternidad, o sea, ante lo que significa ser mujer para la sociedad mexicana. Hay dos registros muy claros que la novela maneja: el del discurso *oficial* de la política y la familia, que los personajes tienen que cortejar, y el discurso *desenmascarador* con que los personajes se enfrentan al mundo –los análisis que hace Andrés de la situación política ante Cati, y los análisis y confesiones que Cati, como personaje que cuenta su vida, se hace a sí misma, en el trance de reconocer su cambiante realidad y "aprender" de ella por las malas, esto es, a los golpes.[7] Los personajes son capaces de sobrevivir al desafío y adaptarse. En este sentido, aunque inmorales, son sumamente vitales: luchan y ganan. La sucesión política y social se asegura. Y el futuro de México. Y la continuidad del doble estándar: el discurso oficial (para el pueblo) y la verdad maquiavélica, que se vive desde el poder (y los dormitorios donde se acuestan los hombres que manejan el poder).

---

[6]   Mastretta crea una narradora que está luchando con sus conflictos y por momentos está *fuera de lugar*. La mujer se aventura en la esfera pública del hombre pero sin cambiar ni esforzarse por cambiar su aproximación sentimental a las cosas del mundo.

[7]   A lo largo de la obra Cati va adquiriendo consciencia de la justicia y al final se hace justicia, justicia real y justicia poética: mata al marido malo y, mujer oprimida y cómplice a pesar de sí misma, se libera. La novela termina con la declaración de independencia de la mujer.

Mastretta desenmascara al mundo político mexicano *para su pueblo*, valiéndose de una historia ficticia, que remeda una etapa real en la vida política de Puebla, ciudad de origen de la autora.[8] Si en la vida real el pueblo resulta el engañado por el discurso oficial, aquí la autora corrige eso: muestra y explica el engaño. Dentro del discurso desenmascarador, además, Mastretta introduce otro discurso: el de la *resistencia*, que da tensión y novedad a su novela. El personaje central, si bien es parcialmente cómplice de su marido, desarrolla una capacidad y una táctica de resistencia a su poder y autoridad que finalmente tiene éxito, porque logra "ayudarlo" a morir y desembarazarse de él. Este es el aspecto *ejemplar* y feminista del personaje, por cuanto su marido actúa como un auténtico tirano, en lo político y en lo personal, y al resistir y liberarse, Cati se transforma en una heroína circunstancial. Pero sólo por un breve momento, porque el *contradiscurso* que la autora introduce en el discurso, o los discursos de los personajes –lo que llamamos el discurso desenmascarador que muestra los resortes *verdaderos* del amor y la política– impide toda idealización indispensable para poder crear en la imaginación del lector una figura duradera de una heroína o un héroe. Después de todo, tanto Cati, como su marido, el General Andrés Ascencio, tienen algo en común que los une: inteligencia y ambición, y las limitaciones sociales de su nacimiento, sólo superadas por la coyuntura favorable de la Revolución. Manifiestan una falta de escrúpulos que es típica de los personajes "bajos", los cuales puestos en circunstancias adversas adoptan una postura personal egoísta y se salvan a sí mismos.

El mundo novelístico que nos presenta Mastretta, aunque con la esperanza de la liberación de la mujer, no es optimista. Su novela corrobora la idea de que la sociedad mexicana se ha desarrollado mal después de la Revolución. Su arte es observador y crítico. Trata de acercarse a su sociedad y comprenderla. No es ésta una literatura escéptica. Y tiene enorme fe en lo popular. Y en la mujer, como lo demuestra también en el libro de relatos que siguió a *Arráncame la vida*: *Mujeres de ojos grandes*, 1990.

---

[8]   Anderson indica la semejanza del mundo político del Gobernador Ascencio en la ficción con el gobierno real de Maximino Avila Camacho en México. Señala que la misma autora, en una entrevista, ha reconocido esto (15).

La novela de fines del siglo veinte en México parece seguir haciendo lo que ha hecho tan bien a partir del siglo XVII en Europa: presentar un cuadro social dinámico, el animado mundo novelesco en el que se debaten los personajes. Es un arte abierto, democrático, popular y antielitista, que no se interesa demasiado por eventuales discusiones de problemas estéticos y mantiene la fuerza mimética que la ha caracterizado en sus mejores momentos. Es asimismo, en Hispanoamérica, un arte solapada o abiertamente moralizante. Las preocupaciones éticas y políticas, que se desarrollaron en nuestro continente al calor de las luchas de la Independencia y a la luz de las ideas del Enciclopedismo racionalista, han acompañado hasta el presente nuestra trayectoria artística e intelectual. Es lógico entonces que en estos momentos, en que las mujeres asumen un papel protagónico como escritoras en nuestras literaturas, estas literaturas reflejen su situación personal, sus preocupaciones políticas y éticas. Si consideramos la obra de escritoras que han precedido a Mastretta, como Rosario Castellanos y Elena Poniatowska, vemos que la narrativa femenina mexicana va creando su propia tradición de concientización ética y resistencia política. Ángeles Mastretta no es ajena a esta tradición ni indigna de la misma: su arte popular es vigoroso, expansivo, picaresco y sentencioso, y no se limita a observar y describir a la sociedad en que vive, sino que aplica en su imagen burlonamente "costumbrista" de su sociedad, en su velada sátira, un lente deformante que entretiene e instruye, y nos ayuda a indignarnos y sonreírnos al mismo tiempo.[9] Entretenimiento y crítica, dos registros a que la autora voluntariamente aspira, como lo afirmó en una entrevista, y van conformando un nutrido público lector, no sólo de mujeres, para esta renovadora literatura (Anderson 24). Literatura escrita desde el fondo de la condición femenina, que la exhibe sin vergüenza y con humor, la discute y busca un lenguaje apto para expresarla. Quienes nos ruborizamos ahora somos los hombres, por las muchas cosas que

---

[9] En *Puerto libre*, 1993, narración miscelánea que combina la observación costumbrista satírica con el relato divertido y el episodio autobiográfico reflexivo y moralizante, el arte de Mastretta alcanza especial intensidad. En esa obra Mastretta une sus comentarios morales sobre la situación de la mujer en México a una crítica prudente a su sociedad.

creíamos saber y no sabíamos, y por los secretos de que nos enteramos.

Bibliografía citada

Danny Anderson. "Displacement: Strategies of Transformation in *Arráncame la vida*, by Ángeles Mastretta". *The Journal of the Midwest Modern Language Association* 21, No. 1: 15-27. 1988.

M. M. Bakhtin (Bajtín). *The Dialogic Imagination*. Austin: University of Texas Press. Traducción de Caryl Emerson y Michael Holquist, 1981.

Ángeles Mastretta. *Arráncame la vida*. México: Cal y Arena. Octava edición, 1990.

—————. *Mujeres de ojos grandes*. México: Cal y Arena, 1990.

—————. *Puerto libre*. México: Cal y Arena, 1993.

Susana Reisz de Rivarola. "Cuando las mujeres cantan tango..." En Karl Kohut, ed. *Literatura mexicana hoy*. Frankfurt am Main: Vervuert. 141-56, 1991.

Sara Sefchovich. "Una sola línea: la narrativa mexicana." *Literatura mexicana hoy...* 47-54.

José Emilio Pacheco: una poética de la catástrofe

Hay varios motivos para pensar que José Emilio Pacheco (México, 1939-) es uno de los poetas que mejor representa nuestra sensibilidad contemporánea. Superado ya el momento de mayor prestigio de las Vanguardias hispanoamericanas durante la primera mitad del siglo veinte, y de las Neo-vanguardias durante los sesenta, en las que el mismo José Emilio fue un joven protagonista (con sus primeros dos libros de poesía: *Los elementos de la noche*, 1963 y *El reposo del fuego*, 1966), y oscurecido el interés en la poesía social de los poetas que adherían al Realismo Socialista (dada la crisis política y virtual desaparición actual de la proyección cultural del campo socialista), el mundo de la poesía contemporánea ve desaparecer lentamente de su horizonte cultural esos modos de expresión que fueron momentos cumbres en su historia literaria.[1]

Frente a este vacío cobran nuevo significado las poéticas "deconstructivas", poéticas de la negación, como la de Nicanor Parra (Chile, 1914-) y Carlos Germán Belli (Perú, 1927-), por su habilidad crítica para dialogar con el pasado literario y cuestionar total o parcial-

---

[1] El Realismo Socialista se desarrolló a partir de la propuesta del aparato cultural de la Unión Soviética durante la década del treinta. Poetas brillantes de Hispanoamérica como César Vallejo (*Poemas humanos*, 1938) y Pablo Neruda (*Canto General*, 1950), se adhirieron a su propuesta. Durante la segunda mitad del siglo, en que el avance político de los regímenes socialistas y nacionalistas en Hispanoamérica legitimó la poética realista socialista como la expresión más adecuada para proyector los intereses sociales de los poetas en el público lector y elevar su conciencia social, este tipo de poesía alcanzó extraordinaria actualidad y brilló en la obra de Roque Dalton y Ernesto Cardenal, entre otros.

mente su legitimidad (Pérez 189-209). Contemporáneamente la poesía no disfruta del prestigio y el liderazgo cultural que poseyó en la primera mitad del siglo veinte durante el auge de las Vanguardias, ni tiene el brillo que la caracterizó durante la década del sesenta, en que resurgió el interés en el Realismo Socialista, luego del triunfo de la Revolución Cubana en 1959 (Pérez 170-188).[2] Poetas que durante los años sesenta y setenta, eran considerados "decadentes" y pequeñoburgueses, como Parra y Belli, y el mismo José Emilio Pacheco, escritor pesimista y anticelebratorio, que desconfía del brillo lírico y manifiesta una sensibilidad nostálgica, resultan ser ahora los individuos necesarios que nos ofrecen una lectura relativista y escéptica del mundo en que vivimos, y nos ayudan a entender nuestras limitaciones (Doudoroff 146-7).[3] Son poetas que nos permiten vivir en un mundo pequeño, o empequeñecido, donde el ser humano tiene que reflexionar sobre su propio poder de destrucción y sobre una naturaleza animal a la que llamamos humana que, centrada en sus sueños de superioridad, empuja a la sociedad hacia límites peligrosos que pueden provocar nuestro acabamiento, nuestra destrucción apocalíptica.

El fin del siglo veinte y el comienzo del veintiuno nos llevan a reflexionar (a pesar de los sueños generosos de nuestros mayores y los grandes artistas del pasado siglo, y de sus deseos de liberación social y política), en la responsabilidad que tenemos en el estado actual de

---

2   La táctica político-militar foquista contó con numerosos simpatizantes y adeptos entre las juventudes cultas y universitarias en el continente americano, y tuvo gran repercusión en sus vidas, ya que muchos jóvenes talentosos, como el mismo Roque Dalton, encontraron la muerte en ese sueño de liberación, que fue también una aventura de intelectuales y artistas pequeño-burgueses. Estos sintieron que podían transformar rápidamente su mundo imponiendo su subjetividad y voluntad, gracias a la interpretación monolítica e inflexible del racionalismo marxista, que prometía un control perfecto de la realidad y de la historia.

3   Esto diferencia a Pacheco de los artistas marxistas revolucionarios, llenos de optimismo y fe histórico-materialista. Las instituciones políticas marxistas demandaban el "compromiso" político de artistas y poetas para acelerar el triunfo de la revolución social mesiánica, que prometía liberarnos a los hispanoamericanos para siempre de toda injusticia y opresión, de toda explotación y abuso de poder.

las cosas del mundo (Pérez 268-80). Hay numerosas razones para pensar que vivimos en un mundo cada vez más inhabitable y que, más que marchar hacia la ansiada liberación, caminamos hacia el desastre. Sobre muchos de estos problemas medita Pacheco en su poesía. José Emilio es un poeta fundamentalmente ético, y se preocupa por la conducta del hombre, por la manera en que éste mira la naturaleza, y lo que cree de sí mismo y de los otros seres, animados e inanimados. Su meditación se emparienta con una larga tradición de poetas del mundo hispano que fueron también pensadores morales, entre los que tenemos que incluir a Quevedo, Sor Juana, Samaniego, Martí, Unamuno, Rosario Castellanos, entre muchos otros. Y con una extensa tradición de escritores de sátiras sobre la condición humana, como el mismo Quevedo, Fernández de Lizardi, Larra, Borges, Parra, Monterroso...[4] Nuestro principio de siglo progresa en un movimiento realista y crítico de autoanálisis, y los escritores se han vuelto hacia el pasado y lo observan con simpatía, ironía y, hasta cierto punto, nostalgia. Los valores parecen haber cedido ante el peso de la historia y aún no hay otros valores "fuertes" para reemplazarlos.[5]

José Emilio Pacheco es una voz poética notable de un país, México, que cuenta con una poesía nacional privilegiada, que ha tenido grandes figuras durante los siglos XIX y XX: Gutiérrez Nájera, Díaz Mirón, Amado Nervo, los poetas del grupo de la revista *Contemporáneos*, Octavio Paz... Quizá convenga detener esta enumeración en uno de sus poetas mayores: Octavio Paz. Hay otros reco-

---

[4]   La sátira implica crítica y el fin de siglo se diferencia de sus dos momentos estéticos mayores: el de las Vanguardias y el del Realismo Socialista. Estas estéticas significaban una fe y una praxis para transformar un mundo que los poetas rechazaban tal como era, que querían revolucionar y hacer de nuevo.

[5]   El ser humano es maestro en la creación de dioses e ídolos, y estamos trabajando, consciente o inconscientemente, para crear ídolos nuevos. Mientras tanto, tratamos de purgar nuestras culpas. Porque este arte, que es arte de "mea culpa", es saludable: es una catarsis en que tratamos de expulsar nuestras malas pasiones. ¡Hay del mundo cuando nos sintamos limpios e inocentes otra vez, y armados de sueños originales, corramos nuevamente, llevados por nuestra fe y nuestro delirio, hacia catástrofes seductoras, lúcidas y mesiánicas!

nocidos poetas mexicanos que no podemos ignorar en el panorama de la poesía mexicana contemporánea: Gabriel Zaid, Homero Aridjis, Marco Antonio Montes de Oca, entre otros... Estos son los poetas, sin embargo, con los que Pacheco "competía" para establecer su propia visión poética durante los primeros años en que empezó a publicar, y estaban, como él, en proceso de madurar su voz propia (Hoeksema 81). Paz, por sus logros como poeta, ha sido la influencia poética más grande que ha conocido el mundo de la literatura mexicana en el pasado siglo veinte. Ha sabido sintetizar unas de las corrientes más creativas de las Vanguardias –el Surrealismo– con un sentido poético nacional original, de reevaluación del mundo mítico mexicano y un criterio historicista distanciado de la concepción dialéctica de la historia. Junto a su labor como poeta realizó una invaluable tarea de ensayista e intérprete de la cultura mexicana.

Paz forjó una poética fantástica que revaluó el papel del hombre mexicano en su mundo nacional y extendió una mirada cosmopolita sobre la cultura. Aportó una poética individual, suya, que abrió un camino distinto al del Realismo Socialista de Pablo Neruda, Nicolás Guillén y Ernesto Cardenal. José Emilio Pacheco comenzó su carrera literaria bajo la égida de Paz. Sus primeros dos libros: *Los elementos de la noche*, 1963 y *El reposo del fuego*, 1966, fueron su iniciación en la lírica propuesta por Paz: lenguaje poético brillante e imágenes ricas. Era una poética que designaba al mundo en su substrato mítico y metafísico: los elementos, el fuego, la noche, el tiempo... un mundo elevado, trascendente, en que el ser humano parecía un náufrago en medio de la grandeza cósmica.

Pacheco asimiló la poética de Paz y luego se independizó y elaboró su estilo, su voz propia. Su proceso intelectual y artístico fue distinto al de los poetas de las generaciones anteriores: los vanguardistas y realistas socialistas. Éstos se sintieron, por diversos motivos, poetas revolucionarios que tenían que iniciar la historia de la poesía otra vez desde cero, porque la historia anterior había fallado. Los vanguardistas lucharon contra la estética de los modernistas, los realistas socialistas contra el solipsismo y la negación del referente histórico explícito de las poéticas vanguardistas. Pacheco es un poeta incorporativo, que integra las poéticas en lugar de rechazarlas.

Aquí conviene establecer diferencias entre Pacheco y las otras dos voces mayores de la poesía hispanoamericana "disidente" contemporánea: Nicanor Parra y Carlos Germán Belli, que ya mencioné. Parra, con su anti-poesía y sus "artefactos", escribe composiciones buscadamente antigenéricas: su polémica es con la poesía como género, con el lenguaje poético especial y elevado. Parra no quiere una poesía lírica: desea una poesía prosaica, crítica, irónica, satírica. Rechaza la tradición poética con un criterio "moderno" racionalista. Transforma la negación en una praxis. Se puede hacer poesía a partir de la negación de la poesía. Su poesía es una exploración de las fronteras del género y del carácter ideológico de la modernidad. Sátira "moderna" contra la modernidad y parodia de la lírica. Parra establece una estética dialógica: escribir poesía es dialogar y, sobre todo, polemizar, con otras poéticas. El poeta discute con otros poetas para ganar el alma de los lectores y demostrar su propio liderazgo poético.

Parra polemiza casi desde fuera del género, experimentando con sus límites. Belli, trece años más joven que Parra, mira al género de otra manera. Muestra nostalgia por el pasado brillante de la lírica durante el Renacimiento y el Barroco. Su poesía se transforma en investigación y estudio del pasado poético y en una búsqueda por restaurar figuras poéticas en desuso, como el hipérbaton. Belli es un poeta académico y secreto, para las minorías entre esas minorías cultas que leen poesía, pero no puede ser un poeta ignorado porque tiene una propuesta poética radical. Al llegar a la segunda mitad del siglo XX los poetas se volvieron hacia la historia de la poesía y observaron las consecuencias que tuvo para el género el triunfo de las Vanguardias. Ese triunfo llevó al abandono de una tradición poética de varios siglos, establecida en la Edad Media, desarrollada más plenamente durante el Renacimiento, y que se mantuvo viva y enriquecida hasta el Modernismo. ¿Cómo logramos que ese pasado poético nos siga hablando, cómo podemos recuperar la sensibilidad hacia su concepto de poesía? ¿Podemos escribir otra vez poesía con figuras y metros como lo hacían Sor Juana, Góngora, Quevedo, Darío? ¿O toda esa arquitectura poética es historia irrepetible? El mismo Pacheco parece haber sentido esta nostalgia en su primer libro *Los elementos de la noche*, donde publica sonetos y poesía rimada, pero su práctica poética es mucho más mesurada y menos extrema que la de Belli. Este último crea un lenguaje poético tan per-

sonal y barroco que dificulta la comprensión del texto. Su poesía es una
selva de figuras poéticas, el hipérbaton deforma la sintaxis del verso y,
como en la poesía barroca, el juego con el lenguaje parece ser más
importante que la búsqueda de sentido. Belli no se sitúa al margen de
la tradición poética sino que la lleva hasta un extremo. Crea una poética del fragmento y la cita. Su lenguaje se vuelve oscuro, solipsista,
ilegible.

Pacheco progresa en dirección opuesta a la de Belli: hacia la claridad, la legibilidad, el referente. Escribe una poesía sobre el mundo, que
respeta el pasado poético, sin intentar restaurarlo en su forma. ¿Qué es
poesía?, podemos preguntarle. Poesía, respondería Pacheco, siguiendo
en esto el sentido crítico de Borges, es la expresión del espíritu poético que está en los seres y en las cosas y sólo el poeta sabe ver (Borges,
Obras completas 976). El poeta es el "hacedor" de la poesía griega.[6]

Pacheco escribe una poesía espiritualista, cree en el espíritu del
hombre y de la cultura. El espíritu humano es trágico, está enfrentado
a su propia mortalidad y a su naturaleza, y es una mezcla de sabiduría
e ignorancia, de lucidez y autoengaño, de amor y odio. El hombre no
es una cosa *o* la otra: es una cosa *y* la otra. Ángel y demonio. Santo y
monstruo. Según cambie nuestra perspectiva y nuestro punto de vista
al observar al hombre y a la naturaleza toda, aparece ante nosotros des-
plegado el espectáculo de una vida múltiple, que es simultáneamente
cruel y maravillosa. Es casi la mirada de un naturalista que observa a
las especies con impasibilidad darwiniana, de un moralista que analiza con escepticismo la evolución del hombre, y de un artista que trata
de entender la belleza, que él llama un caso de "atención enfocada" (*El
silencio de la luna* 97).

---

[6]   La manera en que el poeta ve el mundo es original. Sólo él puede verlo así,
sin él la humanidad estaría más pobre. Pacheco restaura la poesía y la tradición poética, repito, no en la forma, como quiere hacerlo Belli, sino en su
espíritu. Mientras Parra y Belli crean poéticas inimitables, terminales,
Pacheco funda una nueva práctica poética singularmente libre. El poeta se ha
encontrado frente a su tradición, y puede apropiarse de ella, como efectivamente lo hace Pacheco en sus felices "Aproximaciones", sus traducciones
libres de poemas (Doudoroff 148).

Pacheco recrea la poesía contemporánea: la hace más simple, más filosófica, más llana. Podemos leer su poesía como una sucesión de imágenes impactantes, de "haikus" (es, yo creo, quien ha logrado mejor "hispanizar" el verso breve al estilo oriental) (Debicki 64-6). No es una poesía prosaica. La transición del verso medido al verso libre ha sido una de las preocupaciones mayores de la poesía contemporánea, como lo podemos ver en los llamados poetas "conversacionales": Antonio Cisneros, Mario Benedetti, Roberto Fernández Retamar. Se ha discutido inclusive si Pacheco debería ser incluido en este grupo: yo no lo considero un poeta conversacional (Gordon 264). La poesía conversacional trata de ser realista y cotidiana. También se separa de la poesía prosaica de Parra, y de su desconfianza hacia el género lírico. Si bien la poesía de Pacheco es llana, desnuda de figuras (porque José Emilio no cree en la expresión en sí y para sí, y gusta de la imagen no recargada), no busca el realismo en la poesía sino lo poético en todo, se trate de un mundo mental fantástico o de un mundo "real", al que el poeta somete a su indagación y su prueba poética. En su poesía trata tanto temas cotidianos como temas elevados. No descuida lo social, aunque prefiere no hablar de grupos sociales específicos como sujetos individualizados (sí lo hace en su prosa, en que critica a la burguesía consumista urbana). Se refiere al hombre en general, a su propia humanidad.

Su reflexión sobre la condición humana es amarga y original. En su visión peculiar Pacheco enfrenta al hombre con su pequeñez, observándolo en circunstancias menudas. Lo ubica en su historia cotidiana y aún en su historia natural, como parte de un ciclo de vida, que incluye tanto al hombre como a otros animales e insectos. El gato, la hormiga son fuentes de meditación para él. ¿Qué es lo que ve en ellos? Le interesa cómo se comportan, y lo que el hombre piensa sobre esos animales. El homocentrismo es injusto, egocéntrico, basado en un mecanismo de autoprotección sicológica absurdo y risible, si lo entendemos desde el punto de vista de la vida de la naturaleza.

En su poema "Los condenados de la tierra", de *Ciudad de la memoria*, 1989, medita sobre el destino de una miserable chinche de hotel, un insecto que se alimenta de sangre. En la primera parte del poema describe su encuentro con la chinche en la habitación. Este encuentro al lector le puede causar asco y considerarlo un tema poco poético de meditación. Está hablando de un insecto no muy fácil de observar, un cuadro natural que por lo general escapa al ojo humano y a la preocupación de los pensadores "serios". Pablo Neruda en sus bellas *Odas elementales*, 1954, había celebrado los utensilios y frutos que el hombre utiliza, como el hilo, la papa o el tomate. Neruda los elevaba ante los lectores porque eran útiles y nos hacían más fácil y agradable la vida. El hombre, para Neruda, era la medida de todas las cosas. Pacheco tiene una visión más escéptica del ser humano. El poeta en el hotel mata a la chinche que lo molesta. Al aplastarla brota sangre y él comprende que es *su* propia sangre. Esta situación inesperada, que para otro individuo hubiera pasado casi inadvertida, el poeta la transforma en una fábula moral. Lo que está viendo es *su* sangre, pero al mismo tiempo *él* ha matado a la chinche. Es la imagen de un mundo en que el insecto victimario se transforma en víctima. La fábula no concluye ahí: al final del poema Pacheco nos advierte que los seres humanos, tal como la chinche, somos a nuestra vez víctimas. La vida es un proceso cruel de destrucción, en el que destruimos para sobrevivir, pero en el que a nuestra vez somos destruidos. Matamos y nos matan. Comemos y nos comen. El hombre no escapa a ese ciclo, al que racionalmente somete a todos los seres que se vinculan a él. Dice el poema:

> París. En el hotel para inmigrantes
> descubro un raro insecto que jamás había visto.
> No es una cucaracha ni es pulga.
> Lo aplasto y brota sangre, mi propia sangre.
>
> Al fin me encuentro contigo,
> oh chinche universal de la miseria,
> enemiga del pobre, diminuto
> horror de infierno en vida,
> espejo de la usura.
>
> Y pese a todo
> te compadezco, hermana de sangre:
> no elegiste ser chinche ni venir a
>   inmolarte
> entre los condenados de la tierra. (56)

Pacheco reconoce el derecho de la chinche de tener un destino, como nosotros lo tenemos. La chinche es primero "enemiga del pobre", pero al final, sin libertad de decisión e incapaz de escapar, termina siendo "inmolada". La última sorpresa es que quien la inmola no es un individuo elevado y noble, libre, sino que es alguien que como ella es un "condenado de la tierra". La imagen es patética y al mismo tiempo es graciosa, cómica, grotesca. Es la tragedia de la vida y la muerte en miniatura. Una tragedia con la que todos estamos familiarizados, pues quien más quien menos ha matado insectos en algún momento de su vida. La sociedad castiga los actos mayores de crueldad pero no los mínimos. Todos somos asesinos de insectos y consideramos el matarlos casi una broma. Los sentimos como nuestros enemigos. Desde un punto de vista estrictamente moral, sin embargo, al matar un insecto matamos un ser vivo, y nadie puede estar seguro si en el plan de la vida el insecto no es tan o más importante que nosotros los seres humanos. Nuestro homocentrismo nos vuelve insensibles. El crimen de un ser humano nos causa horror, la muerte de un animal mucho menos y, si es un insecto, nada, hasta puede causar placer. Los actos humanos, vistos desde otra perspectiva, no parecen tan justificados. Muestran que el hombre es un animal cruel, quizás el más cruel, como creía Nietzsche, que explota y mata a los otros animales, y finalmente se autodestruye (*Thus Spoke Zarathustra* 12).

Esta manera que tiene Pacheco de observar el mundo nos hace tomar conciencia de que la naturaleza no tiene por qué estar al servicio nuestro. Pacheco desrrealiza nuestras convicciones y crea una conciencia ecológica en los lectores. La naturaleza está viva y dependemos de ella. Y la vida del hombre en la tierra ha traído consecuencias desastrosas para la naturaleza. En un poema de su libro *El silencio de la luna*, 1994, titulado "Desechable" escribe: "Nuestro mundo se ha vuelto desechable",/ dijo con amargura./ "Así, lo más notable/ en el planeta entero/ es que los hacedores de basura/ somos pasto sin fin del basurero". (85) El poeta vuelve la acción del poema sobre sí, los victimarios son también sus propias víctimas, creemos que destruimos el mundo pero al mismo tiempo nos destruimos a nosotros, porque somos parte integral de él.

Pacheco no divide al mundo en buenos y malos, no es maniqueo. En su mundo todos somos inevitablemente malos por una especie de fatalidad natural. Aun aquello que consideramos más bello e inocente puede ser destructivo y moralmente condenable. Dice en "A largo plazo": "Valiente en la medida de su maldad,/ la gota se arriesga/ a perforar la montaña/ en los próximos cien mil años." (*El silencio de la luna* 82) Su visión contiene un sentido de extrañamiento, con el que el poeta juega. Observar lo pequeño que otros no observaban, una simple gota de agua, someterla a plazos no previstos, nos hace cambiar nuestra opinión sobre su poder y sobre el mundo natural. La gota parece poseer la misma fuerza de destrucción que tenemos los seres humanos. El mundo se vuelve el teatro del escarnio.

Situaciones apocalípticas, como el gran terremoto que asoló a México en 1985, son materia de poesía y meditación para él. Le dedicó un libro entero: *Miro la tierra*, 1986. Dice en una de sus partes: "La tierra desconoce la piedad./ Sólo quiere/ prevalecer transformándose." (126) El hombre es también parte del ciclo de destrucción y transformación, tan inocente, cruel y fatal como el terremoto. De pronto observa a un niño jugando con un hormiguero: hace con las hormigas lo mismo que le había pasado a los habitantes de la ciudad. Destruye el hormiguero. Esto, que resulta el final para el mundo organizado y socializado de las hormigas, para el niño fue solo un juego. El hombre es moralmente ciego, o pretende serlo, observa sólo lo que le interesa, ignora lo que no le conviene. Hace cualquier cosa para no cambiar la imagen que tiene de sí mismo, sentirse bueno y justo, y echarle la culpa de sus desventuras a los demás. Pacheco hace lo opuesto: le echa la culpa al hombre, lo obliga a observar lo que éste no quiere ver. La responsabilidad empieza por nuestra conducta individual en la vida cotidiana, especialmente en esos actos mínimos a los que damos poca importancia, pero que resultan simbólicos.

Si Pacheco está bien preparado, poéticamente hablando, para asumir la destrucción que implicó el terremoto de 1985, también lo está para enfrentar otra catástrofe imaginaria que amenaza a la sociedad: la crisis del fin del siglo veinte, y el temor apocalíptico al milenio. El fin de siglo es uno de los momentos favoritos para medir los logros de la humanidad. La sociedad, supuestamente, debería avanzar hacia su perfección, pero el poeta no cree que suceda así. En el poema "Los vigesímicos" asume la voz plural de la gente de su siglo, para dialogar con los habitantes del siglo que viene. Dice el hablante del poema: "Tristes de quienes saben/ que caminan sin pausa hacia el abismo./ Sin duda hay esperanza/ para la humanidad./ Para nosotros en cambio/ no hay sino la certeza de que mañana/ seremos condenados:/ *–el estúpido siglo veinte,/ primitivos, salvajes vigesímicos–/* con el mismo fervor con que abolimos/ a los decimonónicos autores…" (*Ciudad de la memoria* 30). Los seres humanos continuamos en ese ciclo de negación y esperanza que parece ser una necesidad íntima de nuestra sicología. Pacheco coincide con el pesimismo finisecular de Nietzsche en el pasado siglo en torno a los valores (*Untimely Meditations* 83-90). Imaginamos que vamos a hacer el bien pero terminamos haciendo el mal. El siglo veinte no fue mejor que otros siglos en este sentido. Dice el poeta: "Red de agujeros nuestra herencia a ustedes,/ los pasajeros del veintiuno. El barco/ se hunde en la asfixia,/ ya no hay bosques, brilla/ el desierto en el mar de la codicia./ Llenamos de basura el mundo entero,/ envenenamos todo el aire, hicimos/ triunfar en el planeta la miseria./ Sobre todo matamos./ Nuestro siglo fue/ el siglo de la muerte…/ Y todos/ dijeron que mataban por el mañana…/ Bajo el nombre/ del Bien/ el Mal se impuso." (33-34) El ser humano utiliza los valores como un subterfugio para justificar su codicia, su naturaleza implacable, su voluntad de poder. El poeta condena la ruindad moral del hombre y, al mismo tiempo, pide piedad para él. Dice: "Pidamos con Neruda/ *piedad para este siglo*." (34)

Reconoce que su condena moral al mundo nace de su sentimiento de culpa. Las malas acciones, verdaderas o figuradas, son las que ocasionan las catástrofes. Su visión del mundo es reiterativa y vuelve siempre al lugar de origen, tiene un carácter obsesivo. Pacheco nos brinda una imagen armónica de esa catástrofe que es la vida. Nos muestra una belleza terrible y trágica, puesto que no podemos escapar a nuestra naturaleza. Y la naturaleza no se compadece de nuestros objetivos y de los planes de la historia. Las ideologías así no sirven para nada. Cada etapa histórica que el hombre fabrica con sus teorías sociales, sus guerras y sus revoluciones, termina reiniciando el ciclo de destrucción. La historia no avanza ni evoluciona. Se repite. Nueva coincidencia entre Pacheco y el filósofo alemán del tiempo cíclico (*Untimely Meditations* 72-82). Coincidencia que no necesita ser voluntaria: tanto Pacheco como Nietzsche vivieron en la segunda mitad de sus siglos, y ambos, uno desde México, otro desde Alemania, pudieron reflexionar sobre un pasado de ideologías monumentales que parecían amenazar la vida. De ahí el escepticismo, el gusto por el fragmento y la cita, su lucha contra las grandes narrativas de liberación que encubren tendencias totalitarias, ya sea el nazismo para Pacheco o la descripción dialéctica de la historia de Hegel para Nietzsche. A ambos los identifica igualmente la crítica: su tarea cultural es de demolición.

Este es el tiempo en que le tocó vivir a Pacheco. Para él escribir poesía implica meditar sobre el mundo poético. Puede ser una meditación directa, como en "Una defensa del anonimato", *Los trabajos del mar*, 1983, o indirecta, por medio de una fábula de animales, como en la bella poesía "Caracol", de *Ciudad de la memoria*, 1989, en que el feo molusco se identifica con su concha armónica, que le pertenece y lo sobrevive. Para él hablar de la poesía es también hablar de la vida: es un individuo vitalista (Ballardini 111). En su poesía sobre el caracol apreciamos su amor al mundo, y la mirada compasiva y cristiana hacia los otros seres vivos, que pueden ser tan creativos e indefensos como los seres humanos y los poetas. Destaca la belleza del caracol, dice: "Tú, como todos, eres lo que ocultas. Debajo/ del palacio tornasolado, flor calcárea del mar/ o ciudadela que en vano/ tratamos de fingir con nuestro arte,/ te escondes indefenso y abandonado,/ artífice o gusano: caracol/ para nosotros tus verdugos." (2) El arte existe en la vida, y como dice en el poema "Las ostras", es "atención enfocada", un producto de la voluntad y la visión (*El silencio de la luna* 97).

La subjetividad poética no debe separarse de la subjetividad de los otros individuos. Lo que caracteriza a la subjetividad es la voluntad de comunicación, no el aislamiento. En "Una defensa del anonimato", que subtitula "*(Carta a George B. Moore para negarle una entrevista)*", explica cómo desea que sus lectores lo aprecien dentro del mundo literario: "...mi ambición es ser leído y no "célebre", que importa el texto y no el autor del texto....", y luego: "No leemos a otros: *nos leemos* en ellos." (74). Pacheco busca una comunicación poética íntima con el lector, es un poeta en "tono menor". Escapa del verso brillante, o del hablante lírico grandilocuente. Prefiere, como Vallejo, ser un poeta de la condición humana. Sin embargo, como los Simbolistas, busca y muchas veces encuentra "la palabra justa". Su poesía, a través de los años, se ha decantado cada vez más.

Su arte poética posee un oficio consumado y demuestra una comprensión profunda de la historia de la poesía. Su manera de escribir, aunque no emplee el verso medido y la rima, se parece más al arte de los modernistas (a quienes admiraba y sobre los cuales organizó una bella antología) que al de los vanguardistas y realistas socialistas. Es un poeta paciente, meticuloso, obsesivo, que corrige el verso y lo lima y busca la palabra precisa. Para encontrarla tiene que dar con el "tono" adecuado: el tono, para él, no es musical, sino visual. En su culto a la imagen le rinde tributo a la figura mayor de la poesía del siglo veinte: la imagen visual. Puede o no formar metáfora, pero el mundo para él entra por los ojos. Y de los ojos pasa directamente al pensamiento, a la "memoria moral", para formar un concepto.

Pacheco es un poeta conceptista. Medita, y su meditación, más que persuadirnos, busca iluminarnos mediante el concepto. No es un poeta conversacional o prosaico, su observación está armada de sutilezas. Dice, por ejemplo, en "Perduración de la camelia": "Bajo el añil del alba flota en su luz/ la camelia recién abierta./ Blanco el no-aroma, blanco el resplandor,/ la perfección de su belleza: espuma./ Nube que se posó en la rama un instante/ para mirar el cielo desde aquí abajo,/ acariciar la luz del sol, habitarla y ser,/ a los tres días de su nacimiento,/ pétalos pardos que se desmoronan,/ polvo que se hace tierra y de nuevo vida." (*Los trabajos del mar* 35). Aprehendemos a través de la imagen la belleza pasajera de la flor. Vemos cómo trabaja los matices lumínicos, cómo juega con los colores, y con los conceptos de nacimiento y muerte. ¿No sentimos acaso una tentación de llamarlo "neo-simbolista"?

José Emilio trata de escapar, como Paul Valéry, del brillo momentáneo del discurso poético grandilocuente. Es un escritor "clásico", en el sentido que Jorge Luis Borges daba al término, cuando lo oponía al de "romántico" (Borges, "La postulación de la realidad", *Obras completas* 217-21). Borges quitaba a estos términos su sentido histórico específico y los transformaba en variantes conceptuales permanentes del oficio literario: el escritor romántico era el que buscaba expresar su subjetividad; el clásico ajustaba la expresión a su tema literario, contenía sus emociones y creía en la literatura más que en su valor individual. Pacheco escapa de la expresión por sí y para sí. Aún en los casos en que emplea en su poesía el monólogo dramático, como en "La prosa de la calavera" (*Los trabajos del mar* 25-29), su lenguaje es mesurado. Busca expresar su tópico con claridad y concisión. Como poeta "clásico" y –siguiendo la vena borgeana y su gusto por transformar ciertos conceptos literarios en categorías generales– como poeta "simbolista" o "neosimbolista", se alimenta de la historia literaria, de lo que da constante testimonio en sus traducciones libres y en sus "Aproximaciones". Puede transcribir en "¿Qué tierra es ésta?" (*Los trabajos del mar* 61-65) oraciones completas de cuentos de Juan Rulfo, con su lenguaje descarnado, y transformarlas, por su distribución en la página, en un poema. Es el ojo del poeta y su oído, al leer una pieza, su "atención enfocada", lo que transforma la prosa en poesía. Este proceso no es mecánico. Es un proceso interior de selección espiritual.

El poeta huye del hablante lírico elevado. El sujeto poético que habita en su poesía es siempre humilde, lúcido, amargo. Prefiere celebrar lo pequeño, aquello que se le ha pasado por alto a otros poetas. Su don poético mayor tal vez sea su habilidad para encerrar en una imagen mínima una idea completa; así cuando dice, por ejemplo, en "Después de la nevada": "La sal sobre la nieve/ hecha de lodo/ que volverá a ser tierra." (*El silencio de luna* 104) y, en otro breve "haikú" del mismo libro, "Río San Lorenzo (Montreal)", en que juega con la antítesis barroca del fluir y la fijeza, aplicada a la metáfora que homologa el transcurrir del tiempo al pasaje del agua, dice: "Caudal de hielo:/ se detuvo el río/ pero no el tiempo: fluye." (104). Este tipo de imagen, inesperada y paradójica, depara al lector descubrimientos y sorpresas, y sus libros están llenos de ellas.

Pacheco cree en la poesía y en la capacidad creadora del individuo. Para él la riqueza del mundo de la literatura que maneja el poeta tiene que asociarse con la capacidad personal de invención de manera equilibrada. Dispone espacialmente sus ideas, cuidando de crear un arreglo dinámico, plástico. Sus imágenes se alimentan del teatro de la memoria y del teatro de los sueños, los grandes compañeros de los poetas. En el teatro de los sueños se liberan sus fantasías, sus visiones peculiares de los animales, de la naturaleza. En el teatro de la memoria encuentra la historia vivida como horror y Apocalipsis. Trabaja con cuidado las alusiones conceptuales, valiéndose frecuentemente de inversiones del sentido o cambios del punto de vista. Emplea paralelismos para establecer analogías entre sucesos naturales y hechos históricos, o entre la conducta de la naturaleza y la del ser humano, dirigiendo la atención del lector hacia el sentido moral (o inmoral) de la vida. El hombre, considera, es capaz de sentir piedad, pero la historia no se apiada de él. Y el mundo natural puede ser aún más cruel que el hombre. En su poema "Los mares del sur" (*Ciudad de la memoria* 76-78) describe una visión que, en un primer momento, es casi idílica: su descanso en una playa junto al mar, mirando cómo nacen de sus cascarones cientos de tortuguitas. Pronto esta visión feliz se transforma. Mientras las tortuguitas emprenden su carrera hacia el mar y hacia la vida, que está allí muy cerca de ellas, las aves marinas se abalanzan desde el cielo, las atrapan y se las llevan para devorarlas. Comenta el poeta: "Llegan las aves. Bajan en picada/ y hacen vuelos rasantes y se elevan/ con la presa en el pico: las tortugas/ recién nacidas. Y no son gaviotas/ es la Luftwaffe sobre Varsovia./ Con qué angustia se arrastran hacia la orilla,/ víctimas sin más culpa que haber nacido./ Diez entre mil alcanzarán el mar./ Las demás serán devoradas./ Que otros llamen a esto selección natural,/ equilibrio de las especies./ Para mí es el horror del mundo." (76-78). El poeta reúne en esta vívida imagen la experiencia terrible de la guerra y la lucha de la naturaleza. Desde su perspectiva está contemplando el horror (Olivera Williams 243).

La memoria del mundo que dramatiza Pacheco es genérica, cíclica y ritualista. Sin ser individualista, es individualizante, designa y nombra. Reflexiona desde un yo poético que trata de ser sensible a los intereses de todos: manifiesta simpatía hacia los otros seres humanos y compasión hacia el mundo. No es un poeta solipsista. El mundo, natural o imaginario, está allí, siempre presente, en todas sus creaciones. Muchas de sus poesías, muy originales y logradas, describen escenas del mundo natural, como "Recuerdos entomológicos" (1982) (*Los trabajos del mar* 34), en que demuestra cómo las hormigas trabajan con un sentido social, para preservar su especie, y concluye: "Desprécialas si quieres, o extermínalas:/ No las acabarás./ Han demostrado ser sin duda alguna/ mucho más previsoras que nosotros." (54). En otros poemas comenta episodios históricos o míticos, valiéndose de monólogos dramáticos en que hace hablar a un personaje, como en "Navegantes" (*El silencio de la luna* 28), y deduce de la historia lo que es relevante para el autoconocimiento del hombre, expresando el sentido común de una sociedad angustiada. En ese poema los compañeros de Ulises confiesan su decepción: después de tantos años de navegación no han logrado regresar a Troya. ¿Y qué buscan finalmente, la isla? Esta búsqueda parece haber quedado relegada a un segundo plano. Lo importante en ese momento es llegar a un "puerto" donde esté la madre-amante deseada, capaz de adormecerlos entre sus brazos, que son también los brazos que anuncian a la nodriza fatal: la muerte. Dice el poema: "Combatimos en Troya. Regresamos/ con Ulises por islas amenazantes./ Nos derrotaron monstruos y sirenas./ La tormenta averió la nave./ Envejecimos entre el agua de sal./ Y ahora nuestra sed es llegar a un puerto/ donde esté la mujer que en la piedad de su abrazo/ nos reciba y nos adormezca./ Así dolerá menos el descenso al sepulcro." (28)

El mundo del pasado se despliega ante el poeta y en él lee el destino común del hombre. Como las hormigas, el hombre es un ser social, y la sabiduría de la especie supera la sabiduría del individuo. Al individualizarse el animal humano amenaza el equilibrio biológico. Su conciencia de sí es trágica y su voluntad de poder destruye el orden natural. Sin embargo, de este juego, de su lucha contra la naturaleza y contra *su* naturaleza, extrae el hombre el sentido de la vida. En "Retorno a Sísifo" (*El silencio de la luna*) dice el poeta: "Piedra que nunca te detendrás en la cima:/ te doy las gracias por rodar cuesta abajo./ Sin este drama inútil sería inútil la vida." (27)

Hay algo que resulta consolador y convincente para los lectores al leer los poemas de José Emilio Pacheco. Es un poeta pesimista. Pero el mundo que describe *es* el nuestro. Esos seres crueles que nos muestra somos nosotros. Nos reconocemos como en un espejo. Por eso al leerlo sentimos que nos está diciendo la verdad. No pretende enseñarnos. Nos dice algo sobre nuestra naturaleza que todos íntimamente sabemos y que preferiríamos ignorar. Somos crueles, somos destructivos. La historia de la humanidad es una historia de violencia y de guerras. Con esta poesía hacemos nuestro "mea culpa" por el mundo de nuestras faltas. Su meditación nos conmueve por la sutileza de su lenguaje y por sus imágenes. Pacheco nos ofrece, en la poesía contemporánea, una voz seductora y una modalidad poética que se apoya en la historia literaria de nuestra lengua. (A diferencia de los modernistas, no tiene que imitar a los poetas franceses: la poesía en español cuenta, en el siglo XX, con el conjunto más extraordinario de poetas que hayamos tenido desde el Renacimiento.) Emplea, por lo general, el verso libre, burilándolo con la exquisités de un artífice y, como buen "clásico", trata de ocultar su oficio de maestro. Pone en práctica algunas de las lecciones poéticas que nos diera Antonio Machado: el poeta auténtico busca ser recordado por el "temple" de su verso, por su fuerza y simpleza, y no por el barroquismo o pintoresquismo de su imagen (Machado, "Retrato" 136-7).

En su libro de versos *El silencio de la luna*, 1994, experimenta con monólogos dramáticos, en la sección titulada "Circo de noche". Ve lo poético en lo cotidiano, lo extraordinario puede estar presente en cualquier cosa, por modesta que sea. No desvaloriza lo elevado, sino que eleva lo bajo. El ser humano, parece decirnos, es un animal "anormal", y por eso su moral es tortuosa. Los personajes del "Circo de noche" son seres torturados y extraños: el domador, la trapecista, los payasos, el niño-lobo, el contorsionista, los enanos. Hay en ellos una humanidad y una conciencia del fracaso que es la de todos nosotros, en nuestros momentos de contrición y lucidez.

José Emilio Pacheco es un poeta que revalora el estudio de la poesía y su lectura, aleccionando con su ejemplo a los poetas más jóvenes. Devuelve al verso su sentido "espiritual": la poesía para él es primero contenido, y luego forma. El poema empieza por ser una visión, una imagen visionaria que desfamiliariza el mundo en que vivimos, mostrándonos aspectos insospechados que nos hacen reconocer la presencia de nuestra naturaleza en todo, y la importancia de los valores morales. El ser humano debe seguir habitando el mundo y evitar las catástrofes. Su poesía es una reflexión sobre nuestras fallas en el siglo que ha terminado: hemos destruido más de lo que hemos construido y no hemos avanzado en el conocimiento de nosotros mismos. Nuestra pretendida superioridad es un autoengaño.

En este principio de siglo leemos la poesía de manera diferente a como la leíamos a principios del siglo anterior: para el Modernismo la poesía fue escuela de estética, y gobernó el gusto literario de los otros géneros, privilegio que compartió en las artes con la pintura al óleo. La poesía y la pintura al óleo son, en este comienzo de siglo, artes en silencio, si las consideramos desde el punto de vista de su capacidad de liderazgo estético. La poesía es en estos momentos (y espero que no por mucho tiempo), un género privado, que no revoluciona su forma o su contenido. Sus propuestas estéticas son limitadas. Nos falta aún el arte que inaugure el nuevo siglo. En este proceso, que tiene más que ver con la historia de las artes que con la calidad de los artistas, la voz de José Emilio Pacheco sobresale por su sinceridad y su nobleza, que le han ganado un lugar de privilegio en la poesía de nuestra lengua.

Bibliografía citada

Ballardini, Paola. *José Emilio Pacheco La poesia della speranza.* Roma: Bulsoni editore, 1995.

Borges, Jorge Luis. *Obras completas 1923-1972.* Buenos Aires: Emecé. 216-221, 1974.

Debicki, Andrew. "Perspectiva, distanciamiento y tema del tiempo: la obra lírica de José Emilio Pacheco". Hugo J. Verani, editor. *La hoguera y el viento José Emilio Pacheco ante la crítica.* México: Era. 62-101, 1993.

Doudoroff, Michael. "José Emilio Pacheco: recuento de la poesía, 1963-86". Verani, *La hoguera y el viento...* 145-169.

Gordon, Samuel. "Los poetas ya no cantan ahora hablan (Aproximaciones a la poesía de José Emilio Pacheco)". *Revista Iberoamericana* 150 (1990): 255-266.

Hoeksema, Tomas. "Señal desde la hoguera: la poesía de José Emilio Pacheco." Verani, *La hoguera y el viento...* 81-101.

Jaspers, Karl. *Nietzsche An Introduction to the Understanding of His Philosophical Activity.* South Bend, Indiana: Regnary/Gateway. Traducción de Charles Wallraff y Frederick Schmitz, 1979.

Machado, Antonio. *Poesías completas.* Madrid: Espasa-Calpe, 1975.

Nietzsche, Friedrich. *Thus Spoke Zarathustra.* New York: Penguin Books. Traducción de Walter Kaufmann, 1978.

——————. *Untimely Meditations.* New York: Cambridge University Press. Traducción de R.J. Hollingdale, 1983.

Olivera Williams, María Rosa. "*Ciudad de la Memoria* de José Emilio Pacheco: un nuevo capítulo hacia la creación de un único poemario". *Revista Hispánica Moderna* 45 (1992): 242-251.

Oviedo, José Miguel. "José Emilio Pacheco: la poesía como *Ready-Made*". Verani, *La hoguera y el viento...* 43-61.

Pacheco, José Emilio. *Los elementos de la noche.* México: Universidad Nacional Autónoma de México, 1963.

—————————. *El reposo del fuego*. México: Fondo de Cultura Económica, 1966.

—————————. *No me preguntes cómo pasa el tiempo*. México: Joaquín Mortiz, 1969.

—————————. *Antología del modernismo (1884-1921)*. México: UNAM, 1970.

—————————. *Las batallas en el desierto*. México: Era, 1981.

—————————. *Los trabajos del mar*. México: Era, 1983.

—————————. *City of Memory and other poems*. San Francisco: City Lights Books, 1997. Edición bilingüe. Traducción de Cynthia Steele y David Lauer. Contiene: *Miro la tierra*, 1986 y *Ciudad de la memoria*, 1989.

—————————. *El silencio de la luna*. México: Era, 1994.

Pérez, Alberto Julián. "La poesía postvanguardista hispanoamericana y su crítica a la modernidad (Nicanor Parra y Carlos Germán Belli)". *Modernismo Vanguardias Postmodernidad Ensayos de Literatura Hispanoamericana*. Buenos Aires: Corregidor. 189-209, 1995.

—————————. "Notas sobre las tendencias de la poesía postvanguardista en Hispanoamérica". *Modernismo Vanguardias Postmodernidad...* 170-188.

—————————. "Postmodernidad y sociedad latinoamericana". *Modernismo Vanguardias Postmodernidad...* 268-280.

Poniatowska, Elena. "José Emilio Pacheco: naufragio en el desierto". Verani, *La hoguera y el viento...* 18-34.

Trejo Fuentes, Ignacio. "La narrativa de José Emilio Pacheco: nostalgia por la infancia y la ciudad gozable." Verani, *La hoguera y el viento...* 214-220.

Erotismo y rebelión: la poética
de Silvia Tomasa Rivera

L a poesía de Silvia Tomasa Rivera (Veracruz, México, 1956) ha logrado cautivar el gusto de muchos lectores y lectoras. Su obra ha aparecido antologada en numerosas colecciones, entre ellas en Ivonne Cansigno, *La voz de la poesía en México*, Universidad Autónoma de México, 1993 y en la antología bilingüe de Forrest Gander, *Mouth to Mouth Poems by Twelve Contemporary Mexican Women*, Milkweed Editions, 1993, que reúne a poetas tan reconocidas como Carmen Bullosa, Isabel Fraire, Elsa Cross, Verónica Volkow y Coral Bracho, entre otras. Silvia Tomasa Rivera ha publicado individualmente su obra poética en editoriales universitarias, como la Universidad Veracruzana y la Universidad Nacional Autónoma de México, y en prestigiosas editoriales mexicanas, como Fondo de Cultura Económica y Cal y Arena. Recibió destacados premios literarios en su carrera, entre ellos el Premio Nacional de Poesía Jaime Sabines, en 1988, y el Premio Nacional de Poesía Alfonso Reyes en 1991.

El Fondo de Cultura Económica sacó en 1987, en su colección Letras Mexicanas, *Duelo de espadas*, recopilando el poemario del mismo nombre aparecido originalmente en 1984, y selecciones de *Poemas al desconocido Poemas a la desconocida*, 1984, y *Apuntes de abril*, 1986. En 1994, la editorial Cal y Arena, incluye, en *Vuelo de sombras*, los poemas de tres de sus obras: *Duelo de espadas*, *Apuntes de abril* y *Águila Arpía*, lo cual demuestra el progresivo y constante reconocimiento de su poesía, tanto por el público lector de las editoriales universitarias, como por el público algo más amplio de las editoriales comerciales.

Los mencionados libros de Silvia Tomasa Rivera reúnen una parte fundamental de su trayectoria poética, desde la poesía descriptiva y sensual de sus recuerdos de infancia en *Duelo de espadas*, 1984, la poesía erótica de *Poemas al desconocido Poemas a la desconocida*, 1984, hasta la poesía narrativa y lírica a la vez de *Águila Arpía*, 1994. La suya es una poesía cautivante, una poesía seductora, en cuya voz lírica el lector percibe la fuerza espiritual de las experiencias de vida de la autora en su tierra veracruzana.

Silvia Tomasa nace en 1956 en un pequeño pueblo de la selva de Veracruz, El Higo, y vive su infancia en el rancho de sus padres, algo alejado del poblado; esa naturaleza exuberante de la selva veracruzana aparece aludida repetidamente, casi obsesivamente, en sus poemarios, como espacio vivencial o como lugar idealizado al que el sujeto poético puede recurrir para rescatar lo esencial del amor. La poeta se traslada a los dieciocho años a la ciudad de México, a la que llama "Ciudad del Altiplano" (*Vuelo de sombras* 140). En ella añorará la libertad sensual e ideal de la selva, su paisaje de la niñez y adolescencia, y el mar presentido más allá de ésta. En la ciudad del altiplano, a la que siente como un paisaje hostil, peligroso, desde el que se desea la participación cósmica en los elementos desatados de la naturaleza, la poeta proyecta sus sueños de un paraíso perdido, que se le aparece como un presente gozoso: el presente de la sensualidad y del amor carnal.

El mundo erótico se manifiesta como una fuerza directriz en la poesía de Rivera. Erotismo del goce del instante, o sensualidad que la memoria recupera. Esta última especialmente es materia favorita y afín del sentir poético. En su poemario *Duelo de espadas*, 1984, la poeta logra, desde la ciudad del altiplano donde vive, rememorar su infancia y adolescencia no tan distantes. Este primer poemario es uno de los más celebrados y originales de la poeta. En él nos muestra el mundo de una adolescente veracruzana, una niña aldeana que nace a los ardores de la vida, a la pubertad; que aprende las lecciones que la naturaleza da a sus hijos que se lanzan a vivir. La naturaleza aquí es protectora y es madre.

En toda su obra la poeta sentirá una alianza especial, un vínculo indisoluble con la naturaleza, y un temor a la urbe, que amenaza la libertad natural. Notamos en la poesía de Silvia Tomasa, junto al reconocimiento del mundo natural, la búsqueda de la madre, que se manifiesta tanto en su sentido erótico dirigido al mundo femenino, como en su exploración de la femineidad, el deseo de comunión con lo femenino, a veces valiéndose de personajes poéticos masculinos que buscan a la mujer, como en *Águila Arpía*. En este poemario narrativo el sujeto poético masculino salva de la furia de los cazadores a un águila arpía, una especie de águila tropical americana, y luego de curarle sus heridas se la lleva a la ciudad del altiplano donde el águila arpía se metamorfosea en mujer. Consumado el amor, el hombre-amante lleva al águila de regreso a la selva, donde el animal será herido de muerte por los cazadores. En la próxima parte la poeta le canta a la memoria del águila, para iniciar después su "Camino a Bahirá", en que el sujeto poético peregrina a una ciudad imaginaria donde espera encontrar "el águila de amor" (*Vuelo de sombras* 201).

En *Poemas al desconocido Poemas a la desconocida* la autora desdobla su voz poética en composiciones eróticas dirigidas a hombres y a mujeres. Este libro, de 1984, marca una etapa sumamente lograda de la poeta y, a pesar de ser, junto con *Duelo de espadas*, sus primeras publicaciones, poseen una manera relativamente sencilla pero muy efectiva de encarar el hecho poético. Emplean un lenguaje directo y menos adornado y metafórico, más descriptivo y menos simbólico, que el lenguaje que prefiere la poeta en obras de su etapa posterior, como *Águila Arpía*. Estos libros se valen de un recurso muy genuino y valioso de la poesía: la de ser crónica aparente de sucesos vividos, memorias de una época especial de la vida, lo cual permite a la poeta una aproximación directa de hechos cotidianos.

Poemas al desconocido Poemas a la desconocida es una obra de invocación y conjuro, que indaga sobre el amor y consagra el amor vivido. Mientras los poemas dedicados a los hombres muestran a veces un asomo de temor, como cuando le dice a un hombre que después de gozar con él lo regresará a la muerte (*Duelo de espadas* 50), lo hará desaparecer, los poemas dedicados a mujeres emplean un lenguaje erótico sutil e indirecto, en que el deseo se muestra como un anhelo pudoroso y respetuoso de la identidad de la mujer, así en el poema que dice: "Te vi en el parque/ dándole de comer a las palomas,/ hablamos como desconocidas/ de cosas que no tenían sentido./ Soplaba un aire caliente/ y levantó tu falda; / tus largas piernas terminaron/ por romper el hielo./ Quise acercarme más/ a la cóncava superficie de tus brazos/ sin embargo, no quiero pensar en lo imposible./ Porque no tengo tiempo./ Basta el recuerdo de tus piernas/ para andar como loca por las calles." (*Duelo de espadas* 59) Observamos en este poema, como en los de *Duelo de espadas*, lo mesurado del lenguaje poético, la manera en que la poeta contiene la expresión. Designa directamente y también alude, habla del aire caliente, del cuerpo erotizado de la mujer, de los sentidos y de la atracción de los cuerpos. Contiene una breve anécdota en que notamos ese contraste poéticamente rico entre el deseo y la ausencia, el anhelo y la imposibilidad.

Ese hallazgo poético se repite particularmente en *Duelo de espadas*, porque en esa obra la poeta se vuelca a rememorar la infancia. Aquel es un territorio ya perdido, que sólo la memoria puede recuperar fragmentariamente y evocarlo. El sentido de evocación y de celebración de aquellos instantes que la memoria canta dan a *Duelo de espadas* una fuerza poética singular y conmovedora. Ese poemario, que voy ahora a comentar, se abre con la figura de la niña que llega durante la noche para encender un quinqué; está en un cuarto en que hay una mesa, y encima de ella una bandeja de manzanas. Es una imagen descriptiva, una naturaleza viva: desde afuera unos ojos observan a la niña como nosotros la vemos en el poema. Esos ojos miran desde la oscuridad del campo. Y se encuentran con una escena prohibida y sensual: la niña, con gesto erótico, se acaricia las piernas "bajo la bugambilia" (*Duelo de espadas* 11). De ahí en más, la poeta se avocará a narrar el despertar erótico de la niña que se hace mujer, y descubre, en la casa paterna, que la naturaleza es cómplice de su deseo. El ser humano ha introducido en el acto erótico algo único: la mirada que selecciona y el lenguaje que nombra e individualiza, y transforma la tensión erótica en el símbolo espiritual de los anhelos hacia todo lo que aspiramos: la libertad, la felicidad. Ese cuadro aparece en este poemario contenido en la experiencia de la vida familiar de la niña que habría de ser poeta, en relación a ese mundo rural veracruzano que marcaría de manera indeleble el sentir poético de Silvia Tomasa Rivera.

Las escenas que describe en *Duelo de espadas* muestran diversos episodios de su vida rural, en relación al mundo de los adultos: los padres, los vecinos. Son un diario de episodios significativos de su infancia. La fuerza poética de esos versos emana de su sencillez, que se condice bien con la belleza del mundo rural, tal como la imaginamos los lectores, casi siempre urbanos, para los que el campo encierra misterios de esa vida elemental de la que nos sentimos alejados, por lo que compartimos con la poeta su nostalgia. También, compartimos con ella la añoranza de la infancia perdida, y del contacto con los padres, su amor incondicional. Dice la poeta: "Hoy es primer domingo de agosto,/ agosto es un mes largo,/ en el rancho se acumula el trabajo porque llueve/ y hay que hacer canales con el azadón/ alrededor de la casa,/ para que no entre el agua./ Yo no hago nada, porque no quiero./ En el baúl encuentro una libreta vieja,/ a escondidas la tomo y hago barquitos de papel/ junto al charco, a la orilla de la carretera./ A esta hora sería capaz de retar al horizonte/ si no fuera por el eco/ que devuelve los gritos a mi madre." (*Duelo de espadas* 13) Frente al ambiente de trabajo del mundo rural, la niña en su evocación disfruta del dejarse estar y del juego. Llena de vida, sólo el temor a ser reprendida por su madre le hace contener el deseo de gritar con fuerza, desafiando "al horizonte". El lector siente que esa niña es sincera, que dice la verdad, y que comunica algo simple pero precioso.

Todos sentimos que en la infancia se ha perdido algo único. Hay algo en común entre la memoria y el poema. El recuerdo selecciona e ilumina, el arte evoca un instante precioso que podría haberse perdido. De ese contacto fugaz entre visión y memoria surge el significado. Todo ese mundo sólo tiene valor para el individuo que lo vive y para el lector cómplice. Es un mundo secreto, el mundo del descubrimiento de sí, del despertar de la conciencia a la experiencia adulta. En ese proceso de aprendizaje la niña se hace mujer. Y el pasaje de la niña a la mujer depende de su maduración sexual. Uno de los poemas más bellos de *Duelo de espadas* es el que cuenta el proceso que va de su nacimiento hasta el momento en que la niña llega a su madurez

sexual. Rivera es capaz de contar sintéticamente, con imágenes sim-
bólicas que muestran cómo el ser humano comulga con la naturaleza.
Esa naturaleza está cargada de vida, está "preñada". Sus ciclos no
amenazan la individualidad del ser humano. Son un acontecimiento.
La mujer se siente íntimamente unida a la naturaleza, parte de ella, por
eso la celebra y se celebra. Dice la poeta: "Yo nací en marzo,/ en el
mero tiempo de los loros./ Cuando rompí la fuente/ todavía era invier-
no,/ y no me sacaron de casa/ hasta que un chupamirto/ anunció la primavera./ Mis padres me cuidaron/ como a un jarrón chino,/ 12 años
después, arriba de un ciruelo,/ un espasmo en el vientre/ me hizo des-
cender./ Ese día, por mala suerte/ sobre la falda de popelina blanca/
quedó la mancha, inevitable,/ como un tulipán rojo." (*Duelo de espadas* 34) Es una poesía nominal, aparentemente simple, formalmente
rica, que sabe encontrar imágenes, asociaciones y analogías bellas: el
nacimiento y la fuente, el jarrón chino y la niña, el ciruelo y el espasmo en el vientre, el primer flujo menstrual y el tulipán rojo. Y siempre los padres cuidando, protegiendo a los niños.

En ese mundo seguro los adultos tienen que engañar a los niños,
porque éstos sienten las tentaciones de la carne. Sin embargo, el instinto finalmente prevalece: el instinto de la vida, el instinto del amor.
En otro poema la niña le dice a la madre que quiere ir al mar, y la
madre le contesta que el mar es peligroso, y que "A las que van al mar,
se les meten culebritas/ y les crece la panza." (*Duelo de espadas* 35)
En el mar hay un verdadero peligro de "muerte", de morir ahogada.
Pero la madre no logra convencerla: concluye el poema y la niña aún
quiere ir al mar. No aprende, no puede aprender. Porque el mar es la
fuerza del instinto y del amor, en que Eros se confunde con Tánatos,
y hay en él algo irresistible. Es una fuerza irrenunciable. La fuerza que
anuncia y hace posible la vida. Y el ciclo. El ciclo de la vida y de la
muerte.

La naturaleza trasciende al individuo. El mar es lo que está más
allá, más allá de la selva, es un presagio, la fuerza de lo extraño que
promete y atrapa, la presencia de lo desconocido. Al fin y al cabo la
niña es poeta: no le seduce la materia, ella avanza hacia los sueños. En
verdad, la poeta habla en el presente desde esos sueños, buscando en
el pasado su momento germinal. Recuerda desde la ciudad del altipla-

no el mundo de su infancia. Sus colores, sus sabores. En *Duelo de espadas* abundan los nacimientos, las muchachas se casan y dan a luz, los animales y los hombres anuncian su excitación sexual, testimonian la fuerza del deseo que los avasalla.

En uno de los poemas "el caporal" se acerca a toda carrera en su yegua y raya al animal bellamente ya dentro de la casa; está exaltado, saca la botella de aguardiente y bebe, las muchachas lo rodean. ¿Qué ha pasado? No viene a cortejarlas, no, es que su mujer "está recién parida" (*Duelo de espadas* 33). Es el nacimiento el que celebra, celebra a su mujer y la continuación de la vida. Otro de los poemas cuenta cómo a una pastora le ha nacido un hijo, cómo las mujeres se arremolinan junto al humilde jacal, hasta que el llanto del niño irrumpe en la quietud del campo (*Duelo de espadas* 32). Las mujeres retratadas en estos cuadros, y los hombres, son sencillos, y aman su tierra. Igualmente la poeta ama a esa tierra y a esa gente que celebra, y dice en un poema, hablando de sí en segunda persona: "No quieres irte…" (*Duelo de espadas* 29). Pero… se ha ido: sus versos son la búsqueda de la infancia perdida, que sólo regresa en la memoria y, para suerte de sus lectores, en el verso.

Ese mundo rural no está apartado del mundo, es parte de él, y es el centro del universo de la niña-mujer. A él también llega el acontecer político: unos soldados que buscan a unos prófugos y atacan al maestro (*Duelo de espadas* 24). Las mujeres dan a luz y los hombres mueren, a veces violentamente. El mundo de la selva es brutal y hermoso. Así, Silvia Tomasa Rivera inicia su trayectoria poética, celebrando su infancia en el espacio rural de Veracruz. Un mundo exuberante, cargado de presagios, preñado de gozo. En él triunfa la vida.

En los poemarios posteriores de la poeta la vida no es siempre la que triunfa. En *Apuntes de abril*, 1986, el tiempo empieza a transformar su mundo, y se impone sobre el amor. Dice la poeta: "Duerme el amor, vencido por el tiempo./ Olvido en llamas: pacto suicida/ de amantes que no han muerto./ Se desgasta el amor en el cerebro./ ¿Para qué recordar si ya no es cierto/ y el alma sola pisa sus recuerdos?" (*Vuelo de sombras* 84). En ese tiempo se va ahogando poco a poco el optimismo vital de la autora. El presente no tiene la pureza del recuerdo. En el pasado había amor, pero el tiempo anuncia a la mujer adulta su condición humana mortal. Y en el presente hay también dolor. En su visión de mundo se va imponiendo el pesimismo, y un sentido de abandono y aislamiento en la ciudad del altiplano, en la ciudad moderna. En *Águila Arpía*, la serie poética que incluye en *Vuelo de sombras*, la poeta se busca y trata de salvarse, y por último se pierde en el otro. Ese otro es un águila nativa y es también una mujer. Finalmente, el hombre que anima el sujeto poético de ese poema peregrina hacia Bahirá, la ciudad imaginaria que está realmente dentro de sí. Para Silvia Tomasa Rivera la vida es un viaje. Un viaje que quisiera ser un vuelo, como el del águila arpía. Desgraciadamente, el final no promete demasiado. La sociedad "cetrera" es injusta y mata al águila, mata a la mujer, al amor y a la libertad. Y el sujeto poético regresa a la ciudad "con un águila viva en la memoria" (*Vuelo de sombras* 203). El canto a la infancia, su libertad, su sensualidad despierta, con que la poeta había inaugurado su poetizar en *Duelo de espadas*, se ha perdido o transformado. Prevalece aquí la premonición pesimista, la alegoría de la libertad y la sensualidad derrotada, muerta. El águila vuela, pero también intima con la voz poética, que goza de su amor sexual. Es un viaje en que no es posible recuperar el tiempo perdido. No es posible regresar a la infancia y a la selva. La ciudad, la vida moderna, todo lo devora.

En un rincón del corazón poético de Silvia Tomasa Rivera, ella sigue siendo la niña que cantara en *Duelo de espadas*, la niña buscando su selva perdida. Algo se ha quedado en ella que debiera encontrar. Silvia Tomasa viaja hacia el pasado o hacia el futuro, hacia otro lugar, hacia su utopía. La utopía es un país perdido al que regresa. Ese espacio de libertad es el que representa para ella el poema, el espacio en que se puede encontrar con la mujer. Una mujer transgresora que cuando le canta, en un raro poema, a su hijo, le dice que su "árbol genealógico es una palmera/ colmada de serpientes." (*Duelo de espadas* 71). Silvia Tomasa se percibe a sí misma como la otra que está fuera de lugar, que no logra situarse bien en el presente, que sólo se siente ella en el pasado y en el poema. Se busca a sí misma y se representa alegóricamente, simbólicamente, en las fuerzas desatadas de la naturaleza, de esa naturaleza que es "la mujer" genérica, la sexualidad madre.

Bibliografía citada

Cansigno, Yvonne. *La voz de la poesía en México*. México: Universidad Autónoma Metropolitana, 1993.

Gander, Forrest, editor. *Mouth to Mouth Poems by Twelve Contemporary Mexican Women*. Minneapolis: Milkweed Editions. Introducción de Julio Ortega, 1993.

Rivera, Silvia Tomasa. *Duelo de espadas*. México: Fondo de Cultura Económica, 1987.

—————. *Vuelo de sombras*. México: Cal y Arena, 1994.

El poeta chicano Tino Villanueva
escribe en español

E l libro *Crónica de mis años peores*, 1987, de Tino Villanueva (San Marcos, Texas, 1941), fue su primera obra escrita totalmente en español. Sus libros anteriores, *Hay otra voz Poems*, 1972 y *Shaking off the Dark*, 1984, tienen poemas en inglés y en español, y en una combinación de las dos lenguas. A *Crónica de mis años peores* le siguió un libro de poesías en inglés, *Scene from the Movie GIANT*, 1993, ganador del American Book Award de 1994, y un libro en español, *Primera causa/ First Cause*, 1999.

Al publicar *Crónica de mis años peores*, en 1987, Tino Villanueva había cumplido cuarenta y seis años de edad. Notamos en este poemario su ardua lucha con la palabra. Villanueva es un escritor parco. Su obra es breve y substantiva. Cada poema significó para él atravesar por un doloroso proceso de indagación y autocuestionamiento. El idioma español no es la primera lengua de su país, Estados Unidos (García, "Entrevista..." 4). Tino desciende de una familia méxico-americana. Sus padres se ganaban la vida como obreros migratorios, siguiendo la cosecha del algodón. El español que aprendió fue la lengua oral de su familia campesina. En las escuelas públicas le enseñaron a leer y escribir en inglés. No sólo él se cuestionó su lengua y la Lengua, sino que su sociedad le cuestionó, como joven chicano, su lengua y su identidad nacional.

Villanueva no tuvo fácil acceso a la educación. Durante su infancia y adolescencia acompañaba a sus padres a la recolección del algodón por el estado de Texas y asistía a la escuela en las comunidades donde vivían temporalmente. Al terminar la escuela secundaria, en

1960, se empleó como obrero en una fábrica de muebles en San Marcos. De 1964 a 1966 sirvió en el ejército norteamericano, en la Zona del Canal de Panamá. Fue su primera residencia prolongada en un país hispanohablante. A su regreso, a los veinticuatro años, inició su educación universitaria, en la Southwest Texas State University, en su pueblo natal, y se especializó en los estudios de inglés y español. Esa fue su primera instrucción formal en su lengua materna. Luego de terminar sus estudios subgraduados, Villanueva continuó sus estudios graduados en España, en un programa de la State University of New York-Buffalo, y recibió su Maestría en 1971. En 1981 se doctoró en literatura española en Boston University, con una tesis sobre poesía española contemporánea.

El español del poeta Tino Villanueva es diferente del que hablan los que nacen, viven y se educan en un país hispanohablante. Maneja en profundidad dos niveles de lengua: la lengua familiar oral aprendida en su infancia, y la lengua literaria adquirida durante sus años adultos de educación formal universitaria. A esto habría que agregar su práctica del idioma durante sus años de residencia en Panamá y en España. Villanueva no domina el español de la sociedad civil abierta, el que se forja y evoluciona en la vida de una determinada nación hispanohablante. Es norteamericano, el primer idioma de su país es el inglés, y aunque tenga actitudes de rechazo hacia su patria, vive y ha vivido en ella durante casi toda su vida. Dentro de Estados Unidos, hizo un importante cambio de residencia. Luego de terminados sus estudios en Southwest Texas State University en San Marcos, se fue a vivir a una de las grandes áreas culturales y literarias norteamericanas: la costa noreste. Residió primero en el estado de New York, en Buffalo, y luego en el área de Boston, donde aún vive. Hizo de New England su morada permanente.

Si leemos el poemario *Crónica de mis años peores* podemos entender el por qué de su alejamiento de Texas. Sus memorias de infancia no son felices. Las experiencias frustrantes y dolorosas, la pobreza y la discriminación transformaron al niño en un ser humillado, defensivo y resentido, iracundo. Villanueva tratará de entender, ya de adulto, su niñez y darle un sentido moral a esas experiencias. Tino nació a la vida literaria "chicana" en Buffalo, New York, cuando cursaba sus estudios de Maestría en Literaturas Hispánicas en 1969. Allí escribió sus primeros poemas que responden a una "realidad chicana", logró tomar distancia con su pasado (había escrito y publicado poesía durante sus tres años como estudiante universitario en San Marcos, pero no de tema chicano), y recobró para la literatura lo que su patria le había negado en la frontera tejana.

El español de Villanueva refleja la experiencia de su vida comunitaria. Escribir en español implica para él una forma de disenso, expresa un deseo suyo por afirmar algo sobre la vida de su pueblo méxicoamericano. Su adhesión nacional está en crisis, el poeta se refugia en su comunidad de origen. Este proceso interior, espiritual, va más allá de lo personal. Su búsqueda literaria forma parte del proceso de evolución de la literatura chicana. El es consciente de esto: ha estudiado esta literatura y formó parte del Renacimiento Chicano de las décadas del sesenta y el setenta. Reconoce particularmente la influencia que la poesía de Alurista tuvo en su propia poesía (Villanueva, "Ruptura y alianzas..." 182-198). Este le mostró cómo el inglés podía combinarse con el español: siendo lenguas de sintaxis muy distintas, convivían en el poema gracias a lo que Villanueva ha llamado el "bisensibilismo" del chicano ("Prólogo", *Chicanos...* 54). Considera que el individuo méxico-americano posee una sensibilidad dual, y la mayor parte de las veces es tanto hispanoparlante como angloparlante, hispanoactuante como angloactuante. Esta experiencia personal naturaliza el uso literario de ambas lenguas, puesto que las dos culturas, las dos lenguas, las dos "esencias" conviven en un ser, en un espacio, en un texto.

Tino tomó conciencia de su identidad como chicano y del valor de su poesía. Estudió su problemática cultural. Su antología *Chicanos: Antología histórica y literaria*, editada por el Fondo de Cultura de México en 1980, y precedida por un extensa introducción suya, ha recibido varias reimpresiones. Investigó la poesía española en su carrera de doctorado y publicó el libro *Tres poetas de posguerra: Celaya, González y Caballero Bonald (Estudio y entrevistas)*, 1988. Fue editor de la revista *Imagine: International Chicano Poetry Journal*. También son profundos sus conocimientos de la poesía en lengua inglesa, y Dylan Thomas y Anne Sexton figuran entre sus poetas más apreciados. Podemos pensar entonces que Villanueva es un poeta completo. Es moroso para escribir, publica poco. Lo publicado es resultado de un proceso de creación poética lento y meditado. Es perfeccionista y tiene fama de poeta excelente (Hoggard, "The Expansive Self...", 23).

Posee un concepto amplio de lo que es ser Chicano. No implica encerrarse en su comunidad y en su lengua. Es más bien trascender el encierro comunitario, abrirse a la experiencia total del lenguaje. El lenguaje, para él, es libertad. Reside en Boston, y no en Texas o California. Tomó distancia con la experiencia de su juventud. Ha logrado establecerse como gran poeta norteamericano con *Scene from the Movie GIANT*, su libro en inglés premiado con el American Book Award en 1994. La problemática moral y social del Chicano, sin embargo, recorre toda su obra, incluido el poemario *Scene from the Movie GIANT*. Muestra allí el lento proceso de apertura de Texas a las minorías raciales y el doloroso ambiente de prejuicio en que vivían los norteamericanos de ascendencia mexicana en la década del cincuenta.

Tino es, además de poeta, pintor. A diferencia de su poesía, en que medita sobre la situación de los chicanos, su pintura no permite visualizar una historia: es abstracta. Su poesía y pintura no coinciden en la temática, pero se encuentran en su formalismo. Es un poeta con una agudísima conciencia formal, tanto cuando escribe en español como cuando escribe en inglés. Su bilingüismo lo ha llevado a una valoración crítica del uso del lenguaje. Cuando escribe en inglés, es un poeta contenido y conceptual, rehuye el color local, y posee excelente control de su instrumento expresivo. Cuando escribe en español, evita emplear esas imágenes costumbristas que son una fuerte tentación para el poeta chicano. Vuelca en su poesía su angustia existencial, haciéndonos recordar que se formó en las décadas del cincuenta y el sesenta, en que la visión existencialista y pesimista de la vida se había popularizado en las distintas artes (Martín-Rodríguez 58). Sus héroes, sus personas poéticas, son siempre sujetos en profunda crisis, tratando de entender el mundo y de comprender su propio pasado. El espacio de la memoria, que el excelente ensayista y poeta Tomás Rivera indicara como uno de los más fértiles y promisorios para la poesía chicana, es el lugar favorito del sentir de Tino Villanueva en sus últimos tres libros (Rivera 359-64). Siente que su ser es y vale gracias a la memoria, y gracias a la palabra. La subjetividad del poeta chicano se expresa en su crisis.

Crónica de mis años peores testimonia la experiencia del inmigrante méxico-americano pobre y *Scene form the movie GIANT* la situación de discriminación que sufriera su familia en Estados Unidos (aunque no se reducen a esos temas: también encontramos desarrollados en esos libros los motivos de la infancia y la vida amorosa, y en *Primera causa/ First Cause* la relación del poeta con la escritura). Estados Unidos, a pesar de su política interna democrático liberal (liberalismo que no necesariamente practica con otras naciones, llevada por su ambición mercantil imperialista), no supo impedir la marginación, la opresión y la subestimación de sectores de su población (marginación y opresión de los chicanos y los negros, subestimación de las mujeres), pero aceptó, con lúcido oportunismo, muchas de las reformas sociales que estos grupos demandaron a partir de la década rebelde y militante del sesenta. El movimiento feminista, el movimiento negro y el movimiento chicano han luchado por la progresiva liberación de las minorías oprimidas, y son parte esencial de la historia social norteamericana. Si bien el progreso político de estos sectores ha sido relativamente modesto, generaron estrategias culturales para elevar la conciencia de sus grupos y ayudar en este proceso de liberación. Los chicanos sintieron que sus problemas y sus sufrimientos, largamente reprimidos e ignorados, debían ser escuchados. Y su arte refleja este clamor y esta lucha que tiene lugar en el mundo norteamericano.

Villanueva, indiqué, publicó *Crónica de mis años peores* en 1987 en español. En 1994, la obra fue traducida al inglés por James Hoggard, y Tino reorganizó la distribución de los poemas en el texto para esa edición, suprimiendo varios (Hoggard, "Translator's Introduction", 79-84). Al escribir el texto en español, tuvo en mente, como lectores, a sus hermanos chicanos, y a lectores de los países de lengua hispana. El español es una lengua utilizada diariamente por millones de personas en Estados Unidos, lo cual le da un gran poder de hecho. Poemas como "Empezando a saber", "Casi bíblica ciudad: Chicago" y "El mandado" presentan la confesión y la queja de un niño (luego un adolescente) chicano, que no puede vivir en su sociedad disfrutando las libertades y los privilegios de un joven norteamericano de origen anglosajón. Su poesía denota cuidada elaboración verbal. Villanueva cultiva una expresión medida. Se acerca a la economía verbal de los conceptistas españoles del Barroco, como Quevedo. En su palabra poética percibo una conciencia verbal semejante a la que habían mostrado los simbolistas de fines del siglo diecinueve: la lección de la palabra justa, el rigor formal de Rubén Darío.

Villanueva es un poeta de una comunidad hispanohablante que reclama un lugar de pertenencia dentro de la nación norteamericana. El valor de la cultura chicana y su literatura se está definiendo en estos momentos, y dependerá tanto de la política cultural, como del logro individual de los artistas. Su poesía en español representa la sensibilidad de un sector social minoritario que está luchando por llegar a la madurez de su dominio expresivo. Poemas como "Entreactos de ira" y "Clase de historia" deben ser considerados gran poesía, escrita en una lengua cuya norma expresiva no coincide totalmente con el uso del español en una nación determinada (aunque la influencia mayor es la del español de México), resultado de su sensibilidad bilingüe y bicultural.

Tino, en su poesía, recrea el espacio nativo familiar en el teatro de la memoria. Describe su vida social, y el enfrentamiento con los integrantes de la comunidad angloparlante hostil que, durante las décadas del cuarenta, cincuenta y sesenta, no reconocían a los inmigrantes hispanos su derecho a ser diferentes. Y su impotencia, su frustración y su rabia ante ese avasallamiento de sus necesidades y falta de reconocimiento del valor de su identidad. El espacio en que vive el sujeto de su poesía es el espacio marginal de aquel entonces, segregado del que habitaban los norteamericanos blancos: el espacio familiar del barrio pobre chicano, del ghetto méxico-americano. Muestra el sitio transitorio donde habitan los obreros agrícolas migrantes ("Tierras prometidas"), que trabajan un suelo que no es el suyo, y se aíslan de la sociedad angloparlante, para vivir "en familia", no siempre de una manera fraterna. Los "años peores" de que habla Villanueva (expresión que toma de unos versos del poeta español J.M. Caballero Bonald, que incluye como epígrafe del libro) son los años de su infancia, que evoca en sus poemas. Esto indica una dolorosa desvalorización de lo que debería haber sido el momento más hermoso de la vida del individuo, cuando el niño, amparado por el amor de sus progenitores, se socializa y aprende a convivir con sus semejantes. No es extraño entonces que el poeta elija escribir estas memorias en español: son las memorias de su grupo familiar marginado, separado por su lengua y el color de su piel, de la sociedad angloparlante.

Si en *Crónica de mis años peores* el poeta escribe sobre la segregación lingüística y social, en *Scene from the Movie GIANT*, su poema en inglés, crea una alegoría sobre la barrera racial que separa a los méxico-americanos de los anglos en Texas (Hanson 1C). El título del poemario se refiere a la penúltima escena de la película *Giant*, en que Bick Benedict, el personaje protagonizado por Rock Hudson, tiene una pelea a golpes de puños con el dueño de un restaurante popular de hamburguesas, luego que éste rehúsa servir a unos mexicanos y alude con sorna al color de la piel de su nieto mestizo. Allí, el color de la piel y el lugar de origen definen la pertenencia a la patria, y los descendientes de mexicanos quedan excluidos de ella. La perspectiva del sujeto poético que narra es doble. El poeta adulto recuerda la rabia y la impotencia que sentía el adolescente cuando se sentaba en el cine a ver la película sin poder decir nada (algo parecido ocurría en "Clase de historia" de *Crónica de mis años peores*, donde el niño durante la clase no podía contestar al maestro), y desde su perspectiva actual trata de entenderlo. El proceso poético implica una toma de poder para el poeta. Y una cura catártica, una purga del alma dolorida. En el proceso hace justicia (poética) y denuncia el atropello que sufrió el adolescente en su sociedad.

En *Hay otra voz Poems (1968-1971)* encontramos una sección titulada "Mi Raza" en que Tino incluye poemas en inglés, y en una combinación de español e inglés. Sus títulos indican su intención de denuncia social: "Que hay otra voz", "Day-long Day", "Pachuco Remembered", "Aquellos vatos". En *Shaking off the Dark* (1984), su libro anterior a *Crónica de mis años peores*, en el poema "Speak Up, Chicano, Speak Up", Villanueva llama a los chicanos a luchar por sus derechos, a hablar, a expresar democráticamente su disenso con su sociedad (Rodríguez 77-87). Aparecen en el poemario otros poemas sobre su experiencia juvenil, que serían luego la base de *Crónica de mis años peores*: "Haciendo apenas la recolección" y "I Too Have Walked My Barrio Streets", que hablan de aquellos momentos de su infancia en que el poeta sufría por su marginación.

Recién en *Crónica de mis años peores*, 1987, su primer libro escrito enteramente en español, describe detenidamente la vida íntima de su núcleo familiar. Su capacidad de introspección y autoanálisis (poético) da a su voz su vuelo lírico más auténtico. El personaje que concibe y habla de sí es un antihéroe, una víctima del sistema, un sujeto sensible que sufre las injusticias y se lamenta, logrando transmutar su experiencia personal dolorosa en arte. El sujeto confiesa su impotencia y su rabia, su odio, y condena moralmente las debilidades y limitaciones de su familia. Acusa de incomprensión, insensibilidad y racismo a aquellos que deberían haberlo ayudado cuando niño en la escuela, al maestro que no supo o no quiso enseñarle lo que él necesitaba aprender. Y da una lección a sus lectores: el niño logró crecer a pesar de todo, gracias a las palabras. El lenguaje salva, redime. En San Marcos, cuando trabajaba de obrero en una fábrica de muebles, copiaba palabras de un diccionario, anotaba sus definiciones en cuadernos, y se las aprendía. Esta curiosa manera de coleccionar palabras fue su primer contacto consciente con la literatura. Villanueva no ve el lenguaje como una unidad, porque su mundo lingüístico, su mundo psicológico y su mundo social, están fracturados. No vive en unidad. Busca en su poesía, a través de sus dos culturas y sus dos lenguas, la unidad imposible. Es ésta la tragedia de su sino como chicano. Y su mérito es haber transformado su drama personal en fiesta del lenguaje, en poesía.

Crónica de mis años peores es un proceso de búsqueda en la lengua de su comunidad, en su lengua materna. Esa lengua materna no es una lengua feliz e irradiante, solar y mexicana, como la de sus antepasados: es una lengua herida que conoce su lado de luz y su lado de sombra (Hoggard, "The Expansive Self", 24). Es una lengua cuestionada y despreciada por la mayoría angloparlante. Se lo recuerda el maestro en la escuela al niño en "Clase de historia". La sociedad nacional norteamericana es (o debería ser) una sociedad monolingüe: un territorio, una cultura, una raza, una lengua. Ese es el ideal de la nación. Lo que no coincide con ese ideal parece amenazarla.

El proceso inmigratorio que sufre ininterrumpidamente su sociedad pone en tela de juicio la ideología nacionalista. Estados Unidos está luchando por transformarse en una sociedad transnacional. Trata de integrar en su seno a aquellos sectores sociales que fueron marginados del Estado nacional burgués hegemónico. Aquellos que viven al margen, sienten el poder del Estado, su capacidad para lesionar sus derechos, para imponer por la fuerza leyes que les resultan injustas, y silenciar al oprimido. Por eso Tino Villanueva le da tanta importancia a la palabra. Hay que hablar y romper el silencio. El oprimido tiene que resistir. Tino escribe en dos lenguas. Le habla a las dos partes de su yo. Cuando escribe en español, se dirige a ese pueblo secreto, que es una parte marginada y negada de su nación, al pueblo hispanohablante, inmigrante, pobre, proletario, cuya lengua no es reconocida por la mayoría. Le habla a su comunidad, una comunidad de anhelos: anhelo de pertenencia, anhelo de territorio (¿Aztlán?), anhelo de ser. Le habla de su carencia, de lo que no tuvo, de lo que no es. Cuando escribe en inglés se dirige sobre todo al pueblo angloparlante, le recuerda sus deberes sociales para con la comunidad chicana e hispana, y dramatiza poéticamente la vida del chicano marginado, su destino indigno en la nación.

La poesía de Villanueva toca temas de relevancia social, pero no es exteriorista. Es íntima. Le sale del alma. Y es un canto de dolor. El aspecto más bello de su mundo poético es el patetismo, la manera en que el personaje revela su sufrimiento ante las injusticias que padeció. Su dedo acusador señala a su sociedad, porque... ¿cómo puede justificar su país, Estados Unidos, la victimización de un niño? En "Clase de historia" logra fundir sus preocupaciones sociales con su aguda conciencia lingüística. El sujeto de la poesía es un niño mexicano que está en clase de Historia, en su escuela de Texas, en 1959, y tiene que escuchar los comentarios racistas del maestro, sufrir sus prejuicios raciales. El poeta había hablado del racismo en su anterior poesía en inglés. Ahora da al tema una nueva modulación, para denunciar el mal social: la lengua se le vuelve "loca". Su lengua se expresa en español, muchos años después de sufridas las injusticias. Dice el poeta:

Se me volvía loca la lengua.
Quería tan pronto saber
y decir algo para callar
el abecedario del poder,
levantarme y de un golpe
rajarle al contrincante las palabras… (31-32)

Su lengua está en lucha con el sistema. El escritor resiste y se rebela desde su "otra" lengua comunitaria, desplazada, secreta. Desde esa lengua propia quiere "rajarle" al contrincante: la lengua del poder (que se expresa en inglés). Esa es la lengua de los textos de historia "oficial" que el maestro esgrime, para enseñarle a los niños la "historia lisiada" de los méxico-americanos (30). El poeta cuestiona cuál es el grado de legitimidad de esa lengua que condena a su gente. En la conclusión presenta una nota optimista, afirmando que "…los libros han cambiado/ al compás del pueblo latidor…" (32). Y dice: "Sean, pues,/ otras palabras las que triunfen/ y no las de la infamia,/ las del fraude cegador" (32). Espera que triunfen las palabras de la verdad, las palabras de la historia verdadera que da a los Chicanos su lugar en la historia de los Estados Unidos, como legítimos hijos de su nación.

Mientras tanto, ¿qué le ha quedado para sí al poeta, alejado ya en el tiempo de aquella experiencia de la niñez, al poeta docente de Boston University? Le ha quedado la palabra comunitaria, pero ha abandonado su rebeldía: se redimió en el lenguaje. Ya no siente más en carne propia esa sensación de impotencia que lo asoló cuando niño. Dice el poeta: "Aquí mi vida cicatriza/ porque soy el desertor,/ el malvado impenitente que ha deshabitado/ el salón de la demencia,/ el insurrecto/ despojado de los credos de la negación" (32). Confiesa su culpabilidad. El está demasiado bien, ha dejado el credo de "la negación", instrumento formidable para un poeta rebelde, para un poeta chicano. Ha elegido salvarse, redimirse a través de la palabra.

En su libro nos presenta en imágenes los estados sicológicos que vivió en su infancia a través de la evocación poética. En el teatro de la memoria el poeta vuelve a ser el niño impotente que viajaba por Texas, acompañando a sus padres, que seguían la recolección del algodón. El proceso de escritura es una catarsis y una cura, un ritual liberador. Su voz poética es sincera: Villanueva no idealiza el mundo chicano. Los pobres, su familia, él mismo como niño, son personajes carenciados, resentidos, iracundos. Trata de entender a su grupo familiar, y juzga el por qué de sus acciones. Los pobres, en sus poemas, no son los dueños de la tierra, son los desarraigados. El grupo familiar, visto desde adentro, resulta unido por la necesidad, por el trabajo duro. La ira reemplaza a la compasión, la violencia verbal lastima a los más jóvenes.

En el poema titulado "Entreactos de ira", Tino confiesa que su hogar era "hermético", y caracteriza a su familia como "dada a las riñas repentinas". Dice: "Estoy oyendo/ dos décadas de unos/ contra otros: abuelos y tíos/ defendiéndose con voces/ que hacían doler las paredes/ de yeso y de cartón; mayores/ contra menores vociferándose/ injurias sin ir más allá de la protesta/ como quienes se dicen protestantes" (13). En ese ambiente agresivo, sólo explicable por las frustraciones de los mayores, el niño se aísla:

> Huía hacia mí mismo; me hacía sordo
> para salvar lo que pudiese
> tras cada huamazo de humillación.
> Del rincón aparte (a donde nadie
> venía por mí) me agarraba,
> y en la garganta estaba el golpe
> de todos los resabios. (14)

Villanueva, el hombre adulto, perdona a sus familiares. Entiende que la situación social era tan desesperada, que tenía que engendrar riñas domésticas y violencia verbal. Las dificultades de la vida cotidiana "...fueron dejando/ sus huellas en aquellos seres/ de tierra y de sudor,/ y eran en el fondo/ las abyectas referencias/ que hacían gritar con desamor"(15). La marginación lleva al explotado a la abyección. El mundo familiar ya no es más el refugio del pobre. El niño se protege ensimismándose. En su soledad podrá encontrar la palabra en libertad, la palabra poética. En el final de "Entreactos de ira" Villanueva habla de una "génesis", de un nuevo nacimiento: ha hallado los "versículos/ del libre respirar"(15). Han pasado muchos años. La lengua de su comunidad lo lleva a respirar en libertad.

Su libro siguiente, *Scene from the Movie GIANT*, donde nos habla del drama racial del chicano en Estados Unidos, lo escribe en inglés, pero en su próximo breve libro publicado, *Primera causa / First Cause*, 1999 (es una plaquette de diez poemas), vuelve al español. Villanueva no "progresa", no "evoluciona" en su literatura, en el sentido de "superar" temas o de "resolver" etapas históricas. El poeta indaga en el origen. Pasó de publicar, durante su juventud en la Universidad, libros rebeldes en inglés (con algunos pocos poemas en español), bajo la influencia benéfica de Dylan Thomas (*Hay otra voz Poems*, 1972), a publicar obras en español durante su madurez poética y existencial. *Primera causa / First Cause* es un libro sobre el acto de escribir, la escritura es la primera y la última causa. El poeta está frente al desafío del papel en blanco. Sin caer en el solipsismo, medita profundamente sobre la trascendencia del acto poético. Más allá de su condición racial, se siente un poeta que no puede dejar de escribir sobre sus vivencias más afanosas.

Como ocurrió con los Simbolistas a fines del siglo diecinueve, su proceso poético culmina en la meditación sobre la escritura. Villanueva piensa en el poder transformador de la palabra. Dice: "En el principio era un papel;/ y sobre el papel una memoria,/ y la memoria se hizo verbo – / lo que se olvida y luego retorna,/ lo que siempre ha sido mío y nunca acaba,/ que cuando acaba, acaba siendo lo que escribo" (8). El tema de la memoria, fundamental para el arte chicano, emerge una vez más en sus escritos. La memoria es su musa inspiradora, en ella encuentra una forma humana de redención. El pueblo chicano tiene fe y va en busca de su liberación y de su utopía. Desde su retiro bostoniano (distanciado de la frontera texana, aunque no de los padecimientos de la numerosa comunidad hispana radicada en el noreste de los Estados Unidos), el poeta no escapa a las torturas de esas memorias de su infancia y adolescencia, que recobra dolorosamente, para rescatar su historia personal y entender el caos de su pasado, y confirmar su identidad.

El poeta retrocede en el tiempo para encontrar su ser. Ya ha logrado restañar las heridas. La salvación conseguida en *Crónica de mis años peores* y en *Scene from the Movie GIANT* ha dado sus frutos. En *Primera causa / First Cause* se manifiesta más libre, más universal.

Entiende que su ser está en el tiempo. Sólo la voz puede quedar. La literatura, que es de todos, promete cierta permanencia a su voz individual. Dice: "Memoria mía, memoria mía, / dame lo que es mío y enséñame/ la pura manera de contar lo que se ha ido/ – que pueda más la voz que el tiempo" (18). Este es el don nada efímero que espera recibir el poeta. Esa fue su primera causa, la razón de su ser. Villanueva le habla en este último poemario a una comunidad más vasta que la hispanohablante norteamericana. Se dirige a todos los lectores del mundo hispano. Dice en "Así dijo el Señor":

> Andar, desandar. Nada es eterno.
> Le he dado la vuelta al mundo
> y de pronto en el camino
> me he encontrado con esta memoria todavía.
> En la clara actualidad: lo marginado
> se ha movido más al centro;
> lo de afuera se transforma en lo de adentro.
> Y si antes no supe dar un contracanto,
> ahora conmigo traigo esta asamblea de palabras
> a favor de esta república
> donde se habla en español. (24)

Quiere ser un poeta de toda la lengua heredada, la lengua es su patria, puesto que no tiene una patria en que el español sea su primera lengua. La patria de Villanueva (si no lo es la mítica Aztlán) es la República de las Letras. A ella pertenece como poeta de su lengua (de sus lenguas), que trasciende límites comunitarios y nacionales. Porque las historias nacionales son sólo un episodio en la historia de cada lengua y de la poesía de esa lengua.

Bibliografía citada

García, Concha. "Entrevista con Tino Villanueva". *Revista de Diálogo Cultural entre las Fronteras de México,* Vol. 1, Número 3 (1996): 2-9.

Hanson, Susan. "San Marcos native reflects on the past in his newly released poetry collection". *San Marcos Daily Record,* 10-10-1993: 1C.

Hoggard, James. "The Expansive Self: The Poetry of Tino Villanueva". *The Texas Observer*, 5-12-2000: 23-25.

——————. "Translator's Afterword". Tino Villanueva, *Chronicle Of My Worst Years/ Crónicas de mis años peores*. Northwestern University Press/TriQuarterly Books. Traducción de James Hoggard. 79-84, 1994.

Martín-Rodríguez, Manuel. *La voz urgente: Antología de literatura chicana en español*. Madrid: Editorial Fundamentos, 1995.

Rivera, Tomás. "Recuerdo, descubrimiento y voluntad en el proceso imaginativo literario". *The Complete Works*. Houston: Arte Público Press. 359-364, 1991.

Rodríguez, Alfonso. "Tino Villanueva's *Shaking Off the Dark*: A Poet's Odyssey into the Light". Tino Villanueva. *Shaking Off the Dark*. Tempe, Arizona: Bilingual Press. 77-87, 1998.

Villanueva, Tino. *Hay otra voz Poems (1968-1971)*. New York-Madrid: Editorial Mensaje. Tercera edición, 1979.

——————- *Shaking Off the Dark*. Houston: Arte Público Press, 1984.

——————- *Crónica de mis años peores*. La Jolla: Lalo Press, 1987.

——————- *Scene from the Movie GIANT*. Willimantic, CT: Curbstone Press, 1993.

——————- *Primera causa / First Cause*. Merrick, New York: Cross-Cultural Communications, 1999. Traducido al inglés por Lisa Horowitz.

——————- *Chicanos: Antología histórica y literaria*. México: Fondo de Cultura Económica, 1980.

——————- *Tres poetas de posguerra: Celaya, González y Caballero Bonald (Estudio y entrevistas)*. London: Tamesis Books, 1988.

——————- "Rupturas y alianzas en la poesía bilingüe chicana". Gema Areta Marigó, Hervé Le Corre, Modesta Suárez y Daniel Vives, Editores. *Poesía hispanoamericana: Ritmo(s)/ Métrica(s)/ Ruptura(s)*. Madrid: Editorial Verbum. 182-198, 1999.

ÍNDICE

Este libro se terminó de imprimir en
GAMA PRODUCCIÓN GRÁFICA S.R.L.
Zeballos 244 - Avellaneda